Rudolf Messner (Hrsg.)
Schule forscht

# Schule forscht

## Ansätze und Methoden zum forschenden Lernen

Herausgegeben von Rudolf Messner

In Zusammenarbeit mit
Matthias Mayer, Thomas Nöthen,
Christine Reese und Sven Tetzlaff

Bibliografische Information der Deutschen Nationalbibliothek

Die Deutsche Nationalbibliothek verzeichnet diese Publikation in der Deutschen Nationalbibliografie; detaillierte bibliografische Daten sind im Internet über http://dnb.d-nb.de abrufbar.

© edition Körber-Stiftung, Hamburg 2009
Redaktion: Matthias Mayer, Thomas Nöthen, Christine Reese,
Kerstin Schulz, Sven Tetzlaff
Serviceteil »Schule und Wissenschaft«: Kerstin Otto
Umschlag: Groothuis, Lohfert, Consorten | glcons.de
Coverfoto: David Ausserhofer
Herstellung: Das Herstellungsbüro, Hamburg | www.buch-herstellungsbuero.de
Druck und Bindung: CPI – Clausen & Bosse, Leck
Printed in Germany
ISBN 978-3-89684-335-7
Alle Rechte vorbehalten
www.edition-koerber-stiftung.de

# Inhalt

Vorwort  9

**PLÄDOYERS FÜR EINE NEUE LEHR-LERN-KULTUR**

Forschendes Lernen aus pädagogischer Sicht  15
*von Rudolf Messner*

Lernen braucht Erfolgsmomente  31
*von Albrecht Beutelspacher*

Lernen braucht Freude am Widerstand  38
*von Andreas Müller*

Neue Bündnisse für den Nachwuchs  48
*von Joachim Milberg und Martina Röbbecke*

Die Bedeutung von Motivation und Emotionen für den Lernerfolg  57
*von Gerhard Roth*

**ANSÄTZE IN DEN FACHDISZIPLINEN**

Alltagsorientierung in den Naturwissenschaften.
Forschendes Lernen im Chemieunterricht  77
*von Ilka Parchmann*

Eine natürliche Beziehung. Forschendes Lernen
in der Mathematik  89
*von Volker Ulm*

Impulse für offenes Experimentieren.
Forschendes Lernen in der Physik  106
*von Udo Backhaus und Thomas Braun*

Das Politik-Labor. Forschendes Lernen in der Politischen Bildung  122
*von Dirk Lange und Inken Heldt*

Forschendes Lernen: Impulse zur Klärung fachlicher Schwerpunkte  131
*von Rudolf Messner*

## EINBLICKE IN DIE PRAXIS

**Der erste Kontakt: Wissenschaft zum Anfassen**  144
*von Moritz Behrendt*

Eine Reise durch Schülerlabore und Science Center  145

»Was Schülerlabore leisten können«  160
*Ein Interview mit Manfred Euler, Universität Kiel, und Franz-Josef Scharfenberg, Universität Bayreuth*

**Laufen lernen: Die Chancen von Projektarbeit**  166
*von Julia Jaki*

Expedition Vulkaneifel: Schüler betreiben wissenschaftliche Feldforschung  167
*Projektvorstellung von Wolfgang Fraedrich, Gymnasium Heidberg*

»Mehr Sensibilität im Umgang mit der Natur«  176
*Ein Interview mit Hans-Ulrich Schmincke, IFM-GEOMAR*

*e-truck:* Schüler, Studenten und Auszubildende konstruieren intelligente Roboter  180
*Projektvorstellung von Rainer Köker, Kurt-Körber-Gymnasium*

»Wir brauchen guten Nachwuchs«  188
*Ein Interview mit Gerald Glaeser und Simon Fischer, Hauni Maschinenbau AG*

Die Geschichts-AG: Schüler auf historischer Spurensuche  192
*Projektvorstellung von Wolfhart Beck, Annette-von-Droste-Hülshoff-Gymnasium*

»Freiräume für leistungsstarke Schüler schaffen«   200
*Ein Interview mit Arnold Hermans,*
*Annette-von-Droste-Hülshoff-Gymnasium*

Das Projekt »Menschenwürde«: Schüler forschen
über Grenzfragen der Ethik   204
*Projektvorstellung von Monika Sänger, Bismarck-Gymnasium*

»Brückenschlag zwischen Schule und Universität«   212
*Ein Interview mit Wolfgang U. Eckart und Heidi Nägelin,*
*Universität Heidelberg*

### Schule verändern: Forschen als Grundhaltung   216
*von Heinfried Tacke*

Die Probe aufs Experiment: Wie Freies Lernen den
Forscherdrang fördert   217

»Wir Lehrer müssen ein Stück Kontrolle aufgeben«   222
*Ein Interview mit Barbara Buchfeld und Sandra Friedrich,*
*Offene Schule Kassel-Waldau*

Lernen im Forschungsinstitut: Das Projekt HIGHSEA   227

»Ein ganz anderer Ernstcharakter«   232
*Ein Interview mit Susanne Gatti und Kerstin von Engeln,*
*Alfred-Wegener-Institut für Polar- und Meeresforschung*

Vom Hobbyclub zum Schülerforschungszentrum:
Porträt eines Erfolgsmodells   237

»Selbstwirksamkeit statt Fremdbestimmung«   244
*Ein Interview mit Klaus-Peter Haupt, PhysikClub Kassel*

### SERVICE

Schule und Wissenschaft: Wer bietet was?   251

Autorinnen und Autoren   276

# Vorwort

»Schule forscht« – das entdeckende und forschende Lernen von Kindern und Jugendlichen ist in Deutschland an vielen Schulen präsent, unterstützt durch zahlreiche bundesweite Wettbewerbe, Netzwerke, Stiftungen, durch Forschungseinrichtungen, Hochschulen und außerschulische Institutionen. Kaum mehr zu überblicken die Schülerakademien, -werkstätten und -labore, Schnupper- und Kursangebote, die Heranwachsenden eine forschungsnahe Erfahrung wissenschaftlichen Arbeitens in verschiedenen Wissensbereichen vermitteln wollen. Kaum eine Universität, die nicht in Veranstaltungen Kinder und Jugendliche für die aktive Beschäftigung mit wissenschaftlichen Fragen interessieren will und oft auch begeistern kann. »Schule forscht« ist zum Symbol geworden, dass in Deutschland die Schulen die Bedeutung eigentätig-forschenden Herangehens an Probleme für unser zukünftiges Leben und Überleben erkannt haben. Freilich deutet sich auch die Gefahr an, dass konventionelle Unterrichtsangebote unter der prestigeverleihenden, für Schüler und Eltern anziehenden Begrifflichkeit des forschenden Lernens lediglich neu verpackt werden. Alte Ware also, die mit renommierten Begriffen, wie Wissenschaft und Forschen, Akademie und Universität, lediglich neu etikettiert wird.

Die Körber-Stiftung hat gemeinsam mit »Deutsche Telekom Stiftung« am 29. und 30. November 2007 die Tagung »Bildung mit Methode. Forschendes Lernen in der Sekundarstufe I und II« veranstaltet. Die Ergebnisse dieser Tagung haben uns ermutigt, aus den Tagungsvorträgen und weiteren Beiträgen zum Thema ein Buch zu machen. Ziel ist, im Erfahrungsaustausch von Lehrern, Eltern, Behördenvertretern, Projektverantwortlichen und Fachwissenschaftlern, vor allem aber an Beispielen gelungener Praxis, Begriff, Ansätze und Methodik des forschenden Lernens weiter zu klären und damit sein Profil zu schärfen.

Der vorliegende Band macht, speziell im ersten Teil, deutlich, dass PISA einen wichtigen Schub in der Erkenntnis der Erfolgsbedingungen von Lehr-Lern-Kulturen für eigenständig-forschendes Lernen gebracht hat. Dazu haben Bezugswissenschaften, von der Bildungs- und Lehr-Lern-Forschung bis zur Neurobiologie, aber auch die Pionierarbeit von Modelleinrichtungen, wie Science Center und Mitmachmuseen, Beiträge geleistet. Es ist evident, dass – so notwendig instruktive Komponenten auch sind – der individuelle Lernprozess der Kinder und Jugendlichen in den Mittelpunkt rücken muss. Lernende brauchen Herausforderung, ihnen muss etwas zugetraut werden. Aber die Ziele dürfen nicht ins Leere gehen, sie müssen auf der sensiblen Kenntnis dessen beruhen, was Kinder und Jugendliche schon wissen und was sie interessiert. Lehrende sollten den Könnensbereich, in dem forschend gelernt wird, vorbildlich und authentisch repräsentieren. Nach interdisziplinär übereinstimmender Expertise ist es entscheidend, durch attraktive Lernumgebungen die eigentätige und kreative Arbeit der Schüler anzuregen sowie Raum zu schaffen für das notwendige Wechselspiel zwischen Lehrerunterstützung und Schülerselbstständigkeit. Wichtige Stichworte sind: Erfahrung von Selbstwirksamkeit, der Anreiz von Widerständen, Erfolgserlebnisse durch eigene Wissenskonstruktion, Stützung durch die learning community, Hilfe zur Selbsthilfe. Die Hirnforschung bestätigt die genannten Aspekte und betont den eigenkonstruktiven Charakter des Wissensaufbaus bei den Lernenden. Lehrende können diesen durch das Vorwissen der Lernenden bestimmten Prozess nicht direkt steuern, aber durch Engagement und Fachkompetenz günstig beeinflussen. Die Interessen und Fähigkeiten, die forschendes Lernen auslösen und in Gang halten, müssen im Elternhaus schon früh angebahnt werden. Forschendes Lernen ist dafür eine wesentliche Zugangsbedingung. Ihm kommt deshalb erhebliche volkswirtschaftliche Bedeutung zu.

Der zweite Teil greift die fachdidaktische Perspektive auf. Gemeinsam ist allen Beiträgen, dass sie über forschendes Lernen im *Normalunterricht* der einzelnen Fächer handeln. Im Chemieunterricht soll authentisch-themenspezifisches Forschen in Alltagssituationen, z.B. entsprechend dem Rollenbild »Forschen wie ein Lebensmittelchemiker«, für die Schüler nachvollziehbar werden. In Mathematik werden Aufgaben mit individuellen Lösungsvarianten als Forschungsprobleme präsentiert. In Physik wird vorgeschlagen, die Unterrichtsmethode des Experimentierens mit größeren Selbstständigkeitsspielräumen für das eigenständige Suchen und Forschen der Schüler zu öffnen. Im »Politik-Labor« arbeiten Schüler forschend an realen Politikproblemen, z.B. der Frage nach ausreichendem Klimaschutz. Trotz aller fachlichen Differenzen teilen die Konzepte die Orientierung an Problemen mit praktischen, meist alltagsrelevanten Handlungsanreizen, und das Bemühen, im fachlichen Kontext Arbeitsformen zu entwickeln, die das Unterrichtssystem zugunsten von mehr Schülerverantwortlichkeit umgestalten. Abschließend wird das Problem des forschenden Lernens – in seiner gesamten fachlichen Bandbreite – aus der alternativen Sicht der jeweils in ihm realisierten Wissensarten und der ihnen zuordnenbaren Forschungsziele diskutiert.

»Einblicke in die Praxis« geben die im dritten Teil versammelten erkundenden »Expeditionen« zu wichtigen Orten forschenden Lernens. Sie konfrontieren die Leserinnen und Leser in Reportagen, Eigendarstellungen und Gesprächen mit einer Fülle von intensiv verdichteter Praxis. Dies macht aus meiner Sicht dreierlei deutlich: Es gibt sie, die Praxis forschenden Lernens – abgestimmt jeweils auf die handelnden Kinder und Jugendlichen – auf hohem kreativ-intellektuellen und fachlichen Niveau. Die Grenzen des Schulunterrichts werden jeweils produktiv gesprengt; forschendes Lernen braucht neue, schulerweiternde Szenarien. Schließlich: Der im Einleitungskapitel repräsentierte Wissensstand über neue, für forschendes Lernen benötigte Lehr-Lern-Kulturen ist *eine* Sache. Ein *zweites* Problem mit besonderen Anforderungen ist die Verwirklichung dieses Wissens an erfindungsreich gestalteten Lehr-Lern-Orten. In ihnen wird das bei jungen Menschen oft in erstaunlicher Intensität geweckte kreative Forschungspotenzial mit wissenschaftlicher Expertise und dem didaktisch-methodischen Handwerkszeug von Lehrpersonen verknüpft, die forschendes Lernen auf professionellem Niveau herausfordern, begleiten und zum Erfolg führen. Der dritte Teil ermöglicht eine Lese-Reise durch solche Szenarien, immer auf der Suche nach den Stärken und Grenzen der Praxiskonzepte. Der Weg führt von Schülerlaboren über Projekte, in denen sich Schüler auf die Spur wissenschaftlichen Forschens begeben haben, zu Fördereinrichtungen, in denen von jungen Menschen ernsthaftes Forschen vorgelebt wird. Ergänzt wird der Band durch einen Serviceteil, der keinen Wunsch offenlässt nach Informationen über Einrichtungen, die forschendes Lernen fördern, und Orte, an denen sich Eltern, Lehrpersonen, Fachwissenschaftler und Projektemacher Anregungen und Tipps holen können.

Es bleibt, als Herausgeber allen Beteiligten zu danken, allen voran der Körber-Stiftung für ihre langjährigen Bemühungen um die Verbreitung des forschenden Lernens. Beispiele sind der Geschichtswettbewerb des Bundespräsidenten und KiWiss – Wissenschaft für Kinder und Jugendliche. Sie hat mit dem nun vorliegenden Band einen neuen Beitrag geleistet, das sich erfreulich ausbreitende forschende Lernen zum Bewusstsein der Ziele und Methoden seiner Praxiskonzepte zu bringen. Besonderer Dank auch allen, die als Autor oder Interviewpartner zur Entstehung des Bandes beigetragen haben. Die reichhaltige Dokumentation von Praxiserfahrungen bietet eine unersetzliche Grundlage für die Weiterentwicklung forschenden Lernens. Großer Dank auch dem Redaktionsteam der Körber-Stiftung, namentlich Matthias Mayer, Thomas Nöthen, Christine Reese und Sven Tetzlaff, ohne deren höchst professionelle Arbeit der vorliegende Band nicht hätte erscheinen können. Frau Dr. Kerstin Schulz danke ich für die verlegerische Begleitung, die mir die Herausgeberschaft zum Vergnügen gemacht hat.

Kassel, August 2009                                                                 *Rudolf Messner*

# Plädoyers für eine neue Lehr-Lern-Kultur

*Individualisierung der Lernprozesse, Stärkung überfachlicher Kompetenzen, ein neues Selbstverständnis der Lehrenden: Nicht erst seit PISA diskutieren Pädagogen, Didaktiker, Bildungsforscher und Neurobiologen über eine neue Lehr-Lern-Kultur an der Schule.*

*Wie lassen sich attraktive Lernanreize für Schüler schaffen? Welche Rolle übernimmt der Lehrer im Lernprozess? Und welchen Stellenwert hat hier das forschende Lernen?*

*Erkenntnisse und Anregungen aus Wissenschaft und Praxis.*

# Forschendes Lernen aus pädagogischer Sicht

*von Rudolf Messner*

Offensichtlich sind dies zwei unterschiedliche Sachverhalte: forschend zu lernen und dieses besondere Lernen pädagogisch zu betrachten. Damit entstehen auch zwei nicht einfach zu beantwortende Fragen. Zunächst: Was heißt das, forschend zu lernen? Kann dabei wirklich von Forschung gesprochen werden, oder ist dies nur eine beschönigende Wendung, um Schülerinnen und Schüler in das oft ungeliebte Terrain anspruchsvollen fachlichen Lernens zu locken, in dem ihnen dann doch nur das Nacherfinden von längst Bekanntem möglich ist? Wie überhaupt verhalten sich Forschen und Lernen zueinander? Auf der einen Seite scheint Forschen als die Suche nach neuer Erkenntnis immer auch ein Lernen zu sein, allerdings anders begründet und motiviert als der kulturtradierende Typus schulischen Lernens. Und – wir nähern uns den explizit pädagogischen Aspekten des Themas: Ist forschendes Lernen schon im Kindesalter möglich oder ist es nur den höheren Jahrgängen vorbehalten oder gar nur der Universität? Dort ist das »forschende Lernen« in Humboldt'scher Tradition in den 70er-Jahren als hochschuldidaktische Konzeption studentischen Lernens reaktiviert worden (vgl. Bundesassistentenkonferenz, 1970; Huber, 1998). Schließlich: Wie kann forschendes Lernen angebahnt, in Gang gehalten, begleitet und unterstützt, in seinen Ergebnissen dokumentiert und überprüft werden? Welches ist dabei die Rolle von Lehrerinnen und Lehrern? Lässt sich forschendes Lernen als Unterrichtsmethode in die Schule übertragen, oder ist es immer nur einer kleinen Gruppe besonders begabter Schüler vorbehalten, die zudem bereit sind, Zeit dafür weit über den normalen Unterricht hinaus aufzuwenden?

## 1. Drei Beispiele

Fragen über Fragen, die sich nicht durch den bloßen Rekurs auf gängige Argumente beantworten lassen. Eher schon durch Beispiele, die als Fälle forschenden Lernens unstrittig sind. Sie sollen daher kurz vorgestellt werden, ehe in Teil 2 eine klärende Antwort auf die genannten Fragen versucht wird.

### Zehnjährige erkunden Schallphänomene

Beispiel 1 führt zum Übergang von der Grundschule in die Sekundarstufe, nämlich zu einer Gruppe Zehnjähriger, mit denen der Freiburger Pädagoge Siegfried Thiel im Sinne Martin Wagenscheins Schallphänomene untersucht hat (Thiel, 1973, 130 ff.). Auszüge aus einem insgesamt vierstündigen Gespräch:

Die Gruppe hat schon, wie der Lehrer sagt, »seltsame Beobachtungen« darüber gemacht, dass bei größeren Entfernungen das schallerzeugende Ereignis und das Hören des Schalls nicht zusammenfallen.
    Rainer berichtet: »Da haben wir eine Trommel genommen, und da ist einer ungefähr 600 Meter darunter gegangen, und dann hat er getrommelt, und dann kam er erst nachher, der Schall.«
    Ralf ergänzt: »Da kam der Ton erst, wo der … den Schläger schon wieder weggehoben hat.«
    Mithilfe des die Gruppe anleitenden Lehrers – »Ja, ein bissle helfen«, sagt ein Schüler – dämmert den Zehnjährigen im weiteren Gespräch, dass der Schall von seiner Quelle zu unserem Ohr eine Wegstrecke zurücklegen muss und dass sie, um das zu verstehen, überlegen müssen, wie eigentlich der Schall auf der Trommel entsteht. Hier haben die Schüler schon Vorerfahrungen:
    Stefan: »Da, wo ich auf die Trommel geschlagen hab, da hat das Trommelfell immer gezittert, und das hab ich mit den Händen gespürt – ganz kitzelig.«

Dasselbe wird beim Zusammenschlagen von zwei Musikbecken, sogenannten Tschinellen, berichtet und gleich überprüft. Alle Gruppenmitglieder können mit den Händen fühlen, wie die tönenden Metalle vibrieren. Mit der Zunge kann man dies deutlicher, sogar schmerzhaft spüren. Dann eine wichtige Erkenntnis:

Stefan: »Wenn man Dinge zum Wackeln bringt, so wie das Becken, da gibt's einen Ton.«

Das wird nun an verschiedenen Instrumenten, z.B. einem Xylofon, einem Triangel und einem Tamburin ausprobiert. In der zweiten Stunde äußern die Schüler vielerlei Vermutungen, um in eigener Sprache das merkwürdige WIE der Entstehung des Hörens von Schall zu erklären:

Wolfgang: »Die Luft wird weggeschubst, da so angeschubst, weil das Trommelfell so hin und her wackelt. Da wackelt auch die Luft so hin und her, die da ist.«

Lehrer: »Und wieso höre ich dann die Trommel?« (Das Trommelfell im Ohr kennen die Schüler schon.)

Ein anderer Stefan: »Ich denk, wenn die Luft wackelt bei der Trommel, da wackelt auch die Luft da bei meinem Ohr, beim Trommelfell, und da hört man's ... Des macht also die Luft, die wird von der ersten Trommel gewackelt, weil da das Trommelfell hin und her geht, und da fliegt die gewackelte Luft zu der anderen Trommel und stößt da an das Fell, und da wackelt des auch.«

Die Behauptung dürfte kaum auf Widerspruch stoßen, dass in den Versuchen und Äußerungen der Kinder forschendes Lernen praktiziert wird. Es ist alles da, das eigene bohrende Nachforschen, um ein Naturphänomen zu verstehen, das Formulieren eines Gesetzes, wenn auch nicht in der Fachsprache der Schallwellen, so doch im nicht minder eindrucksvollen selbst produzierten Bild des Hin-und-her-Wackelns der Luft.

### Jugendliche forschen über »Jung und Alt in der Geschichte«

Das Beispiel 2 bezieht sich vorwiegend auf die Sekundarstufe. Es gilt nicht einem einzelnen Fall, sondern einer der größten Innovationen, die wir in der Bundesrepublik im Bereich forschendes Lernen vorfinden, dem Geschichtswettbewerb des Bundespräsidenten. Nicht weniger als 5100 Schüler aller Bundesländer haben sich mit 1254 Beiträgen, davon drei Viertel aus Gymnasien, am Wettbewerb 2006/07 zum Thema »miteinander – gegeneinander? Jung und Alt in der Geschichte« beteiligt. 50 davon sind Ende Oktober 2007 durch den Bundespräsidenten ausgezeichnet worden (vgl. Körber-Stiftung, 2006).

Damit wird ein überwältigendes Beispiel für die Anziehungskraft des forschenden Lernens für die Jahrgänge ab 5 bis zum Abitur geliefert. Die historische Spurensuche, die detektivische Freude am Aufdecken des Werdens und der Veränderung des eigenen Lebens scheint für junge Menschen gerade dort besonders attraktiv zu sein, wo die geänderten Verhältnisse im persönlichen Kontakt zur älteren Generation erfahrbar sind. Oder auch, wenn örtlich-regionale Änderungen der Lebensverhältnisse im historischen Vergleich kontrastreich erlebbar werden.[1]

– So hat z.B. eine Bundessiegerin, Gymnasiastin des Jahrgangs 12 aus Baden-Württemberg, in ihrer Arbeit *Der dumme Bauerntölpel?* das Verhältnis von Lehrern und Schülern in einer Landschule des frühen 17. Jahrhunderts und damit ein Stück bisher wenig bekannter Schulgeschichte zutage gefördert. Grundlage war eine Schulordnung aus dem Jahr 1611.
– *So wie die Alten sungen, zwitschern nicht mehr die Jungen*, lautete der Titel des Beitrags einer Achtklässlerin aus Bayern. Sie recherchierte in der Befragung von Frauen aus der Großelterngeneration, ob es früher den oft berufenen bedingungslosen Gehorsam gegenüber Älteren gegeben hat. Nein, so dokumentierte sie an einzelnen Beispielen, auch früher machten die Jungen nicht, was die Alten wollten.
– Weitere preisgekrönte Forschungsarbeiten haben die Titel *Wenn Mädchen Mütter werden. Die Situation der minderjährigen Mutter von*

*1900 bis heute* oder *Wer bin ich? Was darf ich? Ärztin und Bäuerin. Drei Generationen im Vergleich* oder *Colored Families in Deutschland*. Eine Gruppe wurde für einen Film zum Thema *Leben unter einem Dach. Reise in die Zeit vor 100 Jahren – ein Selbstversuch* ausgezeichnet.

Unzweifelhaft wird auch hier forschend gelernt. Aber der Typus des Forschens ist hier ein anderer als beim naturwissenschaftlich orientierten Erkunden der Geheimnisse der Schallübertragung. Es geht nicht um gesetzmäßige Verallgemeinerungen, sondern um die Besonderheit und Einzigartigkeit der Ereignisse. Diese sind kulturell geprägt, das heißt, sie zu begreifen bedeutet, sich die spezifischen Sinn- und Wertzusammenhänge verstehend anzueignen, in die sie lebensgeschichtlich und gesellschaftlich eingebettet sind. Auch hier lassen sich Muster und Regelmäßigkeiten erkennen, z. B. die sich wandelnde Rolle der Frau oder die sich ändernden Geschlechterverhältnisse. Diese spielen sich aber immer im Rahmen der von Menschen gemachten und von ihnen erlittenen Geschichte ab und berühren daher nicht nur die Beziehung zwischen Objekten, sondern ethisch relevante menschliche Verantwortlichkeiten und Entscheidungen.

Im Geschichtswettbewerb wird von den forschend Lernenden der Einsatz eines spezifischen Methodenrepertoires gefordert. Spurensuche bedeutet meist aufwendige Quellenarbeit in Museen, Bibliotheken oder Archiven und den Umgang mit unterschiedlichem Material, von in Kurrentschrift geschriebenen Briefen und Aufzeichnungen bis zu alten Zeitungen, Bildern und Filmen. In oft lang erstreckten Arbeitsprozessen, die die Motivation und Durchhaltekraft auf die Probe stellen, muss alles festgehalten, dokumentiert und ausgewertet werden, bis ein präsentables Resultat vorliegt. Fast immer hat man es aber bei kulturellen und sozialen Themen auch mit Menschen zu tun, z. B. Zeitzeugen oder Experten. Ihnen zu begegnen und sie zu befragen, fordert den jugendlichen Forscherinnen und Forschern beträchtliche Empathie ab. Sie müssen sich in andere Zeiten, Persönlichkeiten und Ansichten einfühlen, sich mit der Unterschiedlichkeit der Perspektiven auseinandersetzen, Respekt vor andersartigen Lebenserfahrungen erwerben und lernen, dass es nicht nur eine Wahrheit gibt. In diesem Sinne lassen die Ergebnisse des Geschichtswettbewerbs erkennen, dass durch seine einzelnen Vorhaben das Verständnis der Generationen füreinander – also das Miteinander der Generationen und nicht ihr Gegeneinander – gefördert wird. Darin liegt sein großer sozialer Gewinn.

### Aerogel-Untersuchungen im Kasseler PhysikClub

Beispiel 3 führt in den scheinbar konträren Bereich anspruchsvoller naturwissenschaftlicher Arbeit. Dem Thema forschendes Lernen wird nur gerecht, wer auch diesen Bereich, in dem forschendes Lernen seinen Ursprung hat, einbezieht. Dies soll durch die kurze Zusammenfassung eines Interviews mit drei Abiturienten aus Kasseler Gymnasien im Kasseler PhysikClub geschehen. Sie haben ihr in zweijähriger Arbeit für Jugend forscht antragsreif gemachtes Vorhaben im Expertenstil erklärt (der im Folgenden etwas abgemildert wird).[2]

Die Gruppe arbeitet daran, ein Verfahren zu entwickeln, um einen Werkstoff mit dem Namen AEROGEL in seinen Eigenschaften verbessern zu können. Was sind Aerogele? Es handelt sich dabei um sehr kostspielige glasartige Feststoffe, die fast völlig von Poren durchsetzt sind. Aerogele bestehen, obwohl sie Feststoffcharakter haben, zu 99 % aus Luft. Nach den Worten von W., dem schmächtigen, hochkompetenten, theoretisch präzise formulierenden Abiturienten, der in der Gruppe als Sprecher eine Art Leaderfunktion innehat, verbinden Aerogele eine relativ hohe Festigkeit mit extrem niedrigem Gewicht und Durchsichtigkeit. Sie werden z. B. in der Weltraumfahrt, wo niedriges Gewicht und hohe Abschirmwirkungen wichtig sind, in Form von dünnen Beschichtungen oder Matten als Dämmmaterial zur Isolierung von thermischen, elektrischen oder akustischen Einwirkungen verwendet.

Im ersten Teil des Projekts war es darum gegangen, sich den Prozess der Herstellung von Aerogel anzueignen. Die bisherigen Verfahren haben allerdings den Nachteil, dass die Gel-Produkte nicht reißfest werden, außerdem sind nur kleine Mengen herstellbar. Diese Begrenzungen erkennend – und zu hoch spezialisierten Aerogel-Experten geworden –, suchte die Gruppe nach Lösungen für eine bessere Produktion des Stoffs und zog dazu ihren Physiklehrer, Herrn H. hinzu. Ilian F. berichtet:

»Wir hatten zwar einige Ideen, wussten aber nicht, was wir mit diesem Aerogel weiter anstellen sollten. Herr H. hat sich unsere Ideen angehört und eben die erfolgversprechendste ausgewählt. Er hat gesagt, ihr könntet das mal so ausprobieren. Ich helfe euch dabei, das zu planen, und genau so ist es passiert.«

Die gewählte Idee bestand darin, durch die Einwirkung von Schallwellen im Aerogel spezifische gitterartige Eigenschaften zu erzeugen. Dadurch konnte die Lärmdämpfungsleistung des Materials beträchtlich erhöht werden. Die eingeleitete Entwicklung fand schließlich die Unterstützung von Sponsoren, wodurch die notwendigen teuren Materialien und Apparaturen der Gruppe finanziert werden konnten.

Die Gruppe selbst versteht ihre Arbeit nicht nur als forschendes Lernen – dies schien es ihr im ersten Teil zu sein –, sondern inzwischen als eigenständiges Forschen. Wesentlich, um zu diesem Punkt zu gelangen, war nach den Aussagen der Abiturienten bei aller Eigenständigkeit nicht nur die Unterstützung durch ihren Lehrer, sondern auch die Aneignung von Verfahrenstechniken. Die Mitglieder der Gruppe erwähnen, dass sie sich am Anfang Informationen aus dem Internet holen konnten. Später ist dann das Verständnis von originalen wissenschaftlichen Texten, Fachliteratur, auch Dissertationen, entscheidend gewesen. An erworbenen fachlich-methodischen Kenntnissen führen sie an:

– das Arbeiten mit Flüssigkeiten bei der Aerogel-Herstellung
– das stoffverändernde Herstellungsverfahren (verbunden mit einem monatelangen Prozess des Experimentierens und Aneignens)
– die Erarbeitung chemischer Grundlagen
– das Umrechnen von Massen-Verhältnissen sowie Computer-, Mess- und Lasertechniken
– schließlich die Erzeugung der Schallwellen mithilfe von Kristallen (»Das haben wir von einer Gruppe im PhysikClub, die damit schon gearbeitet hat, übernommen.«).

Im Beispiel 3 wird, wie sich aus der Beschreibung ergibt, gelernt und geforscht. Dabei zeigt sich, dass zunächst ein nachvollziehendes Forschen als Mittel des Lernens eingesetzt wird. Später übernimmt das selbstständige, von Herrn H. unterstützte Forschen die führende Funktion.

## 2. Forschendes Lernen und seine Bedingungen

### Was heißt forschend lernen?

Wenn von forschendem Lernen gesprochen wird, dann wird aus pädagogischer Sicht Forschen immer schon unter dem Blickwinkel betrachtet, ob es im schulischen Prozess der Erfahrungsbildung eine Hilfe sein und wieweit es als Methode zur Erreichung der schulischen Bildungsziele beitragen kann (vgl. Bastian, 1991). Die Tätigkeit des Forschens wird für den Aufbau des Weltwissens der Schüler in der Schule zu nutzen versucht. In diesem Sinne, so die These, sind alle drei Fälle Beispiele wirklichen forschenden Lernens. Der aus pädagogischer Sicht leitende Gedanke besteht darin, dass es sich beim Forschen um eine auch außerhalb der Wissenschaft vorfindbare und notwendige universelle menschliche Grundfähigkeit handelt. Forschen zeigt sich in einer bestimmten Haltung. Neugier gehört dazu. Wissenwollen, die Bereitschaft, den Dingen auf den Grund zu gehen. In den Geisteswissenschaften bedeutet dies vor allem, den Sinn und die Bedeutung von Sachverhalten zu verstehen, in den Naturwissenschaften, deren Funktionieren erklären zu können. Zur Tätigkeit des Forschens gehört auch ein spezifischer Modus des Umgangs mit der Welt: Sich selbst Fragen stellen und sich zum Ziel setzen, darauf eigenständig Antworten zu finden; planmäßig vorgehen; sich auf den Weg eigenen Untersuchens und Nachforschens begeben; alles Behauptete überprüfen und für andere durchschaubar machen. Im praktisch-ästhetischen Bereich: neue kreative Produkte und Gestaltungsformen finden.

Ein zweiter Gedanke kommt hinzu. In unserer Kultur haben sich die Forschungsbereitschaft und -tätigkeit zu sehr in die hehren Zirkel der

Wissenschaftsinstitutionen zurückgezogen und dort spezialisiert. Dabei wäre es doch notwendig, forscherische Impulse schon früh bei Kindern zu wecken und entsprechenden Formen der Weltaneignung im gesamten Schulunterricht mehr Raum zu geben. Es dürfte keineswegs übertrieben sein, wenn aus pädagogischer Sicht festgestellt wird, dass nach wie vor gilt, dass in der Schule angesichts des Stoff- und Zeitdrucks, gerade in den höheren Jahrgängen und an den Hochschulen, belehrende Wissensvermittlung einseitig dominiert. Alle Lehrbücher sind schon geschrieben. Der Wissenserwerb gleicht oft dem Umfüllen von einem Behälter in einen anderen. Es wird meist nur über schon stattgefundene Wissensexpeditionen berichtet. Die Schülerinnen und Schüler erhalten selten Gelegenheit, begleitet von ihren Lehrpersonen, sich auf eigene Wissenserkundungen zu begeben. Demgegenüber ist es nötig – und angesichts der heute weithin dominierenden medialen Weltvermittlung in erhöhtem Maße –, die Praxis der forschenden Auseinandersetzung mit der Welt vom Anfang der Schulzeit an – und für *alle* Schüler – zu einem festen Bestandteil des Lernens zu machen.[3]

## Forschendes Lernen im Kontext verwandter Unterrichtsformen verschiedener Altersstufen

Aufgrund der Fortschritte der Lehr-Lern-Forschung hat das Wissen stark zugenommen, das für forschendes Lernen relevant ist. Dies betrifft z.B. die kognitiven Lernprozesse (Stichwort Konstruktivismus) sowie kooperative Austauschprozesse der Schüler (Stichwort ko-konstruktives Lernen). Davon hat auch die ältere Diskussion um ähnliche Methoden sehr profitiert. Als forschendes Lernen können schulische Arbeitsformen dann bezeichnet werden, wenn sie dem Suchen und Finden von Erkenntnissen dienen, die für die Lernenden neu sind, und in Haltung und Methode analog den Einstellungen und dem systematischen Vorgehen erfolgen, wie es für wissenschaftliches Arbeiten charakteristisch ist. Entdeckendes Lernen, das oft – vor allem in der Grundschule und Sekundarstufe I – synonym gebraucht wird, ist durch den amerikanischen Psychologen

Jerome Bruner näher begründet worden (Bruner, 1961). Es weist in seinen Zielen große Nähe zum forschenden Lerntyp auf, das wissenschaftliche Vorgehen ist bei ihm aber weniger ausgeprägt, sodass man es als Vorform des forschenden Lernens bezeichnen könnte. Projektunterricht hat nur in seltenen Fällen spezifische Erkenntnisziele zum Gegenstand, er zielt, begründet von seinen Initiatoren, Dewey und Kilpatrick, auf gesellschaftlich relevante Ergebnisse vorwiegend praktischer Art (vgl. Kilpatrick und Dewey, 1935). Auch in seiner methodischen Organisation geht Projektunterricht als didaktisches Planverfahren weit über forschendes Lernen hinaus (vgl. Bastian, 1994; Frey, 1982). Dennoch sind Projektunterricht und forschendes Lernen nicht eindeutig abgrenzbar; Projektunterricht – als die umfassende Form – kann in Einzelfällen zum forschenden Lernen werden. Schließlich interessiert noch das Verhältnis des »selbstständigen Lernens« oder des »problemorientierten Unterrichts« zum »forschenden Lernen«. Hier sind die Bezüge klar formulierbar, beide beschreiben wichtige Aspekte des Lehr-Lern-Verfahrens bzw. der Unterrichtsorganisation, durch welche sich Lernumgebungen auszeichnen, die forschendes Lernen der Schüler anregen können.

Wie steht es mit dem forschenden Lernen auf verschiedenen Altersstufen? Wenn Forschen als Grundhaltung und -fähigkeit verstanden wird, die das ganze menschliche Leben durchzieht, dürfte kein Zweifel sein, dass Zehnjährige ihrer mächtig sind. Neugier und der Wille, Dinge zu klären, sind bei ihnen ebenso vorhanden wie experimentelles Vorgehen, genaues Beobachten und Überprüfen von Vermutungen. Forschendes Lernen in seinen Frühformen bedarf auch der besonderen Stützung durch die Lehrperson. Bei den Sekundarstufenschülern kann gesagt werden, dass die forschende Auseinandersetzung mit den einzelnen Themen in der Regel wissenschaftsorientiert geschieht. Forschendes Lernen bedeutet auf unterschiedlichen Altersstufen Verschiedenes. Es kann und soll früh in Tätigkeiten angebahnt werden, die dem Alltagsbewusstsein von Kindern entsprechen. Seine Formen werden auf der Sekundarstufe I zunehmend wissenschaftsorientierter. Schließlich findet auf der Sekundarstufe II im wissenschaftspropädeutischen Unterricht das forschende Lernen Anschluss an den aktuellen Stand der Wissenschaft. In der forscherischen

Nachentdeckung ihrer Theorien und Methoden können wissenschaftliche Prozesse subjektiv neu erfahren werden, obwohl die gewonnenen Erkenntnisse objektiv schon bekannt sind.

## Lernumgebungen für forschendes Lernen

Von den eingangs gestellten Fragen sind noch jene unbeantwortet geblieben, die nach den schulischen und unterrichtlichen Bedingungen der Förderung des forschenden Lernens fragen, einschließlich der Rolle der Lehrerinnen und Lehrer und der Möglichkeit, alle Schüler an dieser Lernform teilhaben zu lassen.

Forschendes Lernen wird als eine notwendige Form des Unterrichts betrachtet, die – neben stärker direktiven, lehrergesteuerten Vorgehensweisen – zum Kernbereich jeder entwickelten Unterrichtskultur gehört. Andererseits ist es fraglich, inwieweit forschendes Lernen in wissenschaftsnäheren Formen oder gar im Sinne eigener Forschungsarbeit Teil des schulischen Regelunterrichts werden kann. In der gymnasialen Oberstufe findet es sich in Form des wissenschaftspropädeutischen Unterrichts. Dieser braucht jedoch zur Realisierung kompensatorische Unterstützung, wie sie durch Schülerwettbewerbe vom Typ Jugend forscht und andere geleistet werden.[4]

Formuliert seien abschließend einige Thesen zu Punkten, auf die es aus pädagogischer Sicht beim forschenden Lernen besonders ankommt (vgl. bes. Aebli, 1983; Baumert, 1997; Hasselhorn und Gold, 2006; Blum und Messner, 2005; Reusser, 2005; Mandl und Friedrich, 2006):

*(1) Lehrpersonen haben Vorbild- und Modellcharakter*
Forschendes Lernen erfordert selbstständige und selbstregulierte Schülerarbeit. Doch gerade diese – im Schulalltag ist das täglich zu erfahren – braucht das Vorbild von fachlich, methodisch und menschlich kompetenten Lehrpersonen. Sie müssen in ihrer Haltung forschendes Lernen vorleben, für die Schüler zum Modell werden, etwa in der Klarheit, Ver-

ständlichkeit und Kreativität, wie sie mit Wissen und Problemen umgehen oder wie sie die Schüler zum eigenen Forschen herausfordern.

*(2) Inhalte für Lernende attraktiv machen*
Zur Anregung für forschendes Lernen gehört auch, dass die Lehrpersonen das, was sie lehren, für Kinder und Jugendliche interessant machen können. Zu nennen ist hier, dass sie selbst das Gelehrte kompetent beherrschen, es auch selber interessant finden. Wichtig sind ferner der Realitäts- und Sinnbezug sowie das Aufzeigen der gesellschaftlichen Relevanz der Inhalte. Das Herausarbeiten von offenen, authentischen Problemen und fachübergreifenden Verbindungen gehört ebenfalls dazu.

*(3) Die Wissenskultur der Schüler aufbauen*
Forschen im beschriebenen Sinn ist keine Tätigkeit, die man, wenn sie gebraucht wird, einfach anknipsen kann. Sie muss durch das Ernstnehmen der Interessen der Schüler und ihrer schon vorhandenen Kompetenzen und deren Herausforderung durch motivierende Problemstellungen und Aufgaben in vielen Einzelsituationen die ganze Schulzeit hindurch geübt und entwickelt werden. Die Herausforderung besteht darin, jedem Schüler und jeder Schülerin individuell gerecht zu werden.

*(4) Eine das Forschen fördernde Atmosphäre schaffen*
Das kann, wenn an die Praxis werkstattähnlicher Lern- und Forschungsszenarien gedacht wird, durch Räume geschehen, die eigens für Gruppen forschender Schüler zur Verfügung stehen. Allein die Entzifferung des für Außenstehende zunächst scheinbar chaotischen Durcheinanders von Arbeitsmaterialien, Geräten und Büchern kann das Interesse wecken, noch mehr die Verkörperung von Kompetenz durch Mitschüler, die ihre Forschungsarbeit erklären.

*(5) Lernen durch Aufbau des Wissens in eigenständiger Arbeit*
Das Geheimnis dessen, was der Forderung nach konstruktivem Lernen sinnvoll zugrunde gelegt werden kann, besteht m.E. nicht darin, Schüler die Welt neu erfinden zu lassen, sondern – neben gutem lehrgangsartigen Unterricht, der auch seinen Wert hat – ihnen immer wieder abzuverlangen, Begriffe, Vermutungen über Zusammenhänge und Problemlösungen durch eigenes Denken zu finden. Kognitiv gesprochen: ihr Wissen selbst aufzubauen. Wissen kann nicht einfach übernommen werden, es muss eigenständig konstruiert werden.

*(6) Den Lernenden Arbeitstechniken vermitteln*
Methodenlernen macht nicht unselbstständig, sondern es rüstet die Schüler erst für eigene forschende Arbeit aus. Das Repertoire, das dafür zur Verfügung steht, reicht vom Training eigenverantwortlicher Mitschriften (Schreiben ist für die gedankliche Durchdringung von Sachverhalten zentral) und dem Üben fachspezifischer Recherche- und Experimentierformen bis zu den neuerdings ins Spiel gebrachten Lernstrategien und methodischen Werkzeugen, die sich, wenn ihr Gebrauch trainiert wird, besonders bei der gedanklichen Begleitung der eigenen Arbeit bewährt haben.

*(7) Kompetentes Verfügen über Unterrichtsmethoden*
Ein im forschenden Lehren erfahrener Lehrer nennt folgende dafür notwendige Bereiche professionellen Könnens: Er muss, so sagt er, kompetent sein im Arrangement eigenständiger Schülerarbeit und in effektiven Formen der Gruppenarbeit, in Präsentationen sowie in Unterrichtsgesprächen; selbstverständlich auch im Lehrervortrag, in der Anregung von Begleittechniken für Schülerarbeiten, z.B. Portfolios. Besonders wichtig sind ihm – er benutzt dafür die englischen Termini des »Apprenticeship-Konzepts« – Modeling, Scaffolding, Coaching. Auf gut Deutsch: der Wechsel vom stützenden Vormachen zu schrittweise eigenständigerer Schülerarbeit (vgl. Haupt, 2004).

*(8) Ko-konstruktives kooperatives Lernen*
Als erfolgreich hat sich erwiesen, dass Schüler im forschenden Lernen ihre Gedanken und Lösungsansätze, gleichsam ihr inneres Denken über die Sache austauschen – sachbezogen, ohne Konkurrenzdruck oder den Übereifer des gegenseitigen Helfenwollens. Das Vorbild leistungsstärkerer Schüler ist hier besonders wichtig.

*(9) Die pädagogische Komponente: die Schüler als Personen in ihrem Wissens- und Entwicklungsstand respektieren*
Die wichtigste pädagogische Voraussetzung erfolgreichen forschenden Lernens dürfte leicht zu formulieren, aber nicht einfach zu verwirklichen sein: Jeder Schüler muss sich an- und mitgenommen fühlen und die Unterstützung erhalten, die er persönlich braucht, auch wenn das im Fall Lernschwächerer – die auch ein Recht haben, auf ihre Art forschen zu lernen – besondere Geduld und im Fall von Überfliegern, die einen an die Grenze des eigenen Wissens führen, Selbstbescheidung verlangt.

*(10) Selbstständigkeitsfördernde Lernbegleitung*
Wie kann man helfen, ohne dabei zugleich die erstrebte Selbstständigkeit der Lernenden zu unterlaufen? Die Reformpädagogin Maria Montessori hat die Lösung dieses anspruchsvollen Problems gefunden: »Hilf mir, es selbst zu tun!«

*(11) Alle Schülerinnen und Schüler brauchen forschendes Lernen*
Im Unterricht forschend lernen zu können, so die abschließende und alles zusammenfassende These, ist für alle Kinder und Jugendlichen von heute eine Notwendigkeit. Schule muss den Lernenden für die Erfahrung eigenen Suchens und Forschens Zeit und Raum schaffen, um ihnen eine Chance zu geben, die bestehende Übermacht des rezeptiv Vermittelten in der Praxis moderner Mediengesellschaften geistig zu bewältigen. So gesehen ist forschendes Lernen ein *Menschenrecht*.

## Anmerkungen

1 Die folgenden Angaben zu einzelnen Wettbewerbsarbeiten sind Pressemitteilungen der Körber-Stiftung zum Geschichtswettbewerb 2006/07 entnommen.
2 Für die Bereitschaft, in einem ausführlichen Interview über das Projekt »Aerogele« zu berichten, sei den Projektteilnehmern Christian Georg Wehrberger und Philipp Nguyen (Engelsburg) sowie Ilian Eilmers (Albert-Schweitzer-Schule Kassel) herzlich gedankt; ebenso ihrem Betreuer Klaus-Peter Haupt für umfassende Informationen und Einblicke in die Arbeit des von ihm begründeten, an der Schweitzer-Schule angesiedelten Kasseler Physik-Clubs.
3 Zum forschenden Lernen auf verschiedenen Altersstufen vgl. Messner 2007.
4 Siehe dazu Messner 2007, zum Unterricht auf der gymnasialen Oberstufe vgl. Huber 2007.

## Literatur

Aebli, H. (1983): Zwölf Grundformen des Lehrens. Stuttgart: Klett.

Bastian, J. (1991): Schüler als Forscher. In: Pädagogik, Heft 2/1991, S. 6–11.

Bastian, J. (Hrsg.) (1994): Das Projektbuch. Hamburg: Bergmann + Helbig.

Baumert, J. et al.. (1997): Gutachten zur »Steigerung der Effizienz des mathematisch-naturwissenschaftlichen Unterrichts« (SINUS). Heft 20, Bund-Länder-Kommission. Bonn.

Blum, W. & Messner, R. (2005): Selbständiges Lernen im Fachunterricht. Kassel: kassel university press.

Bruner, J.S. (1961): The act of discovery. Harvard Educational Review 31/1961, S. 21–32 (deutsch: Heinz Neber (Hrsg.): Entdeckendes Lernen. Weinheim: Beltz, 1973, S. 15–27.

Bundesassistentenkonferenz (1970): Forschendes Lernen – Wissenschaftliches Prüfen. Schriften der BAK, Heft 5, Bonn.

Dewey, J. & Kilpatrick, W.H. (Hrsg.) (1935): Projekt-Plan. Grundlegung und Praxis. Weimar.

Frey, K. (1982): Die Projektmethode. Weinheim: Beltz.

Hasselhorn, M. & Gold, A. (2006): Pädagogische Psychologie. Erfolgreiches Lehren und Lernen. Stuttgart: Kohlhammer.

Haupt, K.-P. (2004): Konstruktivistische Methoden für ein integratives Lernen. Kassel (www. physikclub.de).

Huber, L. (1998): Forschendes Lehren und Lernen – eine aktuelle Notwendigkeit. In: Das Hochschulwesen 1/1998, S. 3–10.

Huber, L. (2007): Hochschule und gymnasiale Oberstufe – ein delikates Verhältnis. In: Das Hochschulwesen 1/2007, S. 8–14.

Körber-Stiftung (2006): Spuren suchen. Zeitschrift des Geschichtswettbewerbs des Bundespräsidenten. 20. Jg. 2006.

Mandl, H. & Friedrich, H.F. (2006): Handbuch Lernstrategien. Göttingen: Hogrefe.

Messner, R. (2007): Schülerwettbewerbe leisten methodische Pionierarbeit. In: P. Fauser & R. Messner (Hrsg.): Fordern und Fördern. Was Schülerwettbewerbe leisten. Hamburg: edition Körber-Stiftung, S. 15–30.

Reusser, K. (2005): Problemorientiertes Lernen. In: Beiträge zur Lehrerbildung, 23. Jg., 2, S. 159–182.

Thiel, S. (1973): Grundschulkinder zwischen Umgangserfahrung und Naturwissenschaft. In: M. Wagenschein, A. Banholzer & S. Thiel: Kinder auf dem Weg zur Physik. Stuttgart: Klett, S. 90–180.

# Lernen braucht Erfolgsmomente

*von Albrecht Beutelspacher*

Lisa hat ein Knobelspiel geschenkt bekommen. Seit einer Viertelstunde liegen die vier Teile vor ihr. Zwei der Teile bestehen aus vier Kugeln, die so zusammengeklebt sind, dass sie ein gerades Stück bilden, die anderen beiden bestehen jeweils aus sechs Kugeln, die als 2 x 3-Rechteck zusammengefügt sind. Aus diesen vier Teilen soll eine Pyramide werden. Lisa hat schon minutenlang probiert, aber sie bekommt einfach keine Spitze hin und ist nahe daran, verzweifelt aufzugeben. Da setzt sie zwei verschiedenartige Teile zusammen – und sieht plötzlich die Kante einer Pyramide. Jetzt weiß sie, wie es weitergeht: Aus den beiden anderen Teilen formt sie ein entsprechendes Teil, an dem sie auch eine Kante sieht. Dann muss sie die beiden Gebilde noch zusammensetzen – was noch einmal höchste Konzentration erfordert –, und dann steht die Pyramide da.

»Wenn man weiß, wie es geht, ist es eigentlich ganz einfach«, denkt Lisa und blickt dennoch stolz und zufrieden auf »ihre« Pyramide.

Julian fügt Zahnräder aneinander. Gelbe und rote. Wenn er das Rad am Anfang der Kette dreht, drehen sich alle mit. Manche in der einen Richtung, manche in der anderen, abwechselnd. Kann man die Zahnräder auch im Kreis anordnen? Nichts leichter als das! Aber als Julian ein Rad zu drehen versucht, dreht sich gar nichts. »Vielleicht sind es zu viele Räder«, denkt er, entfernt eines und schließt den Kreis wieder. Jetzt dreht sich alles wunderbar. Und plötzlich versteht er: Das erste Rad dreht sich nach links, das zweite nach rechts, dann wieder nach links, immer abwechselnd. Deshalb kommt es gar nicht darauf an, ob der Kreis aus vielen oder wenigen Rädern besteht, sondern nur darauf, ob die Zahl der Zahnräder gerade ist. Dann klappt es und sonst nicht.

Sebastian sitzt in der U-Bahn und tüftelt an einem Sudoku. Die ersten Zahlen waren einfach, es gab jeweils nur eine Möglichkeit. Aber jetzt ist es schwierig. In jedem leeren Kästchen könnten mehrere Zahlen stehen.

Jede Festlegung hat weitreichende Konsequenzen. Er probiert in Gedanken hin und her – und plötzlich merkt er: So könnte es klappen! Der Bann ist gebrochen, und mit jeder neu eingetragenen Zahl wird er sicherer, dass es klappen wird. Die letzten Zahlen sind der reine Genuss!

Drei Geschichten. Jedes Mal wird Mathematik gemacht, jedes Mal entsteht ein erfahrbares, fühlbares Erfolgserlebnis, jedes Mal erleben die Menschen einen Augenblick des Glücks – und alle Szenen spielen sich außerhalb der Schule ab.

## Konstruktiver Wissenserwerb

An den Universitäten wird in Mathematik und den Naturwissenschaften nach wie vor »der Stoff vermittelt« in Form von Vorlesungen, die ihren Namen durchaus verdienen. Und in der Schule herrscht der sogenannte fragend-entwickelnde Stil vor, sozusagen die demokratische Variante des Frontalunterrichts. Es ist unbestreitbar, dass diese Art von Wissensvermittlung ihre Funktion und ihren Platz hat und auch in Zukunft haben wird. Denn jeder seriöse Unterricht braucht eine instruktive Komponente. Aber jeder, unabhängig davon, auf welcher Seite des Unterrichts er oder sie steht, weiß, wie wenig bei einem solchen Unterricht »hängen bleibt«.

Ich bin der Überzeugung, dass dies zu einem entscheidenden Teil daran liegt, dass dabei nur höchst selten Augenblicke der Erkenntnis, Momente des Erfolgs, Sekunden einer erlebten Einsicht gelingen.

Dies gelingt – zumindest potenziell – viel besser in Situationen, in denen die Lernenden aktiv sind und sich selbst auf die Spur der Erkenntnis begeben. Man spricht von der eigenen »Konstruktion« des Wissens. Im Idealfall können sich die Studierenden bzw. die Schülerinnen und Schüler auf diese Weise zumindest mit Teilen des Faches identifizieren und erhalten damit eine viel höhere Motivation, auch trockene Abschnitte des Unterrichts durchzuhalten.

## Thesen

Es ist schon unendlich viel über Voraussetzungen gelingenden Lernens geschrieben worden. Ich möchte nur drei Punkte akzentuieren, die mir – in ihrer Gesamtheit – wichtig zu sein scheinen.

### 1. Die Wissenschaft ernst nehmen

Wenn wir etwas vermitteln wollen, müssen wir selbst davon überzeugt sein. Wir vermitteln nicht irgendetwas Austauschbares, sondern etwas Einzigartiges, nämlich unsere Wissenschaft.

### 2. Die Menschen ernst nehmen

Jeder Lernprozess besteht darin, gewisse Inhalte mit Menschen in Berührung zu bringen. Wenn der Lernprozess erfolgreich sein soll, dann muss dieser so gestaltet sein, dass der Stoff die Menschen erreicht. Im Bild gesprochen ist das Entscheidende nicht, was an der Tafel steht, sondern das, was in den Köpfen der Studierenden bzw. der Schülerinnen und Schüler ankommt.

Insbesondere kommt es darauf an, Möglichkeiten der Identifizierung mit wissenschaftlichen Inhalten und Methoden anzubieten.

### 3. Kommunikation fördern: über die Sachen reden

Der Prozess des Lernens ist dann besonders erfolgreich und nachhaltig, wenn darüber ein Gespräch entsteht. Das bedeutet nämlich, dass der Gegenstand es wert ist und dass die Lerner es für wichtig halten, darüber zu reden. So entsteht in besonderer Weise Klarheit und Erkenntnis.

Hartmut von Hentig fasst diese Punkte kurz und prägnant zusammen: »Die Menschen stärken, die Sachen klären!«

## Erfahrungen: Das Mathematikum in Gießen

Das im Jahre 2002 eröffnete Mathematikum in Gießen ist das weltweit erste mathematische Science Center (»Mitmachmuseum«). Auf etwa 1500 qm Ausstellungsfläche bietet es über 150 Exponate, an denen die Besucher selbst experimentieren können: Die Besucher können Brücken bauen, mit Seifenhäuten experimentieren, sich selbst im Spiegel unendlich oft sehen, sich bei Knobelspielen den Kopf zerbrechen, an sich selbst den goldenen Schnitt entdecken und so weiter. Dafür gibt es im ganzen Haus keine Formeln, keine Gleichungen, keine Symbole.

Von Anfang an war das Mathematikum eine Erfolgsgeschichte. Mit jährlich ca. 150 000 Besuchern gehört es zu den 2 % besucherstärksten Museen Deutschlands und trägt sich im laufenden Betrieb selbst. Die Besucher teilen sich in zwei Gruppen auf: Von Montag bis Freitag wird das Mathematikum vormittags von Schulklassen besucht; Schülerinnen und Schüler vom dritten bis zwölften Schuljahr finden ihren jeweiligen Zugang zu den Experimenten. Am Wochenende und in den Schulferien ist das Mathematikum von Privatbesuchern, insbesondere Familien, bevölkert. Diese Gäste machen etwa 60 % aller Besucher aus.

Nicht nur sind die Besucherzahlen quantitativ beeindruckend, vielmehr fällt die Bilanz der Besuche auch qualitativ hervorragend aus. Das erkennt man schon an äußerlichen Anzeichen: Zum einen bleiben Besucher lange im Mathematikum. Nach der Einführung kann man eine Schulklasse nicht mehr zusammenhalten; die Schülerinnen und Schüler »müssen« ausschwärmen und das Haus explorieren. Eine Klasse bleibt zwei Stunden lang, Privatbesucher oft noch viel länger. Zum anderen gibt es viele Wiederholungsbesucher: Kinder sind von dem Besuch mit der Schule so begeistert, dass sie am Wochenende mit den Eltern kommen; umgekehrt höre ich bei Erwachsenenbesuchen immer wieder: »Das muss ich meinen Kindern/Enkeln zeigen!«

Woran liegt die nicht nachlassende Begeisterung für das Mathematikum? Wenn man das Mathematikum ohne Besucher sieht, könnte man befürchten, dass das Konzept überhaupt nicht ankommt. Denn es fehlt alles, was insbesondere Jugendliche – angeblich – brauchen, um sich für etwas zu begeistern: keine Lichteffekte, kein Sound, kein Nebel, keine Spur von effektvoller »Inszenierung«. Im Gegenteil, die Experimente zeigen sich puristisch, technisch ganz einfach, sodass mancher meint: »Das könnte ich auch« (was in der Regel nicht richtig ist). Aber diese Einfachheit ist in Wirklichkeit eine Reduktion auf den Kern des Phänomens, eine Ausblendung aller ablenkenden Effekte, eine Konzentration auf das Wesentliche. Und genau diese Art der Gestaltung der Exponate regt in unglaublicher Weise bei den Besuchern die Gedanken an: Sie bilden Vorstellungen und bekommen Einsichten. Bei vielen Besuchern macht es »Klick«: In einem Moment haben sie, oft nach langem Probieren und Grübeln, die Idee; ihnen wird in einer Art Schnappschuss auf einen Schlag alles klar.

Das ist im Mathematikum deutlich zu merken. 1. Der erste Eindruck ist der einer großen Bewegung: Die Besucher gehen (manche rennen) von einem Exponat zum nächsten, weil sie alle Experimente machen wollen. Wenn man die Besucher etwas genauer beobachtet, sieht man aber auch, dass diese – meist in kleinen Gruppen – konzentriert an den Exponaten arbeiten. Und die »Klick-Momente« erkennt man am Leuchten in den Augen.

2. Ein Eindruck, dem man sich ebenfalls nicht entziehen kann, ist der Geräuschpegel. Manche sagen auch: »Es ist laut.« Aber die richtige Beschreibung ist: Es herrscht Kommunikation! Wenn man nämlich darauf achtet, worüber die Jugendlichen reden, dann sind es immer die Exponate – zugegebenermaßen manchmal in oberflächlicher Weise (»Wow!«). An den Stationen, bei denen man länger verweilt, etwa bei den Knobelspielen, finden sich häufig Menschen zusammen, die sich nie zuvor getroffen haben, und unterstützen sich gegenseitig bei der Lösung.

3. Schließlich erfahre ich immer wieder auch explizite Äußerungen. So etwa die Lehrerin, die anerkennend sagt: »Das hätte ich diesem Schüler überhaupt nicht zugetraut.« Das bedeutet, dass dieser Ansatz auch Schülerinnen und Schülern, die in Mathematik schon abgeschrieben sind, eine neue Chance gibt.

Ein Motto des Mathematikums lautet: »Mathe macht glücklich!« Was wie eine Provokation klingt, ist doch richtig. Wenn sich nämlich die »Klick-Momente« häufen, wenn diese in einer Stunde zwei-, drei- oder fünfmal auftreten (was dann schon besondere Stunden sind), dann stellt sich auch ein Gefühl des Glücks ein. Etwas seriöser gesagt: Wissenschaftler sind überzeugt davon, dass eine Quelle des Glücks – natürlich nicht die einzige – die wissenschaftliche Erkenntnis ist.

Und noch etwas können wir im Mathematikum beobachten: Mathematik wird dort nicht erlebt als ein besonders raffiniertes Verfahren, die eigene Persönlichkeit zu schwächen, sondern hier geht es um Stärkung der Persönlichkeit. Denn jeder Besucher, jede Besucherin erlebt, dass er oder sie ein Experiment durch eigenes Nachdenken geschafft hat und dass der sozusagen »objektive« Erfolg für alle sichtbar ist.

## Konsequenzen für die Lehrerausbildung

Wenn erfolgreiches Lernen durch glückliche Erkenntniserlebnisse und Erfolgsmomente geprägt ist, dann muss das auch in der Lehrerausbildung seinen Platz finden. Das kann sich nicht auf die Darstellung dieser Phänomene beschränken, vielmehr müssen die angehenden Lehrerinnen und Lehrer solche Erfolgsmomente selbst erleben können.

Denn vielfältige Erfahrungen und zahlreiche Untersuchungen zeigen, dass sich Lehrerinnen und Lehrer wesentlich an dem von ihnen als Schülerinnen und Schüler erlebten Unterricht orientieren (und somit alles im Studium gelernte Wissen »untertunneln«) – es sei denn, sie haben im Studium und in der zweiten Phase der Ausbildung alternative Rollenmodelle erfahren, diese selbst ausprobiert und über ihre Erfahrungen reflektiert.

Die Studierenden müssen sich ihrer Rolle als Lernende bewusst werden und ihr eigenes Lernen zum Gegenstand ihres Studiums machen. Anders gesagt: Vonseiten der Universitäten müssen Veranstaltungen konzipiert und angeboten werden, in denen das möglich ist. Das bedeutet: Vorlesungen und vorlesungsartige Übungen (»Vorrechnen«) können nicht mehr die alleinigen Lernformate sein. Es kommen neue Formen hinzu, die sich zumindest in Mathematik und Naturwissenschaften noch nicht durchgesetzt haben: Projektarbeit, Portfolios und Seminare, in denen mit Schülerinnen und Schülern gearbeitet wird. Entscheidend ist in jedem Fall, dass die eigenen Erfahrungen reflektiert und mit den Lehrenden besprochen werden.

Wenn die Studierenden wirkliche Erfolgsmomente erleben können sollen (und nicht nur die äußerlichen Erfolge nach dem Motto »Ich hab die Klausur geschafft«), dann müssen sie auch auf ihrem jeweiligen Leistungsstand die Möglichkeit haben, kreativ an Probleme heranzugehen, also forschend zu lernen. Vor einigen Semestern veranstaltete ich mit Anfängerstudierenden ein Proseminar, in dem ich den Studierenden mathematische Denksportaufgaben und Zaubertricks vorstellte. Die Aufgabe der Studierenden war, den jeweiligen mathematischen Hintergrund zu entwickeln und darzustellen. Dabei war die Herausforderung nicht die Mathematik, sondern die Modellierung, also die Umsetzung des Tricks in mathematische Sprache. Man konnte sehr präzise beobachten, wie die Studierenden zunächst selbst die entscheidende Stelle für das Verständnis entdeckten und diese dann auch ihren Mitstudierenden vorstellen konnten.

Ich bin überzeugt, dass es mit so ausgebildeten Lehrerinnen und Lehrern gelingen kann, dass junge Menschen auch im Schulalltag Erfolgsmomente haben, die den zu Beginn beschriebenen vergleichbar sind.

# Lernen braucht Freude am Widerstand

*von Andreas Müller*

Nietzsches Diktum »Wer sich selber nicht mag, ist fortwährend bereit, sich dafür zu rächen«, führt zu der Frage: Was muss passieren, damit Lernende sich mögen? Drei Dinge sind dafür nötig. Zunächst das Gefühl, dass das, was ich tue, sinnvoll ist, dann, dass ich es einordnen, und schließlich, dass ich es verstehen kann. Der Soziologe Aaron Antonovsky nennt die Kombination dieser drei Faktoren »Kohärenzgefühl« – ein Gefühl, das dafür verantwortlich ist, dass Menschen ihre Widerstandsressourcen aktivieren und damit den ersten Schritt zum Lernen tun.

Für mich ist Lernen der konstruktive Umgang mit Widerständen. Unsere Aufgabe ist es, schulisches Lernen so zu gestalten, dass Lernende Freude am Umgang mit diesen Widerständen entwickeln. Und das bezieht sich nicht nur auf das Lernen. Ich glaube, wer Widerstände als Herausforderung annimmt, der kann auch ein sinnstiftendes Leben führen. Denn wenn Schwierigkeiten nicht als etwas Negatives gesehen werden, sondern als eine Herausforderung, erlebt man ihre Bewältigung als Erfolg. Erfolg ist also das Ergebnis vieler kleiner Siege über sich selbst.

Lernen verlangt drei Grundvoraussetzungen: Zunächst ist das die Erfahrung von Kompetenz, von Selbstwirksamkeit. Dann muss schulisches Lernen die Erfahrung von sozialer Eingebundenheit im Sinne von Sicherheit, von Unterstützung ermöglichen. Und als drittes setzt Lernen Autonomie, selbstbestimmtes Handeln, voraus. Sind diese drei Grundvoraussetzungen nicht erfüllt, wird Lernen, schulisches Lernen zumal, nicht als langfristig sinnvoll betrachtet werden können. Aber diese Voraussetzungen lassen sich nicht einfach wie eine chemische Formel vermitteln. Was wir brauchen, ist eine Schulkultur, in der es selbstverständlich ist, dass Selbstwirksamkeit, Eingebundenheit und Autonomie permanent erfahren und erlebt werden können.

Die Erfahrung der Selbstwirksamkeit ist die unabdingbare Voraussetzung erfolgreichen Lernens. Sie ist das Gegenteil des Gefühls, ausgeliefert zu sein. Man kann sich anderen Menschen ausgeliefert fühlen oder Systemstrukturen, aber natürlich auch den eigenen Unzulänglichkeiten. Dieses Gefühl des Ausgeliefertseins spendet keine Energie. Ganz anders hingegen das Gefühl der Selbstwirksamkeit. Dahinter steht die Überzeugung, aus eigener Kompetenz Herausforderungen bewältigen zu können. Im Verlauf von neun Schuljahren gehen Kinder etwa 12 000 bis 15 000 Stunden zur Schule. Zeit genug, um den Kindern die Möglichkeit zu geben, an ihre eigenen Fähigkeiten glauben zu lernen. Kinder müssen die Schule als erfolgreich erleben – dazu gibt es aus meiner Sicht keine Alternative. Misserfolg ist keine Alternative; Sinnlosigkeit auch nicht. Der Schlüssel zur Selbstwirksamkeit ist Erfolg. Er muss zum Merkmal des Erlebens von Schule und von Lernen werden.

## Umgang mit Vielfalt

Wenn es darum geht, an die eigenen Fähigkeiten zu glauben, geht es auch darum, diese weiterzuentwickeln. Doch entwickeln lässt sich nur, was bereits in einem Menschen steckt. Jedes Lernen, jede Entwicklung ist ein individueller Prozess. Wenn wir drei Kinder einer Klasse nehmen, gibt es Dinge, die für alle drei eine gewisse gemeinsame Relevanz besitzen, und es gibt solche, die für alle sehr unterschiedliche Bedeutungen haben. Nun können wir als Lehrer versuchen, diese Unterschiede zu nivellieren, also den kleinsten gemeinsamen Nenner zu finden. Oder wir suchen einen anderen Weg, einen, der mit dieser Vielfalt konstruktiv und kreativ umgeht, der Diversität als Chance und Ressource begreift.

Der Umgang mit Vielfalt ist eine der wesentlichen Herausforderungen für Schule heute und in Zukunft. Das vermutlich am häufigsten zitierte Wort der zahlreichen Lehrerfortbildungen, die es in der Schweiz gibt, heißt Heterogenität, meist in Kombination mit dem Wort »Problem«. Ich bin überzeugt, dass Vielfalt nur dort ein Problem ist, wo Einfalt herrscht.

Es geht also darum, Vielfalt als Ressource zu sehen und diese Vielfalt so zu nutzen, dass sie für alle Beteiligten ein Gewinn ist.

Jede Situation stellt Anforderungen, und jeder Mensch verfügt über bestimmte Fähigkeiten. Wir sind eigentlich permanent in drei möglichen Zuständen: Wir fühlen uns überfordert, unterfordert oder herausgefordert. Es ist kein Problem, sich kurzfristig überfordert zu fühlen, und es ist auch nicht schlimm, sich mal auszuruhen oder für eine kurze Zeit unterfordert zu sein. Doch langfristig machen sowohl Über- wie auch Unterforderung krank. Deshalb muss Lernen auf einer Stufe der Herausforderung passieren. Die Schwierigkeit dabei ist: Ich kann nicht für andere definieren, was für sie eine Herausforderung ist. Das Ziel von Schule muss deshalb sein, den Lernenden in die Lage zu versetzen, diese Herausforderungssituation für sich gestalten zu können. Denn Kinder und Jugendliche – und nicht nur sie – setzen sich erst dann mit Dingen auseinander, sind erst dann bereit, Aktivitäten zu entfalten, wenn die Wahrscheinlichkeit des Gelingens relativ hoch ist. Ist dagegen ein Scheitern wahrscheinlich oder ein Gefühl der Unterforderung vorhanden, greifen die erlernten Umgehungsstrategien.

Das bedeutet: Wenn Lernen gelingen soll, müssen alle Lernenden im Prinzip ihre eigene Schule haben, natürlich nicht räumlich, sondern in sozialer Angebundenheit. Wir müssen Schule so gestalten, dass sie individuelle Herausforderungssituationen schafft.

Ein weiterer Faktor, der für erfolgreiches Lernen nötig ist, heißt: Verstehen. Verstehen ist das Gegenteil von Auswendiglernen. Wer versteht, macht aus etwas Fremdem etwas Eigenes. Verstehen ist ein Transformationsprozess, der mit Informationen beginnt und mit Bedeutung endet – und zwar immer und jederzeit vor dem individuellen biografischen Hintergrund. Das macht Verstehen nicht nur zu einem individuellen Prozess, sondern auch zu einem hochgradig emotionalen Erlebnis. Etwas verstanden zu haben, tut gut. Kinder müssen deshalb möglichst häufig das beglückende Gefühl erleben, die Inhalte, mit denen sie sich beschäftigen, verstanden zu haben.

Aber viele Untersuchungen zeigen, dass Lernende aller Stufen Strategien erworben haben, die es ihnen erlauben, die äußeren Anforderungssituationen von Schule zu bewältigen, ohne ein gründliches Verständnis der zu lernenden Inhalte erreicht zu haben. Unser Ziel ist es, die schulischen Arrangements so zu gestalten, dass die Lernenden sich mit den Inhalten wirklich auseinandersetzen, dass sie sie begreifen. Schule ist aber in der Wahrnehmung vieler Lernender ein Ort, an dem ihnen jemand sagt, was getan werden soll. Das wird dann »gelernt« zum Zwecke der Wiedergabe in Proben und Prüfungen. Aber das kann nicht das Ziel der vielen Tausend Stunden Schule sein, denn Menschen lernen selbst und ständig. Auch schulisches Lernen lässt sich in Kombination mit dem Wort »selbst« verstehen: Es ist ein selbst gesteuerter, selbst verantworteter, selbst erarbeiteter Erkenntnisgewinn. Oder sollte es sein, denn das verlangt nach einer Veränderung im Denken und Handeln der beteiligten Personen. Es ist für den Lernenden einfacher und bequemer, sich hinzusetzen und darauf zu warten, dass jemand sagt, was getan werden soll. Und für den Lehrenden ist es einfacher (weil üblicher), diese Situation zu verwalten, sie in Punkte und Noten zu übersetzen. Je individueller Schule wird, desto dringlicher und fordernder wird sie. Nicht einfach, was das Leistungsniveau anbelangt, sondern im Hinblick auf die Selbstgestaltungskompetenz der Lernenden und auf die Kompetenz zur Prozessgestaltung bei den Lehrpersonen.

## Vom Lehrer zum Lerncoach

Diese gewandelten Aufgaben verändern massiv das Aufgabenfeld des Lehrers. Aus diesem Grund haben wir ein Modell für Lerncoaching entwickelt. Denn für uns ist der Lehrer mehr als ein Begleiter, er ist auch mehr als ein Berater, er ist ein Coach, der den Lernenden die erforderliche Hilfe zur Selbsthilfe anbietet. Doch ein Lerncoach ist viel mehr als ein Reparateur, der hilft, wenn etwas klemmt. Es geht um eine neue Professionalität in einer neuen Lernkultur, um eine andere Betrachtungsweise von Lernen in der Schule.

Ein Vergleich aus dem Sport mag dies verdeutlichen. Darren Cahill, der ehemalige Coach von Andre Agassi, hat seine Aufgabe so formuliert:

»Ich verhelfe ihm zum Erfolg. Dafür bin ich da.« Das ist auch die Aufgabe eines Lerncoachs. Er gestaltet eine Situation so, dass der Lernende erfolgreich sein kann und sich erfolgreich fühlt. Sechs lernrelevante Faktoren gibt es, die wir beeinflussen können, um individuellen Erfolg zu ermöglichen.

Der erste dieser Faktoren heißt *Orientierung*. In einem herkömmlichen Setting bin ich als Lehrer die Orientierung, ich sage, wann was drankommt, was gut oder schlecht ist. Wenn aber Lernen von der Abhängigkeit in die Unabhängigkeit führen soll, dann braucht es Orientierungsformen, die die Lernenden in die Lage versetzen, sich auf dieser »inhaltlichen Landkarte« selber zurechtfinden zu können. Möglich ist das z.B. mithilfe von Kompetenzrastern.

Ein zweiter Faktor heißt *Auseinandersetzung*. Lernende sollen nicht Aufgaben »erledigen«, sondern sich so mit ihnen beschäftigen, dass sie sie verstehen. Eine zentrale Erkenntnis unserer Arbeit lautet: Lernen braucht Sinn und Bedeutung. Das heißt, Lernende müssen in die Lage versetzt werden, eigene Ziele zu formulieren. Doch hier gibt es ein großes Problem: Die Jugendlichen besitzen keine Sprache dafür, und weil ihnen diese Sprache fehlt, können sie auch keine eigene klare Vorstellung des Lernziels entwickeln – und den Lehrern geht es ebenso. Ziele wie »Lieber Herr Müller, ich will mir von jetzt an mehr Mühe in Französisch geben« sind meist so nutzlos wie die guten Vorsätze in der Silvesternacht. Dabei wollen Menschen, die sich um Mitternacht vornehmen, mehr Sport zu treiben oder abzunehmen, das tatsächlich tun. Doch wie sagt das Sprichwort: »Die längste Distanz, die es auf der Welt gibt, ist die zwischen Absicht und Handlung.«

## Ziele und Lernnachweise

Was können wir dafür tun, damit individuelle Ziele mit möglichst hoher Wahrscheinlichkeit erreicht werden? Zunächst brauchen Kinder und Jugendliche eine Sprache, um diese Ziele auch formulieren zu können. Nur wer benennen kann, was er verstehen möchte, wird dies auch erreichen. Internalisieren durch Verbalisieren könnte man sagen.

Verstehen erweist sich anhand von Lernnachweisen. Und Lernnachweise sind immer an eine Tätigkeit, an eine Aktivität gekoppelt. Die Wahrscheinlichkeit, etwas von diesem Vortrag zu behalten, liegt bei etwa fünf Prozent. Erst wenn Lernende sich selbst mit Inhalten auseinandersetzen, unmittelbar etwas damit anstellen, sie umsetzen, geben sie ihnen eine eigene Form und machen sie begreifbar.

Lernende brauchen Ziele, die zu praktischen Lernnachweisen in Form von Tätigkeiten führen. Etwas erklären könnte beispielsweise eine solche Tätigkeit sein. Wer anderen etwas erklären kann, hat es verstanden. Diese Tätigkeit, also z. B. das Erklären, kann sich in ganz unterschiedlichen Formen ausdrücken: indem ich es auf ein Flipchart zeichne, indem ich einen Brief schreibe, ein Modell fertige, eine Skizze gestalte. In Beatenberg haben wir beschlossen, sowohl die verschiedenen Tätigkeiten als auch die Erklärformen in einem Spielset zu sammeln, und zwar so, dass sich Formen und Tätigkeiten in unterschiedlichen Variationen kombinieren lassen. Wir fanden 22 Tätigkeiten und 33 Formen – 22 mal 33, das sind 726 unterschiedliche Wege, wie man ein Ziel in Form eines Lernnachweises formulieren kann. Die lernnachweisenden Tätigkeiten versetzen Lernende in eine Rolle, in der sie sowohl Produzenten als auch Konsumenten sind – sie werden zu »Prosumenten«. Eine Rolle, die auch der Lehrende annimmt: Wenn ich unterrichte, wenn ich anderen etwas zeige, dann bin ich in der Rolle eines Produzenten. Gleichzeitig begreife ich mich aber auch in der Rolle des Lernenden. Dieses veränderte Bild des Lehrenden hat viele unserer Strukturen beeinflusst.

## Der Lehrer als Teil des Lernteams

Der dritte lernrelevante Faktor heißt *Arrangements*. Wenn ich sehe, wo ich stehe, wohin ich will, wenn ich individuelle Ziele formulieren kann, die auf unterschiedlichen Ebenen zu unterschiedlichen Ergebnissen führen, verändert das die Organisation von Schule. Dann braucht man Freiräume, offene Formen, ganz andere organisatorische Gestaltungsmöglichkeiten.

Und auch meine Tätigkeit in diesen offenen Settings verändert sich. Ich bin dann nicht mehr Lehrer. Was aber tut der Lehrer, wenn er nicht lehrt? Er hat völlig andere Funktionen übernommen, mit denen wir Erfahrungen sammeln und für die wir Kompetenzen erwerben mussten. In Beatenberg arbeiten wir zu einem großen Teil in offenen Formen. Etwa 50 % der Arbeitszeit verbringen die Lernenden in sogenannten Lernteams: Das sind Gruppen von etwa 30 Lernenden, die alters- und leistungsmäßig stark durchmischt sind. Diese Lernteams verfügen über einen Arbeitsraum, der eher an ein Großraumbüro erinnert. Dort haben die Lernenden eigene Arbeitsplätze, an denen sie an selbst gesetzten Zielen arbeiten. Nicht alleine wird gelernt, sondern miteinander und voneinander, denn der erste und wichtigste Pädagoge sind die anderen Kinder. Das verlangt, dass sie immer miteinander sprechen können, verlangt eine entsprechende Kommunikationskultur, die wir Flüsterkultur nennen. Diese Organisationsform hat dazu geführt, dass die Coaches ihre Arbeitsplätze ebenfalls in den Arbeitsräumen der Teams haben. Es ist dort ruhig genug, um konzentriert arbeiten zu können. In Beatenberg gibt es kein Lehrerzimmer mehr. Wir haben keine Lehrer mehr, also brauchen sie auch kein eigenes Zimmer, sondern arbeiten als Coaches in den Räumen ihres Teams und bilden eine Art Learning Community.

## Das Dilemma mit den Noten

Der vierte Faktor, über den man nachdenken muss, wenn man sich fragt, wie eine neue Schulkultur aussehen kann, heißt *Evaluation*. Ein zentraler Punkt, denn die Evaluation entfaltet eine stark präformierende Wirkung. Die Definition dessen, was man am Ende rausbekommen will, beeinflusst das, was vorne geschieht. Und wenn am Ende Noten stehen sollen, dann ist das die Orientierung, und die Menschen richten sich danach. Das Thema Noten hat uns lange intensiv beschäftigt, denn es war uns klar, dass

Noten zu eindimensional sind, um aussagekräftig zu sein. Mehr noch: Noten führen weg vom inhaltlich-zielführenden Lernen. Das hat uns veranlasst, nach anderen Möglichkeiten der Evaluation zu suchen. In der Arbeit mit Kompetenzrastern haben wir einen Weg aus dem Notendilemma gefunden. Wir nennen das »referenzieren« – die eigene Leistung mit einem Referenzwert in Beziehung setzen. Jeder Lernnachweis findet sich als Punkt im entsprechenden Feld des Kompetenzrasters. Daraus entsteht mit der Zeit ein differenziertes Leistungsprofil. So wird Transparenz geschaffen als Grundlage für eine individuelle Förderung.

Der fünfte Faktor heißt *Lernort*. Der Ort beeinflusst das Verhalten stark. Wenn es in einem Raum kein hinten und kein vorne mehr gibt, verändert sich die ganze Dynamik. Zugleich verlagert sich der Aktivitätsschwerpunkt: Wenn wir wollen, dass Lernen Aktivitäten erzeugt, dann muss auch der Aktivitätsschwerpunkt zwingend bei den Lernenden sein. Die Organisation der Räume muss dem also Rechnung tragen. Denn: Locations have emotions. Der Raum ist mithin der dritte Pädagoge.

Der sechste lernrelevante Faktor heißt *Interaktion*. Die Ausbildung zum Lehrer vermittelt reichlich didaktische Kniffe, doch sie lehrt nicht, miteinander zu sprechen. Man lernt Fragen zu stellen, um Antworten zu bekommen. Antworten, die entweder richtig oder falsch sind. Weil so kein Lernen stattfinden kann, braucht es eine andere Art der Interaktion. Jede Interaktion beschäftigt sich entweder mit der Vergangenheit oder mit der Zukunft, hat ein Problem im Visier oder eine Lösung. In unserem Kulturkreis bewegen wir uns im Vergangenheits-Problem-Quadranten. Konstruktive Lernsettings, wie wir sie anstreben, verlangen aber nach einer lösungsorientierten Kommunikationskultur, die das Gelingen in den Fokus nimmt. Es gibt Methoden und Fragetechniken, die helfen sollen, eine solche Kultur zu erreichen. Doch nicht die Methoden sind das Wichtige, entscheidend ist vielmehr die Haltung. Es ist jene Haltung, die den Erfolg der Lernenden zum Maßstab des Handelns macht.

## Eigene Wege ermöglichen

Die sechs lernrelevanten Faktoren sind eingebettet in vier Umgebungsfaktoren, also Grundlagen des Umgangs miteinander. Einer davon ist das *Menschenbild*. Zwei Stichworte dazu: Interesse und Vertrauen. Man sagt, je defizitärer ein System, desto mehr Kontrollen braucht es. Nun, man kann Menschen nicht zum Erfolg kontrollieren. Deshalb brauchen wir offenere Formen, d.h. die Möglichkeit zu individuellen Wegen und Umwegen, und diese zu beschreiten, hat mit Vertrauen zu tun. Vertrauen zu haben, fällt jedoch vielen Menschen schwer. Daher ist auch die Schule gemeinhin eher ein System der Kontrolle denn des Vertrauens. Reinhard Sprenger schreibt in seinem Buch »Vertrauen führt«, wer vertraut, könne gewinnen oder verlieren, aber wer misstraut, könne nur verlieren. Das klingt einfacher, als es sich in der praktischen Umsetzung gestaltet. Dennoch ist Vertrauen eine Voraussetzung, damit in offenen Systemen frei und erfolgreich gearbeitet werden kann.

Ein zweiter Umgebungsfaktor heißt *Rollenverständnis*. Als Lehrende müssen wir uns immer auch fragen, von welchem Rollenverständnis wir ausgehen. Rollenerwartungen bestimmen im hohen Ausmaß das Verhalten von Menschen (das zeigte in einem besonders drastischen Ausmaß das bekannte Stanford-Prison-Experiment des Psychologen Philip Zimbardo). Auch im Kontext der Schule gibt es feste Rollenzuschreibungen und Verhaltenserwartungen, nicht nur für die Lehrenden, auch für die Lernenden. Verstehen sie sich als Schüler und verhalten sie sich entsprechend schülerhaft – was man im landläufigen Sinn als »unselbstständig« verstehen kann?

Der dritte Umgebungsfaktor bezieht sich auf das *Lernverständnis*. Wir gehen in Beatenberg von einem konstruktivistischen Lernverständnis aus. Denn ganz kurz gefasst konstruieren wir die Welt insgesamt, also auch Lernen und Bildung. Deshalb fanden wir es wichtig, als Grundannahme festzuhalten, dass wir nichts vermitteln können, sondern dass alles, was wir tun, konstruiert ist. Lernen ist ein individueller Konstruktionsprozess, und das hat Auswirkungen auf unsere Arbeit in der Schule.

Der vierte Faktor heißt *Funktionsverständnis*. Wenn wir wollen, dass unsere Lernenden z.B. selbstständig werden, müssen wir uns fragen, welche Form man braucht, damit dies möglich ist. Die Architektur kennt das Prinzip »form follows function«. Die Form muss der Funktion folgen. Um dieses Prinzip zu übernehmen, müssen wir definieren, was unsere Funktion sein soll, damit die Formen bestimmt werden können, die dieser Funktion gerecht werden.

## Teil der Lösung

In diesem Zusammenspiel aus lernrelevanten Faktoren und Umgebungsfaktoren spiegelt sich unser Bild vom Lerncoaching. Wir haben verschiedene Instrumente entwickelt, die uns helfen, dieses Prinzip auf den Alltag zu übertragen. Unser Ziel sind Lernnachweise im Sinne von Verstehensnachweisen. Orientierungsgrundlage hierfür sind Kompetenzraster. Sie helfen mir, das, was ich tue, einzuordnen und in meiner Situation sichtbar zu machen. Erst wenn Anforderungen sichtbar werden, kann ich mein Handeln auch gestalten. Das Layout ist ein Instrument, das Fremdorganisation abbaut und dadurch Selbstorganisation fördert. Ein hoher Anteil Arbeit muss von den Lernenden selbst organisiert werden. Das bringt uns unserem Ziel näher, das forschende, entdeckende, eigenständige Lernen so zu fördern, dass die Kinder und Jugendlichen es als ihre persönliche Sache ansehen – dass sie sich als Teil der Lösung fühlen.

# Neue Bündnisse für den Nachwuchs

*von Joachim Milberg und Martina Röbbecke*

Wie kann die Förderung des Nachwuchses in Technik und Naturwissenschaften verbessert werden? Die Beantwortung dieser Frage ist für acatech, die Deutsche Akademie der Technikwissenschaften, von herausragender Bedeutung. Aus der Perspektive einer wissenschaftlichen Einrichtung, die sich mit technikbezogenen Fragestellungen und der Relevanz von Technik für Wissenschaft und Wirtschaft auseinandersetzt, stellt die Förderung technisch-naturwissenschaftlicher Interessen und Kompetenzen junger Menschen eine wichtige Erfolgsvoraussetzung unserer Gesellschaft dar. Wir brauchen qualifizierten und motivierten Nachwuchs in den Wirtschaftsunternehmen, um deren Innovationsfähigkeit zu sichern und auch zukünftig weltweit nachgefragte Spitzenleistungen zu erbringen. Aber auch an den Hochschulen benötigen wir begabte Studentinnen und Studenten, die sich für Naturwissenschaft und Technik begeistern und sich später selber in Forschung und Lehre engagieren. Nachwuchsförderung sollte überdies nicht nur auf wissenschaftliche oder berufliche Bildung verengt werden: In einem deutlich weiter gefassten Verständnis ist die technische Bildung des Einzelnen eine wichtige Voraussetzung für die Partizipation an Prozessen der Meinungsbildung und Entscheidungsfindung, denn viele Zukunftsfragen sind ohne Grundkenntnisse der technisch-naturwissenschaftlichen Zusammenhänge kaum sinnvoll zu beantworten.

Eine der vier zentralen Aufgaben von acatech ist daher die Nachwuchsförderung. acatech berät daneben Politik und Gesellschaft in technologiebezogenen Fragen, unterstützt den Wissenstransfer zwischen Wissenschaft und Wirtschaft und wirkt als Stimme der Technikwissenschaften in nationalen und internationalen Gremien mit. In den vergangenen Monaten haben Fragen der Nachwuchsförderung einen besonders hohen Stellenwert gewonnen, da sich ein Fachkräftemangel in zahlreichen technisch-naturwissenschaftlichen Bereichen abzeichnet.

Diese Beobachtung ist deshalb beunruhigend, weil es sich dabei keineswegs um konjunkturell bedingte und deshalb möglicherweise rasch wieder verschwindende Phänomene handelt. Vielmehr geht der sich abzeichnende Fachkräftemangel auf langfristig wirksame Entwicklungen zurück: An erster Stelle ist hier das rückläufige Interesse an ingenieurwissenschaftlichen Studiengängen zu nennen. Auch ist die Anzahl der erfolgreichen Hochschulabsolventen in diesen Fächern in den vergangenen Jahren erheblich gesunken. Der Stand des Jahres 1996, in dem rund 52 000 Ingenieurinnen und Ingenieure die Hochschulen verlassen haben, ist in den Folgejahren nicht wieder erreicht worden. Mittelfristig wird aus demografischen Gründen auch die Gesamtzahl der Studienanfängerinnen und -anfänger zurückgehen, und wenn es uns nicht gelingt, mehr junge Leute für ein ingenieurwissenschaftliches Studium zu interessieren, wird die Zahl der Hochschulabsolventen in diesen Fächern allenfalls auf einem relativ niedrigen Niveau stagnieren. Wir benötigen jedoch qualifizierten Nachwuchs nicht nur für neu entstehende Stellen in den innovativen und wissenschaftsintensiven Bereichen der Wirtschaft, sondern es besteht auch sogenannter »Ersatzbedarf« für die große Zahl von Ingenieuren, die in den kommenden Jahren aus dem Erwerbsleben ausscheiden werden. Derzeit entspricht die Anzahl der erfolgreichen Hochschulabsolventen in den Ingenieurwissenschaften kaum diesem Ersatzbedarf. Wir müssen also zukünftig deutlich mehr junge Menschen als bisher für technikwissenschaftliche Berufe gewinnen.

acatech sieht daher dringenden Handlungsbedarf. Erforderlich sind zum einen Maßnahmen, die bereits kurz- und mittelfristig Wirkung zeigen. Zum anderen benötigen wir Maßnahmen, die den erwähnten Entwicklungen entgegenwirken und langfristig zu einer Trendwende führen. Um hier wirkungsvoll anzusetzen, brauchen wir sorgfältige Ursachenanalysen sowie eine Strategie, die die gesamte Bildungsbiografie des Einzelnen und die daran beteiligten Institutionen in den Blick nimmt.

## Die Nachwuchsstrategie der acatech

acatech hat eine »Nachwuchsplattform« ins Leben gerufen, die als ein breites Bündnis verschiedener Akteure aus Politik und Wirtschaft sowie Wissenschafts- und Bildungsinstitutionen angelegt ist. In einem ersten Schritt haben wir ein interdisziplinär zusammengesetztes Forscherteam gebeten, den Aufbau dieser Nachwuchsplattform zu unterstützen und uns bei den weiteren Aktivitäten zu begleiten. Gemeinsam mit diesen Wissenschaftlerinnen und Wissenschaftlern aus der Technik- und Wissenschaftsforschung, der Hochschul- und Bildungsforschung, der Pädagogik, Psychologie und der Bildungsökonomie hat acatech eine Nachwuchsstrategie erarbeitet, die im Frühjahr 2009 veröffentlicht wurde. Gestützt auf fundierte Analysen der Expertengruppe zu den vielfältigen Ursachen des Fachkräftemangels, unterbreitet acatech darin Forschungs- und Handlungsempfehlungen zu den Fragen, wie das Interesse an Technik und Naturwissenschaften geweckt, wie die Entwicklung entsprechender Kompetenzen unterstützt und – nicht zuletzt – wie die Entscheidung für Berufe im technisch-naturwissenschaftlichen Bereich gefördert werden kann. Im Rahmen des Nachwuchsgipfels am 23. April 2009 in Berlin hat acatech die neue Strategie mit zahlreichen Gesprächspartnern aus vielen Organisationen, Verbänden und Initiativen diskutiert, die – wie wir hoffen – unsere zukünftigen Bündnispartner bei der Förderung des technisch-naturwissenschaftlichen Nachwuchses sein werden. Da diese Strategie eine wichtige Grundlage des zukünftigen Engagements von acatech im Bereich der Nachwuchsförderung darstellt, sollen ihre Grundzüge und die verschiedenen Handlungsfelder im Folgenden kurz erläutert werden.

## Grundzüge der Strategie

Die Entfaltung technischer Kompetenzen und Interessen sollte schon im frühen Kindesalter gefördert werden, um gute Voraussetzungen für die weitere Entwicklung eines Kindes zu schaffen. Dies bedeutet nicht etwa,

Kindern schon im Kindergarten umfangreiches technisches Wissen zu vermitteln, sondern ihnen vielmehr die Möglichkeit zu geben, spielerisch und kreativ ihre technischen Talente zu entwickeln. Auf diese Weise werden Kinder eher beiläufig in technische und naturwissenschaftliche Inhalte eingeführt. Grundsätzlich halten wir eine Förderung von Kindern, Jugendlichen und jungen Erwachsenen über alle Lebensphasen hinweg für erforderlich, um kontinuierliche Lernprozesse zu unterstützen.

Dies bedeutet zum einen, dass die zahlreichen Projekte und Initiativen zur Nachwuchsförderung, die häufig zeitlich befristet sind und den Charakter von Einzelmaßnahmen haben, möglichst langfristig angelegt werden sollten, um Wirkungen zu zeigen.

Zum anderen wird eine kontinuierliche und die Lebensspanne umgreifende Förderung nur erfolgreich sein, wenn dabei zahlreiche Akteure zusammenarbeiten. Auf diese Weise können die verschiedenen Maßnahmen koordiniert und vor allem der häufig schwierige Übergang von Kindern, Jugendlichen und Erwachsenen zwischen verschiedenen Institutionen – etwa zwischen Schule und Hochschule – besser unterstützt werden. Die beiden letztgenannten Aspekte, also die kontinuierliche Förderung über die Lebensspanne des Einzelnen und die Zusammenarbeit aller an den Bildungsprozessen beteiligten Akteure, sind nach dem Selbstverständnis von acatech zentrale Bestandteile unseres systemischen Ansatzes. Darüber hinaus halten wir eine regelmäßige Evaluation der Maßnahmen für erforderlich, um die Qualität und den Erfolg der verschiedenen Projekte und Initiativen zu sichern.

## Handlungsfelder

In der Nachwuchsstrategie werden insgesamt acht Handlungsfelder identifiziert, die acatech in den Blick nimmt, um gezielt das Interesse an Technik und technischen Fragestellungen, die Entwicklung von technischen Kompetenzen und eine technisch-naturwissenschaftliche Berufswahl zu fördern. Dabei handelt es sich um fünf Aktionsfelder entlang des Lebenslaufes und um drei Querschnittsfelder, die im Folgenden kurz und in einem Überblick dargestellt werden sollen.

Große Bedeutung hat das *Elternhaus*, dessen möglicher Beitrag zur Förderung kindlicher Interessen und zum Erwerb erster Kompetenzen im Bereich von Technik und Naturwissenschaft häufig unterschätzt wird. In den vergangenen Jahren wurden zahlreiche Angebote geschaffen, mit denen Eltern ihren Kindern Einblicke in technische und naturwissenschaftliche Zusammenhänge verschaffen können – zu denken ist etwa an Ideenparks, Science Center, Technikmuseen und Veranstaltungen der Kinder-Universitäten. Eltern können aber auch als Partner von Kindergärten und Schulen eine wichtige Rolle spielen, indem sie beispielsweise technisch-naturwissenschaftliche Unterrichtselemente mit gestalten oder Informationen über technische Berufsbilder anschaulich vermitteln.

Auch *Kindergarten und Vorschule* sind für die frühkindliche Entwicklung und den weiteren Verlauf der Bildungsbiografie von großer Bedeutung. Erst in jüngerer Zeit haben durch Initiativen wie etwa die »Wissensfabrik« oder das »Haus der kleinen Forscher« auch Mathematik, Naturwissenschaften und Technik als wichtige Bildungsbereiche an Aufmerksamkeit gewonnen. Wir begrüßen den Ausbau der frühen technisch-naturwissenschaftlichen Bildung und empfehlen insbesondere, die Förderung von Kindern aus bildungsfernen Schichten gezielt zu verbessern. Außerdem sollte die fachliche und fachdidaktische Qualifizierung der Erzieherinnen und der – leider noch zu wenigen – Erzieher zukünftig verstärkt auch Fragen der Förderung technisch-naturwissenschaftlicher Kompetenzen in Kindergärten berücksichtigen. Darüber hinaus halten wir eine bessere Kooperation zwischen Kindergärten und Grundschulen für erforderlich, um an die frühen Lernerfahrungen der Kinder anknüpfen zu können und ihre Entwicklung kontinuierlich zu fördern.

Eine der ungelösten Aufgaben der *Schule* ist die Vermittlung grundlegender Kenntnisse in Mathematik und Naturwissenschaften, wie vor allem die internationalen Vergleichsstudien TIMSS und PISA gezeigt haben. In unseren Schulen ist der Stundenumfang in den Fächern Mathematik und Naturwissenschaften eher gering, und die Vermittlung technischer Inhalte spielt eine nur untergeordnete Rolle. Auch weisen die Klagen zahlreicher Hochschulen über unzureichende mathematisch-naturwissenschaftliche Kenntnisse ihrer Studierenden auf offenkundige Schwächen der Schulbildung hin. Daher empfiehlt acatech dringend, den mathematisch-naturwissenschaftlichen Unterricht durch neue didaktische Zugänge zu verbessern sowie technikbezogene Themen und Fragestellungen im schulischen Curriculum zu verankern. Dabei ist es eher unerheblich, ob technische Inhalte in einem eigenen Fach »Technik« oder in Fächern wie Sachkunde und Physik vermittelt werden. Wichtiger ist, dass die Schule die nötigen Rahmenbedingungen für eine kontinuierliche Entwicklung des Interesses an Technik schafft und die technisch-naturwissenschaftlich begabten Schülerinnen und Schüler fördert. Mindestens dreierlei ist hierbei entscheidend: zum ersten eine frühe und durchaus auch spielerische Begegnung mit Technik, zum zweiten die Möglichkeit, Technik punktuell als interessant und herausfordernd zu erleben, und zum dritten ein didaktisch gut aufbereiteter und vor allem kontinuierlich angebotener Technikunterricht. Auch sollten die Gestaltung von Technik, die kreative Suche nach technischen Lösungen und das forschende Lernen an Problemen im Technikunterricht stärker in den Vordergrund rücken. Die Anwendungsbeispiele sollten alltagsnah und für Jungen und Mädchen gleichermaßen attraktiv sein. Bisher kaum genutzt werden Themenzugänge, die eher die gesellschaftliche Dimension von Technik und Innovation in den Vordergrund stellen und auch Mädchen stärker interessieren.

All diese Ideen stellen hohe Anforderungen an die didaktischen Fähigkeiten und Kenntnisse der Lehrenden. acatech empfiehlt daher, die Lehrerbildung und insbesondere die fachdidaktische Qualifizierung in den MINT-Fächern nachhaltig zu verbessern. Die vielen außerschulischen Lernorte und Förderinitiativen, die mittlerweile entstanden sind, machen auf beeindruckende Weise deutlich, dass es durchaus möglich ist, Schülerinnen und Schüler für Technik zu begeistern. Die hier gewonnenen Erfahrungen sollten für die Schul- und Unterrichtsentwicklung ebenso wie für die Lehrerbildung fruchtbar gemacht werden.

Diejenigen Ingenieurinnen und Ingenieure, die unsere *Hochschulen* mit einem Abschlusszeugnis verlassen, sind hoch qualifiziert – aber es entscheiden sich viel zu wenige Studierende dafür, dieses Studium aufzunehmen, und die Schwundquote an den Universitäten ist mit rund 40 % deutlich zu hoch. Daher gilt es, das Ingenieurstudium attraktiver zu gestalten und die Erfolgsquote zu verbessern. Dafür sollte die Berufs- und Praxisorientierung verstärkt werden, beispielsweise durch die vermehrte Vermittlung von berufsqualifizierenden Kompetenzen und durch die Förderung interdisziplinärer Teamarbeit. Die Lehre sollte insbesondere im Grundstudium verbessert werden, etwa durch gezielte Angebote, schulische Defizite auszugleichen, durch eine verbesserte Betreuung und durch eine stärkere Nutzung der Möglichkeiten des Projektstudiums.

Auch im Handlungsfeld *Arbeitsmarkt und Berufsfeld* sollten positive Signale gesetzt werden, die die Attraktivität technikwissenschaftlicher Berufe verbessern und die Entscheidung für ein Ingenieurstudium begünstigen. Dazu gehört, die Vereinbarkeit von Ingenieurberuf, Karrierechancen und Familie deutlich zu verbessern. Auch müssen Bachelor-Absolventinnen und -Absolventen gute Perspektiven auf dem Arbeitsmarkt eröffnet werden, und ebenso wird die Akzeptanz und Unterstützung des Master-Studiums durch die Arbeitgeber die Attraktivität eines Ingenieurstudiums deutlich erhöhen. Ganz entscheidend werden die Signale der kommenden Monate sein: Das Einstellungsverhalten der Wirtschaft wird erheblichen Einfluss darauf haben, ob die Abiturientinnen und Abiturienten trotz der Wirtschaftskrise und im Vertrauen auf ihre langfristig guten beruflichen Entwicklungsmöglichkeiten ein ingenieurwissenschaftliches Studium wählen.

Im Feld *Förderung und Gleichstellung von Frauen* sieht acatech großen Handlungsbedarf, der sich quer durch alle Aktionsfelder zieht. Der Frauenanteil von etwa 20 % an den Studierenden der Ingenieurwissenschaften ist – auch im internationalen Vergleich – niedrig und liegt in einzelnen Fächern wie beispielsweise der Elektrotechnik mit etwa 8 % noch weit darunter. Ihr Anteil an den erwerbstätigen Ingenieuren liegt bei etwa 11 %. Wir haben die Chance, hier Anschluss an die internationale Entwicklung zu finden und qualifizierte Frauen für den Ingenieurberuf zu gewinnen, wenn wir sowohl das Studium als auch den Beruf deutlich attraktiver gestalten als bisher. acatech geht davon aus, dass positive Signale des Arbeitsmarktes und der Abbau struktureller Barrieren im Berufsleben von entscheidender Bedeutung dafür sind, Frauen für die Wahl des Ingenieurberufes zu motivieren. Daher richten sich die Empfehlungen von acatech insbesondere darauf, die Einstellungs- und Karrierechancen von Frauen zu verbessern, junge Mädchen und Frauen bereits frühzeitig für technisch-naturwissenschaftliche Fächer zu interessieren und bei einer entsprechenden Wahl von Studium und Beruf zu unterstützen.

Verbesserungsfähig ist auch die *Zuwanderung von Fachkräften aus dem Ausland*. acatech plädiert dafür, die Zuwanderung hoch qualifizierter Arbeitnehmer aus dem Ausland gezielt zu steuern und sich in dieser Weise am internationalen Wettbewerb um die klügsten Köpfe zu beteiligen. Dazu gehört auch, hoch qualifizierte ausländische Studierende für ein Ingenieurstudium in Deutschland zu gewinnen und die Anerkennung ausländischer Abschlüsse zu beschleunigen.

Schließlich betrachtet acatech auch die *Technikaufgeschlossenheit und Attraktivität des Ingenieurberufes* als ein eigenes Handlungsfeld. Nach unseren Beobachtungen und Erkenntnissen kann von einer Technikfeindlichkeit junger Menschen nicht die Rede sein, sondern Technik wird ganz überwiegend akzeptiert und genutzt. Technische Berufe dagegen und insbesondere der Ingenieurberuf gelten als schwierig, abstrakt und eher unattraktiv. Diese Einschätzung hat allerdings wenig mit dem heutigen Berufsalltag eines Ingenieurs oder einer Ingenieurin zu tun. Daher hat acatech sich zum Ziel gesetzt, das moderne Tätigkeitsprofil, den beruflichen Verbleib und die Attraktivität des Ingenieurberufes verstärkt zu kommunizieren.

## Nachwuchsförderung in Zeiten der Krise

In den kommenden Monaten werden Wirtschaft und Industrie eine besonders wichtige Rolle spielen, da durch ihre Bereitschaft, Hochschulabsolventinnen und -absolventen auch in Zeiten der Krise einzustellen, wichtige Signale an den Arbeitsmarkt gesendet werden. Qualifizierte und an technisch-naturwissenschaftlichen Zusammenhängen interessierte Abiturientinnen und Abiturienten dürfen jetzt nicht durch Entwicklungen auf dem Arbeitsmarkt von der Aufnahme eines entsprechenden Studiums abgeschreckt werden – sonst fehlen uns die gut ausgebildeten Spezialisten in den Zeiten des Aufschwungs. Daher appellieren wir an Wirtschaft und Industrie, die Fachkräfte auch weiterhin zu halten, jungen Ingenieurinnen und Ingenieuren eine berufliche Chance zu geben und darüber hinaus ausreichend Ausbildungsplätze zu schaffen. Aber auch Politik und Wissenschaft sind besonders gefordert, jetzt überzeugende Lösungen für die langfristige Sicherung des Fachkräftebedarfes zu entwickeln und gemeinsam mit vielen Einzelpersonen und Organisationen, denen die Nachwuchsförderung ein Anliegen ist, ein neues Bündnis für die Nachwuchsförderung aufzubauen.

## Literatur

acatech (Hrsg.): Strategie zur Förderung des Nachwuchses in Technik und Naturwissenschaft. Handlungsempfehlungen für die Gegenwart, Forschungsbedarf für die Zukunft. Berlin und Heidelberg: Springer, 2009.

Milberg, Joachim (Hrsg.): Förderung des Nachwuchses in Technik und Naturwissenschaft. Beiträge zu den zentralen Handlungsfeldern. Berlin und Heidelberg: Springer, 2009.

# Die Bedeutung von Motivation und Emotionen für den Lernerfolg

*von Gerhard Roth*

Ich möchte im Folgenden zeigen, dass Lehren und Lernen aus inhärenten Gründen *grundsätzlich* schwierig sind. Nichts von dem, was ich an Ergebnissen der Hirnforschung und der Kognitions- und Emotionspsychologie vortragen werde, ist einem guten Pädagogen inhaltlich neu. Der Erkenntnisfortschritt besteht vielmehr darin, dass man inzwischen besser zeigen kann, *warum* das funktioniert, was ein guter Pädagoge tut, und warum das *nicht*, was ein schlechter tut. Nur so können fundiert bessere Konzepte des Lehrens und Lernens entwickelt werden, und die meisten Experten sind sich inzwischen darin einig, dass viele der gegenwärtigen Konzepte verbesserungswürdig sind. Aus diesen Erkenntnissen kann eine neue Pädagogik entstehen, aber dies kann im Wesentlichen nur von den Pädagogen selbst geleistet werden. Die Hirnforschung kann Hilfestellung leisten, aber die Pädagogik nicht ersetzen.

## Informationsverarbeitung – ein problematisches Konzept

Konzepte der Pädagogik und Didaktik greifen in aller Regel Vorstellungen aus Wissenschaftsdisziplinen auf, die sich mit Wahrnehmung, Lernen, Gedächtnisbildung und Motivation beschäftigen. Das erfolgreichste solcher Konzepte ist das in der kognitiven Psychologie entwickelte Modell der *Informationsverarbeitung* (vgl. Anderson, 1996).

Ihr Grundkonzept lautet: Der Lehrer sendet sprachlich verfasste bedeutungshafte Informationen aus, die in das informationsverarbeitende System des Schülers eindringen, dort in ihrer Bedeutung entschlüsselt, mit Vorwissen verbunden und nach bestimmten Denkregeln verarbeitet werden, um dann als Wissen im Langzeitgedächtnis abgelegt und von dort gegebenenfalls, z. B. in einer Prüfung, abgefragt zu werden. Lernen wird hier als *Instruktion*, d. h. als Verarbeitung und Abspeichern des angebotenen Wissens aufgefasst, und es gilt dann nur, die hierbei beteiligten Mechanismen zu optimieren. Ich will demgegenüber drei Behauptungen aufstellen, die überraschend klingen, aber neuro- und kognitionswissenschaftlich gut belegt werden können:

1. Wissen kann nicht übertragen werden; es muss im Gehirn eines jeden Lernenden neu geschaffen werden.
2. Wissensentstehung findet unter Rahmenbedingungen statt und wird durch Faktoren gesteuert, die zum großen Teil unbewusst ablaufen und deshalb nur indirekt beeinflussbar sind.
3. Die wichtigsten dieser Faktoren sind *Motivation* und *Emotionalität* aufseiten des Lehrenden wie des Lernenden.

## Die Konstruktion von Bedeutung

Wir sind im täglichen Leben der Überzeugung, dass in der Kommunikation zwischen den Teilnehmern Bedeutungen ausgetauscht werden. Eine bloße Aneinanderreihung sinnloser Laute und Zeichen würden wir nicht als Kommunikation und Wissensaustausch ansehen. Und doch trifft es zu, dass dasjenige, was der Sprecher oder Schreiber produziert und an das Ohr des Zuhörers und in das Auge des Lesers dringt, lediglich physikalische Ereignisse (Schalldruckwellen beim Hören, Verteilungen dunkler Konturen auf hellem Hintergrund beim Lesen) sind, die als solche überhaupt keine Bedeutung haben. Ein Angehöriger einer fremden Volksgruppe stößt Laute aus, und ich habe keine Ahnung, welche Bedeutung sie haben, ob es sich überhaupt um Worte handelt und nicht um affektive oder musikalisch-rhythmische Äußerungen. In antiken Ausgrabungsstätten finden wir Zeichen und wissen oft lange Zeit nicht, ob diese Zeichen Zufallsprodukte, Ornamente oder Schriftzeichen darstellen. Wer des Lesens unkundig ist, wird Buchstaben kaum von Fliegendreck unterscheiden können.

Die Erklärung hierfür liegt klar auf der Hand: Damit physikalische Ereignisse überhaupt als bedeutungstragende Zeichen, als Sprachsymbole, erkannt werden können, muss das Gehirn des Empfängers über ein entsprechendes Vorwissen verfügen, d. h., es müssen *Bedeutungskontexte* vorhanden sein, die den Zeichen ihre Bedeutung verleihen. Bedeutungen können somit gar nicht vom Lehrenden auf den Lernenden direkt übertragen, sondern müssen vom Gehirn des Lernenden konstruiert werden. Dabei ist wichtig zu beachten, dass die meisten Konstruktionen von Bedeutung in unserem Gehirn hochautomatisiert und völlig unbewusst ablaufen, und, selbst wenn sie bewusst erlebt werden, in aller Regel nicht unserem Willen unterliegen.

Ein konkretes Beispiel: Wenn ein Lehrer zu seinen Schülern spricht, so produziert er Schalldruckwellen, die an das Innenohr und schließlich – in Nervenimpulse umgewandelt – in das Gehirn der Schüler eindringen. Dort werden sie im Bruchteil einer Sekunde einer komplizierten Analyse nach Frequenzen, Amplituden und zeitlichen Beziehungen der Schwingungen und Schwingungsüberlagerungen unterzogen und dann als menschliche Sprachlaute identifiziert. Danach werden sie sofort in Hirnzentren gelenkt, die zumindest beim Menschen angeborenermaßen für Sprache zuständig sind, nämlich in das Wernicke- und das Broca-Areal. Hier werden nacheinander Phoneme und Phonemgruppen, primäre Wortbedeutungen, syntax- und grammatikabhängige Wortbedeutungen (vorwiegend linke Hirnrinde) sowie Sprachmelodie und affektiv-emotionale Bestandteile der Sprache (vorwiegend rechte Hirnrinde) analysiert. (Hemford und Konieczny, 2002; Price et al., 2005; Scott, 2008)

Jedes auf diese Weise als Wort, Wortgruppe und Satz identifizierte Ereignis wird – für uns unbewusst – dann mit Inhalten des *Sprachgedächtnisses* verglichen, und es werden diejenigen bereits vorhandenen Bedeutungen aktiviert oder neu zusammengestellt, die den größten Sinn ergeben. Hierbei wird meist auch der weitergehende Bedeutungs- und Handlungskontext einbezogen. In Fällen, in denen der Bedeutungs- und Handlungskontext eindeutig ist, mag diese Bedeutungskonstruktion blitzschnell gehen. Der Lehrer steht mit hochrotem Kopf vor einer tobenden Klasse und schreit »Ruhe!«. Da braucht das Gehirn des Schülers nicht viel zu konstruieren, was der Lehrer meint. Bei langen gelehrten Vorträgen von Kollegen hingegen fragen wir uns häufig: »Was meint er? Worauf will er hinaus? Was ist überhaupt das Problem?«

Existieren ein bestimmtes Vorwissen und ein bestimmter Bedeutungskontext nicht im Gehirn des Hörers oder Lesers, so findet auch keine Bedeutungskonstruktion statt oder zumindest nicht die, welche der Sprecher intendierte. Nur in dem Maße, in dem in etwa dasselbe Vorwissen und derselbe Bedeutungskontext in den Gehirnen des Sprechers und des Zuhörers, des Lehrenden und des Lernenden herrschen, entstehen auch ungefähr dieselben Bedeutungen. Da diese Bedeutungskonstruktionen meist völlig unbewusst vonstattengehen und wir sie entsprechend nicht wahrnehmen, haben wir die Illusion, die dann bewusst wahrgenommenen Sprachbedeutungen kämen direkt vom Sprecher und Kommunikation sei die Übertragung von Bedeutungen.

Fazit: Neues Wissen entsteht im Gehirn des Lernenden durch das teils bewusste, teils halbbewusst-intuitive, teils unbewusste Zusammenfügen bereits vorhandenen Wissens. Der Lehrende kann diesen Prozess nicht direkt steuern oder gar erzwingen, sondern nur durch Rahmenbedingungen, die noch genannt werden, erleichtern.

## Das limbische System

Die unbewusst ablaufenden Prozesse der Bedeutungs- oder Wissenskonstruktion sind von vielen Faktoren abhängig, von denen die meisten durch ein System vermittelt werden, das in der kognitiven Psychologie lange Zeit überhaupt nicht existierte, nämlich das limbische System. Dieses System vermittelt Affekte, Gefühle und Motivation und ist auf diese Weise einer der Hauptkontrolleure des Lernerfolgs. Die wichtigsten Anteile des limbischen Systems sollen hier nur stichwortartig erläutert werden (ausführlich in Roth, 2003a und 2009).

*Limbische Teile der Großhirnrinde (präfrontaler, orbitofrontaler und cingulärer Cortex)* sind die Ebenen der bewussten Emotionen und Motive, der bewussten kognitiven Leistungen, der Fehlerkontrolle, Risikoeinschätzung und der Handlungs- und Impulskontrolle. Die *Hippocampus-Formation* ist der Organisator des deklarativen, d.h. bewusstseinsfähigen Gedächtnisses (episodisches Gedächtnis, Faktengedächtnis, Vertrautheitsgedächtnis). Hier wird festgelegt, was in welchen Netzwerken der Großhirnrinde und in welchem Kontext in welcher Weise abgespeichert wird. Die *Amygdala* (Mandelkern) ist Ort der unbewussten emotionalen Konditionierung, insbesondere der Vermittlung negativer Gefühle (Stress, Furcht), und des unbewussten Erkennens und Verarbeitens emotional-kommunikativer Signale (Gestik, Mimik, emotionaler Stimmgehalt). Das *mesolimbische System* (ventrales tegmentales Areal, Nucleus accumbens) ist Ort der Belohnung durch hirneigene Opiate und andere »Belohnungsstoffe« sowie der *Belohnungserwartung* durch die Ausschüttung von Dopamin. Die *neuromodulatorischen Systeme* steuern Aufmerksamkeit, Motivation, Interesse und Lernfähigkeit über die Ausschüttung bestimmter Stoffe, und zwar von Noradrenalin (allgemeine Aufmerksamkeit, Erregung, Stress), Dopamin (Antrieb, Neugier, Belohnungserwartung), Serotonin (Dämpfung, Beruhigung, Wohlgefühl) und Acetylcholin (gezielte Aufmerksamkeit, Lernförderung). Diese *neuromodulatorischen* Systeme stehen ihrerseits unter Kontrolle der Amygdala, des mesolimbischen Systems, des Hippocampus und des limbischen Cortex und wirken wiederum auf sie ein.

Die genannten limbischen Zentren bilden das *zentrale Bewertungssystem* unseres Gehirns (LeDoux, 1998, 2000; Roth, 2003a). Dieses System bewertet alles, was wir erleben und was durch uns und mit uns geschieht, in zwei Schritten: Die Wahrnehmungsinhalte, d.h. auch die vom Lehrenden ausgesandten Reize, werden auf einer frühen und unbewussten Stufe der Verarbeitung danach bewertet, ob die einlaufenden Reize so neu und wichtig sind, dass sich das kognitive und emotionale System überhaupt weiter damit beschäftigen soll. Dies erfordert natürlich eine sehr schnelle Überprüfung durch die kognitiven und emotionalen Gedächtnismechanismen, die z.B. in der sogenannten N100-Welle des ereigniskorrelierten Potenzials (EKP) zum Ausdruck kommen (vgl. Kolb und Wishaw, 1993).

Sind die Informationen unwichtig – gleichgültig ob bekannt oder neu –, dann werden sie sofort »verworfen«; sind sie bekannt, aber wichtig (vor dem Hintergrund des schnell abgefragten Vorwissens), dann werden in der Regel bereits vorhandene Routinen aktiviert, welche die Informationen adäquat weiterverarbeiten, und häufig erleben wir dies nicht bewusst oder nur mit begleitendem Bewusstsein. Werden die Informationen aber als neu und wichtig eingestuft, so treten in aller Regel bewusst-vorbewusste und unbewusste Verarbeitungsmechanismen parallel in Aktion, die u. a. die sogenannte P300-Welle des EKP hervorrufen. Hier liegt eine komplexe Interaktion von Hippocampus, limbischen Zentren und Neocortex vor.

Der zweite Schritt besteht in der Bewertung der verarbeiteten Informationen bzw. der daraus sich ergebenden Reaktionen und Verhaltensweisen danach, ob sie gut/vorteilhaft/lustvoll waren und entsprechend wiederholt werden sollten oder schlecht/nachteilig/schmerzhaft und entsprechend zu meiden sind. Dieser Prozess wird parallel von corticalen und subcorticalen limbischen Zentren durchgeführt und legt die resultierenden Bewertungen im *emotionalen Erfahrungsgedächtnis* nieder, das teils bewusst, teils vorbewusst oder unbewusst arbeitet. In jeder Situation wird vom limbischen System geprüft, ob diese Situation bereits bekannt ist bzw. einer früheren sehr ähnelt und welche Erfahrungen wir damit gemacht haben, und es werden die damit gekoppelten positiven oder negativen Gefühle aktiviert. Dabei kommen die Details der Geschehnisse nicht aus den limbischen Zentren im engeren Sinne selbst, sondern werden über das deklarative Gedächtnis vom Hippocampus hinzugefügt.

Dieses System entscheidet insofern auch grundlegend über den Lernerfolg, als es bei jeder Lernsituation fragt: »Was spricht dafür, dass Hinhören, Lernen, Üben usw. sich tatsächlich lohnen?« Dies geschieht überwiegend aufgrund der vergangenen, meist unbewusst wirkenden Erfolgs- und Misserfolgserfahrungen. Kommt das System zu einem positiven Ergebnis, so werden über die genannten neuromodulatorischen Systeme in der Großhirnrinde vorhandene Netzwerke als Träger bereits vorhandenen Wissens so umgestaltet, dass neues Wissen entsteht. Entscheidend hierbei sind Geschwindigkeit und Ausmaß, mit denen passende Gedächtnisinhalte abgerufen und kombiniert und damit neue Wissensnetzwerke geschaffen werden.

## Wichtige Faktoren beim Lehren und Lernen

Lehren und Lernen werden von einer ganzen Reihe sehr unterschiedlicher Faktoren bestimmt. Hierzu gehören vor allem:

1. die Motiviertheit und Glaubhaftigkeit des Lehrenden
2. die individuellen kognitiven und emotionalen Lernvoraussetzungen der Schüler
3. die allgemeine Motiviertheit und Lernbereitschaft der Schüler
4. die spezielle Motiviertheit der Schüler für einen bestimmten Stoff, das Vorwissen und der aktuelle emotionale Zustand
5. der spezifische Lehr- und Lernkontext.

*Zu 1. Die Motiviertheit und Glaubhaftigkeit des Lehrenden*
Emotionspsychologen und Neuropsychologen haben herausgefunden, dass zu Beginn einer jeden Begegnung und eines jeden Gesprächs die Sympathie und Glaubhaftigkeit des Partners eingeschätzt werden. Dies geschieht innerhalb weniger Sekunden, zum Teil noch schneller, und meist völlig unbewusst über eine Analyse des Gesichtsausdrucks (besonders Augen- und Mundstellung), der Tönung der Stimme (Prosodie), der Gestik und der Körperhaltung. Dies ist natürlich eine radikal subjektive Einschätzung und sagt nichts über das Expertentum der beurteilten Person aus. Beteiligt an dieser schnellen Abschätzung von Glaubhaftigkeit und Sympathie sind vor allem die Amygdala und der insuläre Cortex (besonders rechtsseitig) sowie der rechte temporal-parietale Cortex (Gesichterwahrnehmung) und der orbitofrontale Cortex (Adolphs et al., 1998; Adolphs und Tranel, 2000; Todorov et al., 2008). Unbewusst wahrgenommener emotional gesteuerter Körpergeruch, der Furcht und Unsicherheit

vermittelt, könnte auf kurze Körperdistanz ebenfalls eine Rolle spielen; auch diese Information wird in der Amygdala verarbeitet, was völlig unbewusst geschehen kann (Aggleton, 2000).

In der Lernsituation ist dies genauso. Schüler stellen schnell und zumindest im ersten Schritt unbewusst fest, ob der Lehrende motiviert ist, seinen Stoff beherrscht und sich mit dem Gesagten identifiziert. Dem Lehrer sind die von ihm ausgesandten Signale meist nicht bewusst, und er kann sie deshalb nicht oder nur nach großem Training willentlich steuern (manche Schauspieler und Demagogen scheinen dies zu können). Wenn also ein in vielen Jahren des Lehrerdaseins ermüdeter, unmotivierter Lehrer Wissensinhalte vorträgt, von denen er selbst nicht weiß, ob sie überhaupt noch zutreffen, so ist dies in den Gehirnen der Schüler die direkte Aufforderung zum Weghören. Umgekehrt kann ein sehr engagierter Lehrer seine Schüler für nahezu jeden beliebigen Stoff begeistern.

*Zu 2. Die individuellen kognitiven und emotionalen Lernvoraussetzungen der Schüler*
Lernen ist, wie eingangs dargestellt, ein aktiv-konstruktiver Prozess der Bedeutungserzeugung und nicht des bloßen Abspeicherns von Information, und dieser Prozess läuft in den einzelnen Gehirnen viel unterschiedlicher ab, als wir in der Regel wahrhaben wollen. Jeder weiß, dass es krasse Unterschiede in den Gedächtnisleistungen gibt. Der eine kann 200 Telefonnummern und sonstige Zahlenkombinationen auswendig aufsagen, kann sich aber Namen nicht gut merken oder verirrt sich häufig, hat also ein schlechtes räumliches Gedächtnis. Bei anderen ist es genau umgekehrt. Diese Unterschiede in den verschiedenen Gedächtnisleistungen sind weitgehend genetisch bedingt und lassen sich nur in engen Grenzen und meist durch Anwendung von sogenannten Eselsbrücken verbessern (Schacter, 1996; Markowitsch, 2002). Diese funktionieren nach dem Prinzip, dass Gedächtnisleistungen, in denen eine Person gut ist (z.B. räumliche Orientierung oder bildliche Vorstellungskraft), mit solchen Gedächtnisleistungen gekoppelt werden, in denen diese Person schlecht ist (z.B. Zahlengedächtnis). So kann man lernen, Ziffern mit einfachen Bildern

automatisch zu verbinden, und sich somit viel leichter Zahlenkombinationen merken. Ebenso gibt es krasse Unterschiede in spezifischen Lernbegabungen: Der eine ist sehr gut in Mathematik, mäßig gut in Sprachen und schlecht in bildender Kunst, und auch hier ist mit Übung nur wenig zu machen. Ebenso gibt es durchaus unterschiedliche Lernstile: Der eine lernt am besten durch Zuhören, der andere muss etwas gelesen haben, der Dritte das Ganze zu Hause noch einmal überdenken usw. Verursacht wird dies durch die Tatsache, dass Lernfähigkeit und Gedächtnis hochgradig modular (d.h. wie in viele Schubladen gegliedert) organisiert sind und dass die Leistungsfähigkeit dieser Module individuell stark variiert.

Jeder Lehrer müsste demnach eigentlich den Lern- und Gedächtnisstil eines jeden seiner Schüler genau kennen, um seine Tätigkeit daran optimal anzupassen – eine in der Schulrealität fast unlösbare Aufgabe. Immerhin könnte der Lehrer einen bestimmten Stoff vielgestaltiger als üblich präsentieren, z.B. sowohl sprachlich als auch bildhaft-anschaulich und schließlich in Frage und Antwort, und somit zumindest die Haupttypen des Lernens ansprechen. Auch wäre schon ein genaueres Wissen darüber, wie stark Lern- und Gedächtnisstile interindividuell variieren, sehr hilfreich. Viele Lernschwierigkeiten von Schülern beruhen darauf, dass in der Schule in aller Regel ein bestimmter Wissensvermittlungstyp, nämlich derjenige des sprachlich vermittelten Lernens, dominiert, der keineswegs allen Schülern »liegt«.

Neben diesen hochgradig genetisch determinierten und daher wenig veränderbaren Faktoren gibt es Einflüsse auf den Lernerfolg, die vorgeburtlich oder frühkindlich festgelegt werden und dann fast ebenso schwer zu beeinflussen sind. Dies betrifft vor allem das bereits erwähnte System der Neuromodulatoren, das die allgemeine Aktivität und Aufmerksamkeit regelt und durch Neuromodulatoren wie Dopamin (anregend, antreibend), Serotonin (dämpfend) und Acetylcholin (aufmerksamkeitssteuernd) sowie eine Reihe von Neuropeptiden charakterisiert ist (Kandel et al., 1996). Dieses System bestimmt die allgemeine Fähigkeit, Dinge und Geschehnisse der Umwelt in ihrer Bedeutung erfassen zu können, und es liegt auch der allgemeinen Lernfähigkeit und Lernbereitschaft zugrunde. Es bildet sich in weiten Teilen vorgeburtlich, in anderen in der frühen Mutter-Kind-

Beziehung aus und ermöglicht es dem Säugling und Kleinkind, die Gefühle und Intentionen der Mutter zu erfassen und danach das eigene Ich zu entwickeln, Impulskontrolle einzuüben und die Grundzüge sozialer Interaktion und des Einfühlungsvermögens *(Empathie)* zu lernen (Eliot, 2001).

*Zu 3. Die allgemeine Motiviertheit und Lernbereitschaft der Schüler*
Wie bereits erwähnt, existiert im Gehirn ein System, das vor jeder Situation, in der eine Person etwas tun soll, prüft, ob das verlangte Verhalten Belohnung verspricht (bzw. Unlust vermeiden hilft). Im vorliegenden Fall heißt dies, dass die *Lernsituation* dem Schüler in irgendeiner Weise attraktiv erscheinen muss. Hierüber wird die allgemeine Lernbereitschaft gesteuert, und zwar über Aufmerksamkeit und die Ausschüttung spezifischer lernfördernder Stoffe wie Noradrenalin, Dopamin und Acetylcholin. Diese Stoffe bestimmen über Afferenzen aus dem Cortex, der Amygdala, dem Hippocampus, dem basalen Vorderhirn, dem Locus coeruleus und dem dorsalen Raphe-Kern essenziell die Aktivität des Nucleus accumbens und damit das Belohnungsgedächtnis und die entsprechende Belohnungserwartung (zur Dopamin-gesteuerten Belohnungserwartung siehe Schultz, 1998; Tobler et al., 2005; zur lernfördernden Aktivität des Nucleus accumbens Schwarting, 2003). Das Gehirn des Schülers entwickelt im Zusammenhang mit schulischem Lernen schnell *Belohnungserwartungen*, die erfüllt oder enttäuscht werden können. Dies bedeutet, dass ein Kind bei seinen Eltern und der weiteren Umgebung früh die Erfahrung machen sollte, dass Lernen etwas Schönes und Nützliches ist. Dies drückt sich dann in generell erhöhter Lernbereitschaft und Motiviertheit aus. Werden Lernen und Schule früh als mühselig und lästig empfunden oder abgewertet, so muss man sich nicht wundern, dass sich bei den Kindern erst gar keine Lernmotivation einstellt.

Ebenso ist ein leichter, anregender Stress generell lernfördernd. Hierbei wird im Gehirn der Neuromodulator Noradrenalin ausgeschüttet, der in geringen Dosen das Gehirn allgemein aufnahmebereit macht, indem er u.a., wie gerade gezeigt, auf Hippocampus und Nucleus accumbens einwirkt. In den Augen der Verhaltensphysiologen und Lernpsychologen ist es deshalb nachteilig, wenn Lernen zu entspannt ist und ohne jegliche Anstrengung auf niedrigstem Niveau passiert. Lernen muss als positive Anstrengung und Herausforderung empfunden werden. Starker Stress hingegen, verbunden mit Versagensangst und Bedrohtheitsgefühl gegenüber dem Lehrenden, führt zu einer starken Hemmung des Lernerfolges (hierzu Roth, 2003b). Das Gehirn stellt über ein spezielles »Monitor-System« (cingulärer Cortex) auch fest, wenn eine Belohnung (z.B. in Form eines Lobes) verdient oder unverdient war, und stellt sich sofort darauf ein. Es muss klare Regeln der Bewertung des Lernerfolges geben, die der Schüler nachvollziehen kann.

Besonders kritisch für den Lernerfolg sind starke emotionale Zustände während der sogenannten Konsolidierungsphase, also des Übergangs vom Kurzzeit- in das Langzeitgedächtnis (vgl. Markowitsch, 2000). Während im Allgemeinen mittelstarke positive wie negative Ereignisse während des Lernvorgangs den zu lernenden Inhalt akzentuieren und damit die Verankerung im Langzeitgedächtnis erleichtern können (Übersicht bei Roth, 2003b), kann es bei starken positiven wie negativen Erlebnissen während oder kurz nach dem Lernereignis einerseits zu einer langfristigen Verfestigung des Lerninhalts (sozusagen »huckepack« mit dem emotionalen Ereignis) kommen und sich somit ein »Blitzlichtgedächtnis« (»flashbulb memory«; Brown und Kulik, 1977; Pillemer, 1984; Bohannon, 1988; Schacter, 1996; Schacter und Curran, 2000) ausbilden, andererseits aber zu einer »dissoziativen Amnesie«, d.h. zur vollständigen Unterdrückung des zuvor Gelernten (Markowitsch et al., 1998; Schacter und Kihlstrom, 1989).

Dies ist für das schulische Lernen in doppelter Hinsicht von großer Bedeutung. Zum einen erklärt es die lernbehindernde Wirkung starker emotionaler Erlebnisse, wie z.B. des Anschauens von »Horrorvideos« am Nachmittag oder Abend (überwiegend bei männlichen Schülern). Zum anderen zeigt es aber auch, dass sich ein besonders lebhafter bzw. aufregender Unterricht auch negativ auf den Lernerfolg auswirken kann. Die emotionalen Gedächtnisinhalte können dabei die Konsolidierung der kognitiven Gedächtnisinhalte beeinträchtigen.

*Zu 4. Die spezielle Motiviertheit der Schüler für einen bestimmten Stoff, das Vorwissen und der aktuelle emotionale Zustand*
Interesse und Motiviertheit drücken sich aus im Aktivierungsgrad des noradrenergen Systems, das die allgemeine Aufmerksamkeit erhöht (leichter Erwartungsstress), des dopaminergen Systems (Neugier, Belohnungserwartung) und des cholinergen Systems (gezielte Aufmerksamkeit, Konzentration). Diese Systeme machen die Großhirnrinde und den Hippocampus bereit zum Lernen und fördern die Verankerung des Wissensstoffes im Langzeitgedächtnis. Wie dies genau passiert, ist nicht bekannt. Bekannt ist hingegen, dass die Stärke des emotionalen Zustandes, den der Schüler als Interesse, Begeisterung, Gefesseltsein empfindet, mit der Gedächtnisleistung positiv korreliert (s. oben).

*Was* den Schüler im Einzelnen interessiert, kann – wie bereits erwähnt – außerordentlich unterschiedlich sein. Dieses spezielle Lerninteresse kann genetisch determiniert, frühkindlich festgelegt oder später erworben sein. Jeder von uns weiß: Was einen brennend interessiert, das lernt man sehr schnell, während das, was einen nicht fesselt, schwer zu lernen ist.

Das Wissensgedächtnis hat sehr viele Module, gewissermaßen Schubladen, die jeweils in den sensorisch zuständigen Hirnarealen lokalisiert sind, im Prinzip zwar unabhängig voneinander arbeiten können, aber im Normalfall eng miteinander vernetzt sind (Markowitsch, 2002; Rösler und Heil, 2003). Dabei werden unterschiedliche Aspekte eines bestimmten Lerninhalts (Personen, Geschehnisse, Objekte, Orte, Namen, Farben, der emotionale Zustand, der Neuigkeitswert usw.) in unterschiedlichen Schubladen abgelegt, aber diese unterschiedlichen Aspekte bleiben miteinander verbunden und bilden ein *Bedeutungsfeld*. Entsprechend gilt: In je mehr Gedächtnis-Schubladen ein Inhalt parallel abgelegt ist, desto besser ist die Erinnerbarkeit, denn das Abrufen eines bestimmten Aspektes befördert die Erinnerung anderer Aspekte und schließlich des gesamten Wissensinhalts. Je mehr Wissensinhalte einer bestimmten Kategorie bereits vorhanden sind, desto besser ist die Anschlussfähigkeit. Deshalb ist es ratsam, Dinge im ersten Schritt anschaulich und alltagsnah darzustellen, sodass die Kinder sich etwas dabei vorstellen können. Das ist nicht nur unterhaltsam, sondern erhöht auch die Anschlussfähigkeit der neuen Inhalte an die bereits vorhandenen.

In diesem Zusammenhang erklärt sich die Alltagsweisheit: »Aller Anfang ist schwer!« Dinge, die für den Lernenden neu, d.h. nicht anschlussfähig sind, fallen durch die Gedächtnisnetze hindurch, weil sie nirgendwo Brücken zu bereits vorhandenem Wissen bilden können. Sie werden dann zu einem mühsam gelegten Bodensatz, aus dem dann erste Bedeutungsnetzwerke werden können. Gibt es hingegen schon weit ausgebreitete Gedächtnisnetzwerke, so wird jeder neue Inhalt schnell und gut abrufbar verankert (Schacter, 1996).

*Zu 5. Der spezifische Lehr- und Lernkontext*
Der Lernerfolg hängt nicht nur vom Grad des Vorwissens, der Aufmerksamkeit und des Interesses ab, sondern auch vom *Kontext*, in dem Lernen stattfindet. Die moderne Gedächtnisforschung zeigt, dass bei jedem Inhalt, der als solcher gelernt wird, auch mitgelernt wird, wer diesen Inhalt vermittelt (das sogenannte Quellengedächtnis) und wann und wo das Lernen (Orts- und Zeitgedächtnis) stattfindet (Schacter, 1996). Dieser Kontext ist mitentscheidend für den Lernerfolg und wird zusammen mit dem Wissensinhalt abgespeichert. Entsprechend kann schon der Lernkontext (Person, Zeit, Ort) förderlich oder hinderlich für das Abrufen eines Wissensinhaltes sein (hierzu Roth, 2003b). Lerninhalte, die in schäbigen Klassenzimmern, in einer konfliktträchtigen und furchteinflößenden Umgebung von lustlosen Lehrern vermittelt werden, haben deshalb eine geringere Chance, dauerhaft im Gedächtnis verankert zu werden. Bekannt ist hier der Zusammenhang zwischen Lernerfolg und positiv wie negativ besetzten Lernorten ebenso wie der allgemeine emotionale Zustand, in dem sich der Lernende gerade befindet (*mood-dependent learning* und *mood-dependent recall*; Ellis und Moore, 1999; Parrot und Spackman, 2000).

## »Selbstorganisiertes« und exploratives Lernen

Über selbstorganisiertes Lernen ist in letzter Zeit sehr viel geschrieben worden, wobei vieles von älteren Reformschulkonzepten übernommen wurde (Herold und Landherr, 2003). Abgesehen davon, dass Lernen als Wissenskonstruktion trivialerweise stets selbstorganisiert ist (s. oben), ist die *aktive Aneignung* des Lernstoffes ein überaus wichtiger Teil des Lernerfolges. Aus Sicht der Neurobiologie kommt es hier zu einem Durchdringen kognitiver und exekutiver Prozesse bei der Konsolidierung (»learning by doing«).

Zum einen ist dies dadurch erklärlich, dass sich Areale, die rein kognitiv beim Lesen, Zuhören und Nachdenken im okzipitalen, temporalen und (prä-)frontalen Cortex aktiviert werden, mit exekutiven, d. h. auf das eigene Handeln bezogenen Arealen im parietalen Cortex verbinden (vgl. Schacter, 1996; Rösler und Heil, 2003). Das *deklarativ* Erlernte wird hierbei durch *prozedurale* Gedächtnisanteile bekräftigt. Gleichzeitig erhöht sich beim eigenen Handeln und Explorieren der Grad der Aufmerksamkeit, der direkt mit dem Lernerfolg korreliert ist. Hierbei werden sowohl das parietale räumlich-exekutive als auch das präfrontale kognitiv-exekutive Aufmerksamkeitssystem aktiviert (Posner und Dehaene, 1994).

Das explorative Lernen ist natürlich auch stark gelenkt vom Neugierverhalten, das wiederum eng mit dem dopaminergen System verbunden ist. Neugierde stellt eine besondere Art von Selbstbelohnung für Wissenserwerb dar und ist begleitet von einer starken Aktivierung des Frontalhirns. Das Frontalhirn ist, besonders im Bereich des sogenannten Arbeitsgedächtnisses, reich an Rezeptoren für Dopamin, was als eine Grundlage für Kreativität und Unternehmungsgeist angesehen wird (Fuster, 2002).

## Schlussbetrachtung

Der Lernerfolg hängt im Wesentlichen von drei Faktoren ab. Zum Ersten ist es die Art und Weise, wie die Lerninhalte vermittelt werden. Hierüber habe ich in diesem Aufsatz nicht genauer gesprochen. Zum Zweiten sind es die Glaubwürdigkeit, die fachliche und didaktisch-pädagogische Kompetenz und die Empathiefähigkeit des Lehrers, welche die Rahmenbedingungen für das Lernen der Schüler bilden, d.h. die Konstruktion von neuem Wissen in seinem Gehirn befördern. Schließlich ist es der Emotions- und Motivationszustand des Schülers und sein Vorwissen, der dies ebenfalls beeinflusst. Die beiden letztgenannten Faktoren wirken teils additiv, teils interaktiv-multiplikativ. Dies bedeutet: Ein hoch motivierter und begeisternder Lehrer wird einem wenig motivierten Schüler ohne großes Vorwissen nur wenig, aber vielleicht doch etwas beibringen können, und umgekehrt wird ein hoch motivierter, intelligenter und zudem fleißiger Schüler auch aus einem schlechten Unterricht noch Nutzen ziehen, indem er sich Dinge »zusammenreimt«, aber die Kombination von beidem hat eine überadditive Wirkung, da sich Motivation des Lehrers und des Schülers gegenseitig verstärken. Für den dritten (hier nicht weiter behandelten) Faktor, d.h. die Art, wie Unterricht konkret gestaltet wird, gilt dasselbe. Hier geht es darum, die kognitiven Bedingungen und Ressourcen, z.B. die spezifische Funktion des Arbeitsgedächtnisses, der Aufmerksamkeit, der Gedächtniskonsolidierung, der individuellen Intelligenz und des Lernstils genau zu beachten, die alle stark von den beiden anderen genannten Faktoren beeinflusst werden. Hohe kognitive Leistungen finden im Gehirn des Lehrenden ebenso wie des Lernenden immer nur dann statt, wenn die grundlegende emotinal-motivationale Frage positiv beantwortet wird: »Welches ist *für mich* der Sinn dessen, was ich gerade tue?«

## Literatur

Adolphs, R., Tranel, D. & Damasio, A.R. (1998): The human amygdala in social judgement. Nature 393, S. 470–474.

Adolphs R. & Tranel, D. (2000): Emotion, recognition, and the human amygdala. In: J.P. Aggleton (Hrsg.), The Amygdala. A Functional Analysis. New York, Oxford: Oxford University Press, S. 587–630.

Aggleton, J.P. (2000): The Amygdala. A Functional Analysis. New York, Oxford: Oxford University Press.

Anderson, J.R. (1996): Kognitive Psychologie. Heidelberg, Berlin, Oxford: Spektrum Akademischer Verlag.

Bohannon, J.N. (1988): Flashbulb memories for the space shuttle disaster: A tale of two stories. Cognition 29, S. 179–196.

Brown, R. & Kulik, J. (1977): Flashbulb memories. Cognition 5: S. 73–99.

Cahill, L. & McGaugh, J. (1998): Mechanisms of emotional arousal and lasting declarative memory. Trends in Neurosciences 21, S. 294–299.

Curran T. (2000): Memory without remembering and remembering without memory: Implicit and false memories. In: Gazzaniga, M.S. et al., The New Cognitive Neurosciences, S. 829–840.

Eliot, L. (2001): Was geht da drinnen vor? Die Gehirnentwicklung in den ersten fünf Lebensjahren. Berlin: Berlin Verlag.

Ellis, H.C. & Moore, B.A. (1999): Mood and memory. In: Dagleish, T. & Power, M.J. (Hrsg.), Handbook of Cognition and Emotion. Chichester: Wiley, S. 193–210.

Fuster, J.M. (2002): Frontal lobe and cognitive development. J. Neurocytol. 31, S. 373–385.

Hemford, B. & Konieczny, L. (2002): Sätze und Texte verstehen und produzieren. In: Müsseler, J. & Prinz, W. (Hrsg.): Allgemeine Psychologie. Heidelberg: Spektrum Akademischer Verlag, S. 589–642.

Herold, M. & Landherr, B. (2003): SOL – Selbstorganisiertes Lernen. Ein systemischer Ansatz für den Unterricht. Hohengehren: Schneider Verlag.

Kandel, E.R., Schwartz, J.H. & Jessell, T.M. (1996): Neurowissenschaften. Heidelberg: Spektrum Akademischer Verlag.

Kolb, B. & Wishaw, I.Q. (1993): Neuropsychologie. Heidelberg: Spektrum akademischer Verlag.

LeDoux, J. (1998): Das Netz der Gefühle. Wie Emotionen entstehen. München, Wien: Carl Hanser Verlag.

LeDoux J. (2000): Emotion circuits in the brain. Annu. Rev. Neurosci. 23, S. 155–184.

Markowitsch, H. J., Kessler, J., van der Ven, C., Weber-Luxenburger, G. & Heiss, W.-D. (1998): Psychic trauma causing grossly reduced brain metabolism and cognitive deterioration. Neuropsychologia 36: S. 77–82.

Markowitsch, H. J. (2000): The anatomical bases of memory. In: Gazzaniga, M. S. et al. (Hrsg.), The New Cognitive Neurosciences. Cambridge/Mass.: MIT Press, S. 781–795.

Markowitsch, H. J. (2002): Dem Gedächtnis auf der Spur. Vom Erinnern und Vergessen. Darmstadt: Wissenschaftliche Buchgesellschaft.

Parrot, W. G. & Spackman, M. P. (2000): Emotion and memory. In: Lewis, M. & Haviland-Jones, J. M. (Hrsg.), Handbook of Emotions. New York, London: Guilford Press, S. 476–499.

Pillemer, D. B. (1984): Flashbulb memories of the assassination attempt on President Reagan. Cognition 16, S. 63–80.

Posner, M. I. & Dehaene, S. (1994): Attentional networks. Trends in Cognitive Sciences 17, S. 75–79.

Price, C., Thierry, G. & Griffiths, T. (2005): Speech-specific auditory processing: where is it? Trends in Cognitive Sciences Vol. 9, Nr. 6, S. 271–276.

Rösler, F. & Heil, M. (2003): The principle of code-specific memory representations. In: Kluwe, R. H. et al. (Hrsg.): Principles of Learning and Memory, Basel, Boston, Berlin: Birkhäuser, S. 71–91.

Roth, G. (2003a): Fühlen, Denken, Handeln. Frankfurt: Suhrkamp Verlag.

Roth, G. (2003b): The principles of emotional learning. In: Kluwe, R. H. et al. (Hrsg.): Principles of Learning and Memory, Basel, Boston, Berlin: Birkhäuser, S. 51–68.

Roth, G. (2009): Persönlichkeit, Entscheidung und Verhalten. Warum es schwierig ist, sich und andere zu ändern. Stuttgart: Klett-Cotta.

Schacter, D. L. (1996): Searching for Memory. The Brain, the Mind, and the Past. New York: Basic Books.

Schacter, D. L. & Curran, T. (2000): Memory without remembering and remembering without memory: Implicit and false memories. In: Gazzaniga, M. S. et al. (Hrsg.), The New Cognitive Neurosciences, 2. Aufl., S. 829–840.

Schacter, D. L. & Kihlstrom, J. F. (1989): Functional amnesia. In: Boller, F. & Grafman, J. (Hrsg.): Handbook of Neuropsychology. Vol. 3. Amsterdam: Elsevier, S. 209–231.

Schultz, W. (1998): Predictive reward signals of dopamine neurons. J. Neurophysiology 80, S. 1–27.

Schwarting, R.K.W. (2003): The principle of memory consolidation and its pharmacological modulation. In: Kluwe, R.H. et al. (Hrsg.): Principles of Learning and Memory, Basel, Boston, Berlin: Birkhäuser, S. 137–153.

Scott, S.K. (2008): Voice processing in monkey and human brains. Trends in Cognitive Sciences Vol. 12, Nr. 9, S. 323–325.

Tobler, P.N., Fiorillo, C.D. & Schultz, W. (2005): Adaptive coding of reward value by dopamine neurons. Science 307, S. 1642–1645.

Todorov A., Said, C.P., Engell, A.D. & Oostenhof, N.N. (2008): Understanding evaluation of faces on social dimensions. Trends in Cognitive Sciences Vol. 12, S. 455–460.

# Ansätze in den Fachdisziplinen

*Wie können Schülerinnen und Schüler im Regelunterricht an forschendes Lernen herangeführt werden? Aktuelle didaktische Konzepte geben Anregungen für die naturwissenschaftlichen Fächer, die Mathematik sowie für den geistes- und sozialwissenschaftlichen Unterricht.*

*Die Autoren sind sich einig: Unverzichtbar sind problemorientierte Aufgabenstellungen mit einem lebensweltlichen Bezug und Lehrer, die sich als Lernbegleiter statt als Wissensvermittler verstehen.*

# Alltagsorientierung in den Naturwissenschaften

## Forschendes Lernen im Chemieunterricht

*von Ilka Parchmann*

Ist forschendes Lernen im naturwissenschaftlichen Unterricht in der Schule möglich? Diese Frage wird von (angehenden) Lehrkräften oftmals verneint, begründet durch die zeitliche Struktur des Regelunterrichts, die Fülle an zu unterrichtenden Inhalten und die komplexen Anforderungen realer Forschungsfragen und Untersuchungen. Im Rahmen außerunterrichtlicher Projekte gibt es dagegen sehr wohl Beispiele, wie Schülerinnen und Schüler naturwissenschaftlich forschen können, es seien hier nur die »Jugend forscht«-Projekte oder die Facharbeiten genannt.

Im Rahmen dieses Beitrags soll dargelegt werden, mit welchen Ansätzen die Prinzipien eines forschenden Lernens auch im Regelunterricht angewandt werden können. Dafür muss zunächst zwischen ähnlichen Begriffsassoziationen unterschieden werden. Das »entdeckende Lernen« und das »Inquiry Learning« stellen methodisch die eigenständige Ideenentwicklung der Lernenden ins Zentrum. Verschiedene Untersuchungen haben jedoch gezeigt, dass ein gänzlich offenes »Inquiry Learning« in der Regel ebenso wenig zu den gewünschten Unterrichtszielen führt wie das reine Abarbeiten vorgegebener Arbeitsaufträge, etwa bei den sogenannten »Kochbuchexperimenten« (Prenzel et al., 2007; Lunetta et al., 2007). Erst die Kombination aus beiden bzw. eine sinnvolle Balance aus Instruktion (durch die Lehrenden und die Materialien), Konstruktion (durch die Lernenden) und Reflexion (im gemeinsamen Austausch) stellt vermutlich einen geeigneten Weg zu einer nachhaltigen Erkenntnisgewinnung im naturwissenschaftlichen Unterricht dar (Kandt, 2008).

Diese Vernetzung wird in verschiedenen Unterrichtskonzeptionen und -verfahren unterschiedlich fokussiert und strukturiert. So gibt es in der chemiedidaktischen Tradition Verfahren, die bereits im Titel den Begriff des »Forschens« beinhalten, etwa das »forschend-entwickelnde Unterrichtsverfahren« nach Schmidkunz und Lindemann (Pfeifer et al., 2002). Das »historisch-problemorientierte Unterrichtsverfahren« nach Jansen (Pfeifer et al., 2002) strebt an, den historischen Forschungs- und Erkenntnisgewinnungsprozess für Schülerinnen und Schüler lernwirksam nutzbar zu machen. Die Konzeption *Chemie im Kontext* wählt dagegen überwiegend aktuelle authentische Kontexte, um den Lernenden Einblicke in bedeutsame Forschungsergebnisse und Entwicklungen der Chemie bzw. der Naturwissenschaften zu bieten (Demuth et al., 2008a).

Die gemeinsame Grundidee der genannten forschenden Unterrichtsverfahren ist es, die Schritte und Prinzipien eines authentischen chemisch-naturwissenschaftlichen Forschungsprozesses für oder durch Schülerinnen und Schüler nachvollziehbar zu machen. Verschiedene Instruktionsmittel – wie z.B. »History Lifts« (Pfeifer et al., 2002) oder vorstrukturierte Forschermappen (Kandt, 2008) – sollen dafür Unterstützung und Anregungen bieten. In diesem Sinne kann forschendes Lernen in der Schule bedeuten, durch geeignete Instruktionen und Unterstützungsstrukturen (im Sinne eines »Scaffolding«) den Lernenden Möglichkeiten zu geben, elementare Schritte naturwissenschaftlicher Forschung selbst inhaltlich zu konstruieren und den Erfolg durch gemeinsame Reflexionen des Prozesses strukturiert zu überprüfen (vgl. Abb. 2).

Dieser Beitrag bietet am Beispiel der Konzeption *Chemie im Kontext* einen Einblick in eine solche Struktur und diskutiert damit verbunden ebenfalls, in welcher Weise Lehrkräfte und Wissenschaftler bei der Umsetzung »forschend gelernt« haben.

## Ziele und Konzeption von *Chemie im Kontext*

Die Unterrichtskonzeption *Chemie im Kontext* orientiert sich in den Grundideen an konstruktivistischen Lerntheorien und Ansätzen des situierten Lernens; weiterhin war die Selbstbestimmungstheorie nach Deci & Ryan wegweisend für die Gestaltung dieser Unterrichtskonzeption. Aus der Un-

# FORSCHENDES LERNEN IM CHEMIEUNTERRICHT

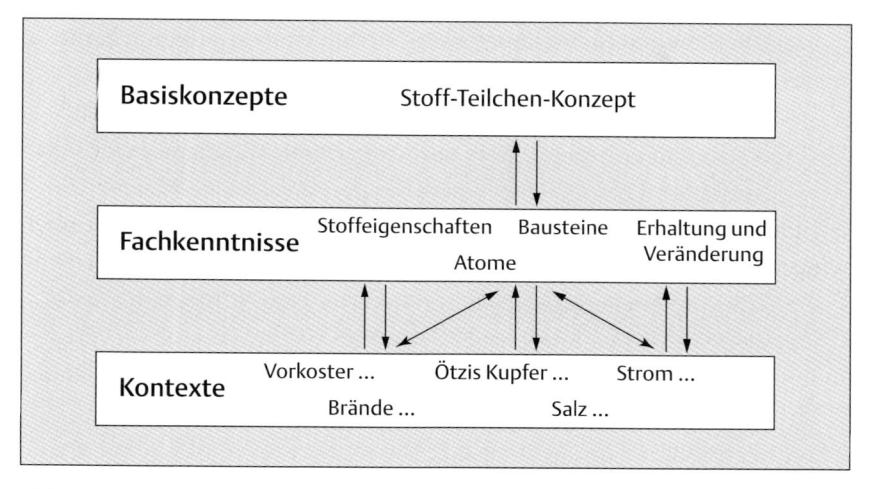

```
┌─────────────────────────────────────────────────────────┐
│  Basiskonzepte        Stoff-Teilchen-Konzept            │
│                              ↕                          │
│                  Stoffeigenschaften   Bausteine   Erhaltung und │
│  Fachkenntnisse              Atome                Veränderung   │
│                              ↕                          │
│                  Vorkoster…   Ötzis Kupfer…   Strom…    │
│  Kontexte           Brände…        Salz…                │
└─────────────────────────────────────────────────────────┘
```

Abb. 1: Vernetzung von situiertem Lernen in Kontexten und dem Aufbau systematisierender Basiskonzepte

terrichtspraxis können insbesondere der »Salters Chemistry Course« und die Ideen von »ChemCom« sowie die Überlegungen von Muckenfuß als wegweisend für die Entwicklungsarbeiten im Projekt *Chemie im Kontext* angeführt werden (Literatur zu Theorie und Praxis siehe z. B. Parchmann et al., 2001; Demuth et al., 2008 a).

Die zentrale Leitidee von *Chemie im Kontext* ist die Verknüpfung von situiertem Lernen einerseits und systematischem Lernen andererseits durch einen ständigen Wechsel zwischen den in Abb. 1 dargestellten Ebenen.

Die Konzeption basiert auf drei inhaltlichen Säulen, nach denen die Unterrichtseinheiten und Materialien aufgebaut werden:

1. *Kontextorientierung*: Als Themen des Unterrichts werden Kontexte gewählt und didaktisch rekonstruiert (z. B. Schmidt et al., 2003), die für die Schüler entweder in ihrem derzeitigen Alltag, in ihrer Gesellschaft oder für eine spätere berufliche Orientierung von Bedeutung sind (Demuth et al., 2006, 2008 a und b). Diese Kontexte werfen Leitfragen auf und bieten Anwendungssituationen für die Erarbeitung von

Fachinhalten und Fachkompetenzen; sie bilden damit das Rückgrat des Unterrichts, nicht nur einen Aufhänger oder eine Verpackung.

2. *Methodenvielfalt und Phasierung des Unterrichts:* Die Vernetzung von situiertem und systematischem Lernen geht mit ständigen Wechseln von Lerner- und Lehrerrollen sowie mit dem Einsatz vielfältiger Methoden zur Schülerorientierung, aber auch zur Strukturierung und Systematisierung einher (Demuth et al., 2007, 2008a). Die Unterrichtseinheiten sind daher in vier Phasen unterteilt: (1) Begegnungsphase, (2) Neugier- und Planungsphase, (3) Erarbeitungsphase und (4) Vertiefungs- und Vernetzungsphase. Innerhalb eines Kontexts können diese Phasen mehrfach durchlaufen werden.

3. *Systematisierung durch Basiskonzept:* Das situierte Lernen bedingt zunächst eine exemplarische Verknüpfung von Lerninhalten mit den gewählten Kontexten. Um darüber hinaus ein systematisches Wissen aufbauen zu können, verknüpft die Konzeption *Chemie im Kontext* das Fachwissen zu sogenannten Basiskonzepten der Chemie (Demuth et al., 2006, 2008a). Diese dienen den Schülerinnen und Schülern nicht nur als Erklärungsgrundlage für Phänomene aus verschiedenen Kontexten, sondern bieten ihnen ebenso Einblicke in typische Denkstrukturen (z.B. die Arbeit mit Atommodellen) der Chemie.

Die Unterrichtskonzeption *Chemie im Kontext* greift systematischer als andere Konzepte die Forderung nach einer stärkeren Alltagsorientierung des oftmals abstrakten Chemieunterrichts auf und orientiert sich damit an dem Bildungskonzept »Scientific Literacy« (Prenzel et al., 2007). Darüber hinaus bietet gerade die Erschließung von Fragestellungen aus verschiedenen Kontexten Einblicke in die notwendigen Arbeitsweisen von Chemikern bzw. Naturwissenschaftlern (z.B. Recherchieren in unterschiedlichen Quellen, Expertenbefragungen, Planen und Durchführen von Experimenten, Diskussion verschiedener Deutungsmöglichkeiten, Ergebnispräsentationen, vgl. Abb. 2), sodass ein Unterricht nach *Chemie im Kontext* weiterführend die in den nationalen Bildungsstandards geforderten Kompetenzbereiche der Naturwissenschaften (Fachwissen anwenden, Methoden der Erkenntnisgewinnung, Kommunikation in Alltags- und

# FORSCHENDES LERNEN IM CHEMIEUNTERRICHT

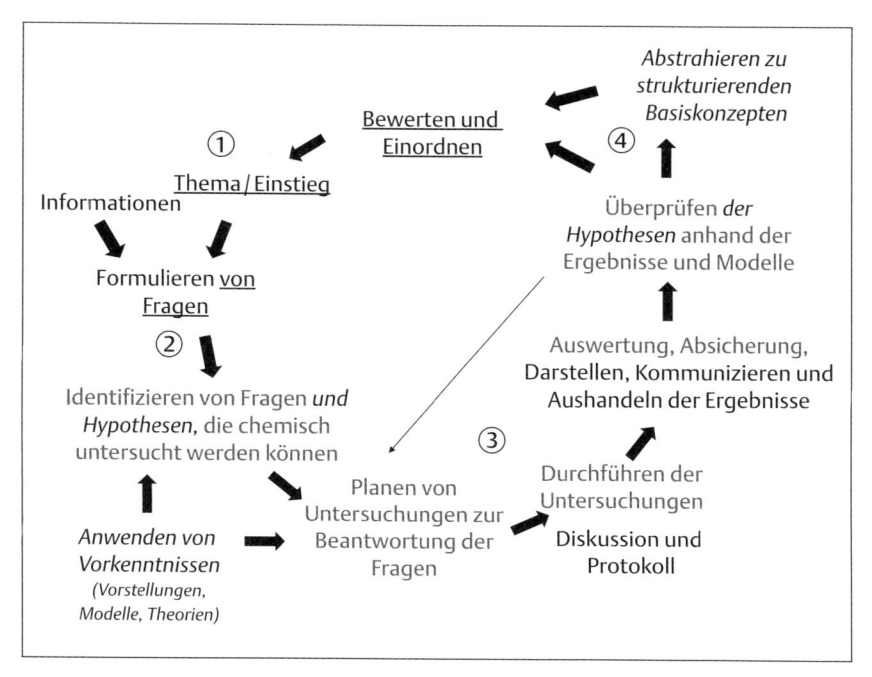

Abb. 2: Elemente eines naturwissenschaftlichen Unterrichtsgangs bzw. eines naturwissenschaftlichen Erkenntnisgewinnungsprozesses (Demuth et al., 2008a); die Auszeichnungen repräsentieren die vier Kompetenzbereiche der nationalen Bildungsstandards: kursiv = Fachwissen, grau = Erkenntnisgewinnung, schwarz = Kommunikation und unterstrichen = Bewerten

Fachsprache sowie Bewerten; KMK 2005) berücksichtigt und eine Vorstellung von der »Natur der Naturwissenschaften« anbahnt.

Diese Entwicklung einer Vorstellung von der Natur der naturwissenschaftlichen Erkenntnisgewinnung stellt eine Grundvoraussetzung für ein forschendes Arbeiten in der Schule dar. Die Instruktions- und Konstruktionsprozesse müssen sich dabei an dem charakteristischen naturwissenschaftlichen Denken und Handeln orientieren, das die Schülerinnen und Schüler somit selbst als Struktur ihres Vorgehens, aber auch des Unterrichts erfahren müssen. Wesentliche Elemente daraus sind in Abb. 2 dargestellt.

*Chemie im Kontext* beinhaltet in allen Unterrichtseinheiten Elemente, in denen die Schülerinnen und Schüler selbst (schul-)forschend tätig sein können, indem sie auf Basis ihrer Vorstellungen und Vorkenntnisse Hypothesen bilden und Untersuchungen planen oder eigene Modelle (weiter-)entwickeln können. Nachfolgend wird an ausgewählten Beispielen aufgezeigt, wie sich der Prozess dieses forschenden Lernens gestalten kann und welche Unterstützungsangebote durch die Lehrkräfte bzw. die Materialien geboten werden.

## »Was trinken wir eigentlich und wie funktioniert eine Brennstoffzelle?« – Forschendes Lernen für Schülerinnen und Schüler

*Chemie im Kontext* hat Unterrichtseinheiten für den gesamten Verlauf der Sekundarstufen I und II entwickelt, erprobt und implementiert (Demuth et al., 2006, 2008 a und b). Möglichkeiten für ein forschendes Lernen sind darin sowohl bezogen auf experimentelle Untersuchungen als auch bezogen auf das zweite zentrale Instrument der Erkenntnisgewinnung von Naturwissenschaftlern – die Modellentwicklung – integriert.

Die Einführungseinheit (Jahrgang 6 oder 7) »Der Vorkoster in Not« (Demuth et al., 2008 b) stellt die Lernenden vor die Frage, wie sie herausfinden können, woraus von ihnen konsumierte Getränke bestehen und in welcher Weise Untersuchungen und Informationen über Inhaltsstoffe und Wirkungen für sie selbst bzw. für Konsumenten zugänglich sind. Als Basis der Einführung wissenschaftlicher Trenn- und Nachweisverfahren regt die Einheit an, die Lernenden selbst Ideen für entsprechende Experimente entwickeln zu lassen. Um dabei bereits im Anfangsunterricht zentrale Einsichten in die Prozesse eines systematischen Experimentierens und Forschens zu bieten, wurden im Rahmen begleitender Promotionsvorhaben Aufgaben und Strukturierungsmittel erarbeitet und evaluiert, die den Lernenden einen Rahmen für ihre eigene Vorgehensweise bieten. Eine Möglichkeit sind beispielsweise halb strukturierte Arbeitsblätter, die

## Aufgabenblatt

**Lies** die Forscheraufgabe im Kasten erst einmal gut durch!

*Forschen wie Lebensmittelchemiker ...!*
Viele Getränke wie Sekt, Bier oder Wein bestehen zum Großteil aus einem Gemisch der Flüssigkeit Wasser und der Flüssigkeit Alkohol. Weil das Trinken von Alkohol aber der Gesundheit schadet, prüfen Lebensmittelchemiker, wie viel Alkohol in diesen Getränken enthalten ist. Dazu versuchen sie, beide Flüssigkeiten wieder voneinander zu trennen und dann die Menge an Alkohol zu bestimmen.
*Wie könntest du die Flüssigkeit Alkohol von der Flüssigkeit Wasser abtrennen?*

## Idee

1. **Überlege** erst einmal **allein** und **notiere** dann wie ein Forscher ...
   a) **Was** weißt du schon zur Lösung der Forscheraufgabe?
   b) **Woher** weißt du das?
2. **Beschreibe kurz:** Welches Experiment würdest du zur Lösung der Forscheraufgabe jetzt durchführen?

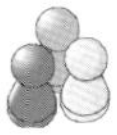

## Planungsblatt

1. **Besprecht** eure Ideen im Forscherteam.
   Dafür soll jeder im Team seine **Ideen vorstellen**.
2. Wenn jeder etwas gesagt hat, **einigt ihr euch** auf das für euch **sinnvollste** Experiment.
3. **Beschreibe oder zeichne** (Rückseite) das Experiment, auf das ihr euch geeinigt habt.
4. **Erklärt** euch noch einmal gegenseitig, aus welchen **Gründen** ihr euer Experiment für sinnvoll haltet.
5. **Was** wird bei eurem Experiment passieren? **Beschreibe**, was du **erwartest** und woran du das **erkennen** kannst.

Rückseite: Hier ist Platz für deine Zeichnung:

Abb. 3: Auszüge aus einer vorstrukturierten Forschermappe; die Spielsteine symbolisieren die vorgegebene Sozialform (hier Einzelarbeit und Gruppenarbeit) in jeder Phase (Kandt, 2008).

sowohl in der Lernphase als auch in der Leistungsphase zur Beurteilung erreichter Lernerfolge eingesetzt werden können (di Fuccia und Ralle, 2008). Eine zweite Möglichkeit stellen vorstrukturierte Forschermappen dar, die die Lernenden systematisch durch die Phasen des experimentellen Erkenntnisgewinnungsprozesses (Frage – Hypothese – Planung eines Experiments – Durchführung – Auswertung – Diskussion und Präsentation) führen und dabei sowohl das individuelle Nachdenken als auch die Kommunikation und Präsentation in Gruppen anregen (Auszug siehe Abb. 3). Forschermappen haben sich insbesondere beim Einsatz in lernschwächeren Gruppen, z.B. an Hauptschulen, als hilfreich erwiesen.

In derselben Einheit wird auch die eigene Entwicklung von mentalen Modellen angeregt: Über das Beobachten des »Verschwindens« von Zucker in Tee werden die Lernenden aufgefordert, ihre Vorstellungen darüber, was mit dem Zucker passiert, zeichnerisch oder sprachlich darzustellen. Die entwickelten Modelle werden anschließend gemeinsam diskutiert und mit Ideen früherer Wissenschaftler hinsichtlich ihrer Erklärungsfähigkeit verglichen (Schmidt et al., 2003). Im Fokus steht hier nicht das Einführen eines »richtigen« Modells, sondern der Prozess und die Bedeutung des Modellbildens und -anwendens als bedeutsames Werkzeug für Naturwissenschaftler. Für ein forschendes Lernen ist dies ebenso unverzichtbar wie das systematische Experimentieren.

In ähnlicher Weise werden auch in allen nachfolgenden Einheiten Forschungsprozesse von den Lernenden selbst umgesetzt und reflektiert. In den höheren Jahrgängen bezieht sich diese Reflexion zunehmend nicht nur auf die naturwissenschaftliche Erkenntnisgewinnung, sondern ebenso auf die Nutzung und Bewertung dieser Erkenntnisse. So erhalten die Schülerinnen und Schüler etwa in der Einheit »Brennstoffzellenautos als Fahrzeuge der Zukunft?« nicht nur Gelegenheit, eigene Modelle für Brennstoffzellen zu entwickeln, reale Modelle vergleichend zu untersuchen und anhand von Experteninterviews authentische Herausforderungen der aktuellen Forschung nachzuvollziehen. Sie sollen vielmehr weiterführend am Ende der Einheit im Rahmen eines Planspiels die im Titel gestellte Frage anhand von Aussagen unterschiedlicher Interessengruppen erörtern und den Prozess der Meinungsbildung – Kompetenzbereich

»Bewerten« – (nach-)vollziehen (Demuth et al., 2006). Das »forschende Lernen« wird damit nicht mehr allein auf die innernaturwissenschaftliche Perspektive bezogen, sondern auf die gesellschaftliche Bedeutung der naturwissenschaftlichen Forschung und Entwicklung erweitert.

## »Wie verändert man Unterricht?« – Forschendes Lernen in Lerngemeinschaften aus Schulpraxis und Wissenschaft

Im Gegensatz zu anderen Unterrichtskonzeptionen sind die meisten Unterrichtseinheiten von *Chemie im Kontext* nicht erst entwickelt und dann in die Schulpraxis implementiert worden, sondern im Prozess der Implementation durch »symbiotische Lerngemeinschaften« entstanden (Demuth et al., 2008a). In diesen Lerngemeinschaften haben sich Kolleginnen und Kollegen von verschiedenen Schulen gemeinsam mit Fachdidaktikern über die Dauer von drei bzw. sechs Jahren regelmäßig (etwa sechs- bis zehnmal pro Schuljahr) getroffen, um ausgehend von den Grundstrukturen von *Chemie im Kontext* Unterrichtseinheiten weiter zu erarbeiten, in den eigenen Klassen zu erproben und auf der Basis der gewonnenen Einsichten gemeinsam zu überlegen, welche Optimierungsprozesse notwendig sind. Der Austausch von Einheiten zwischen Gruppen verschiedener Bundesländer hat diesen Prozess ebenso bereichert wie die Begleitforschung durch die beteiligten Fachdidaktiken und Erziehungswissenschaften (Demuth et al., 2008a).

Die Entwicklung von Schülervorstellungen und Erklärungsansätzen wurde in ausgewählten Einheiten über Lernbegleitbögen oder Prä-Post-Tests erhoben. Eine zentrale Fragebogenstudie hat die Entwicklung des Interesses und der Akzeptanz dieses Chemieunterrichts über den gesamten Verlauf der Projektzeit begleitend erfasst (Ergebnisse zusammengefasst in Demuth et al., 2008a). Auch die systematische Auswertung der eingesetzten Strukturierungsmittel, z.B. der halb strukturierten Arbeitsblätter oder der ausgefüllten Forschermappen, bot den Doktoranden wie den beteiligten Lehrkräften wertvolle Einsichten in Schülervorstellungen und

-denkwege, in erreichte und nicht erreichte Lernziele sowie in sprachliche Fähigkeiten der Lernenden. Dabei hat sich gezeigt, dass bereits im Anfangsunterricht an Haupt- und Realschulen ein grundlegendes Verständnis für die Ziele und Strukturen des naturwissenschaftlich-forschenden Arbeitens entwickelt werden kann und die Lernenden insbesondere die eigene Ideenentwicklung und das gemeinsame Arbeiten in Schülergruppen sehr schätzen (Kandt, 2008).

Der so gestaltete Prozess hat jedoch nicht nur Forschungserkenntnisse über den Erfolg kontextbasierten Lehrens und Lernens und über erfolgreiche Implementations- und Transferprozesse geliefert, sondern ebenso Perspektiven für ein gemeinsames forschendes Lernen zwischen Praxis- und Wissenschaftsexperten eröffnet: Durch die Zusammenarbeit haben die Lehrkräfte als Praxisexperten Einsichten in Methoden und Anforderungen fachdidaktischer und bildungswissenschaftlicher Forschungsprozesse gewonnen. Umgekehrt konnten die Wissenschaftler zu bedeutsamen Erkenntnissen über die Anforderungen und relevanten Fragestellungen der Schulpraxis gelangen. Der Ansatz der »symbiotischen Implementation« wird daher aktuell auf weitere Projekte[1] übertragen.

## Ausblick: Forschendes Lernen über den Regelunterricht hinaus

Aufbauend auf die zuvor skizzierten Erfahrungen und Erkenntnisse werden aktuell weitere Möglichkeiten der Förderung eines forschenden Lernens für alle am Bildungsprozess beteiligten Experten und Interessengruppen erschlossen. So liegt ein neuer Projektschwerpunkt in der Gestaltung und begleitenden Untersuchung von Seminarfach- und Wahlpflichtangeboten in den Sekundarstufen I und II, die an Schulen den Regelunterricht inhaltlich und methodisch ergänzen. Ein weiteres Vorhaben verfolgt den Ausbau und die systematische Integration außerschulischer Lernorte, die ein Netzwerk zwischen verschiedenen Akteuren im Bildungsbereich (Universitäten, Schulen, Unternehmen, regionale Einrichtungen) aufbauen sollen. Durch eine derartige Vernetzung kann der Ansatz des symbiotischen Lernens, also des Austauschs von unterschiedlichen Perspektiven und Expertisen, nicht nur das forschende Lernen von Schülerinnen und Schülern anhand authentischer Fragen und Themen ermöglichen, sondern ebenso das forschende Lernen bezogen auf eine erfolgreiche Weiterentwicklung des Bildungssystems und der daran beteiligten Personen fördern.

## Anmerkung

1 Bsp.: Projekt »Energie.Bildung«: www.energiebildung.uni-oldenburg.de

## Literatur

Demuth, R., Gräsel, C., Parchmann, I. & Ralle, B. (Hrsg.) (2008a): Chemie im Kontext – Von der Innovation zur nachhaltigen Verbreitung eines Unterrichtskonzepts. Münster, New York, München, Berlin: Waxmann.

Demuth, R., Parchmann, I. & Ralle, B. (Hrsg.) (2008b): Chemie im Kontext – Themenbände für die Sekundarstufe I. Bd. 1: Der Vorkoster in Not – die Chemie ersetzt den Vorkoster. Berlin: Cornelsen Verlag.

Demuth, R., Parchmann, I. & Ralle, B. (Hrsg.) (2007): Lehrerband zu *Chemie im Kontext* – Kontexte, Medien, Basiskonzepte – Sekundarstufe II. Berlin: Cornelsen Verlag.

Demuth, R., Parchmann, I. & Ralle, B. (Hrsg.) (2006): Chemie im Kontext – Kontexte, Medien, Basiskonzepte – Sekundarstufe II. Berlin: Cornelsen Verlag.

di Fuccia, D. & Ralle, B. (2008): Schülerexperimente als Instrument der Leistungsbeurteilung. In: MNU 3/57, S. 160–166.

Kandt, W. (2008): Offenes Experimentieren im Anfangsunterricht. In: Parchmann, I.; Hößle, C.; Komorek, M. & Wloka, K. (Hrsg.): Studien zur Kontextorientierung im naturwissenschaftlichen Unterricht. Bd. 5. Tönning, Lübeck und Marburg: Der Andere Verlag.

KMK, Sekretariat der Ständigen Konferenz der Kultusminister der Länder in der Bundesrepublik Deutschland (Hrsg.) (2005): Bildungsstandards im Fach Chemie für den Mittleren Schulabschluss. München: Luchterhand.

Lunetta, V. N., Hofstein, A. & Clough, M. P. (2007): Learning and Teaching in the School Science Laboratory. In: Abell, S. K. & Lederman, N. G. (Hrsg.):

Handbook of Research on Science Education. Mahwah: Lawrence Erlbaum, S. 393–441.

Parchmann, I., Paschmann, A., Huntemann, H., Demuth, R. & Ralle, B. (2001): *Chemie im Kontext* – Begründung und Realisierung eines Lernens in sinnstiftenden Kontexten. In: PdN-Ch. 1/50, S. 2–7.

Parchmann, I., Demuth, R. & Ralle, B. (2000): *Chemie im Kontext* – eine Konzeption zum Aufbau und zur Aktivierung fachsystematischer Strukturen in lebensweltorientierten Fragestellungen. In: MNU 53/3, S. 132–137.

Pfeifer, P., Lutz, B. & Bader, H.J. (Hrsg.) (2002): Konkrete Fachdidaktik Chemie. München: Oldenbourg. 3. Aufl. Kapitel 11: Unterrichtsverfahren, S. 197–234.

Prenzel, M., Artelt, C., Baumert, J., Blum, W., Hammann, M., Klieme, E. & Pekrun, R. (Hrsg.) (2007): PISA 2006 – Die Ergebnisse der dritten internationalen Vergleichsstudie. Münster: Waxmann.

Schmidt, S., Rebentisch, D. & Parchmann, I. (2003): *Chemie im Kontext* auch für die Sekundarstufe I – Cola und Ketchup im Anfangsunterricht. In: CHEMKON 10/1, Bd. 5. S. 6–17.

# Eine natürliche Beziehung

## Forschendes Lernen in der Mathematik

*von Volker Ulm*

Forschen im Fach Mathematik – ist dies überhaupt möglich? Nicht selten ist die Vorstellung anzutreffen, in der Mathematik sei bereits alles erforscht. In der Schule gehe es vor allem darum, seit Jahrhunderten und Jahrtausenden gesicherte mathematische Ergebnisse weiterzugeben und seit Langem erprobte Rechenverfahren zur Bearbeitung von Aufgaben zu vermitteln. Derartige Ansichten sind nicht nur grundlegend falsch, sondern auch ausgesprochen schädlich für das Bild der Mathematik in der Öffentlichkeit sowie für den Mathematikunterricht in der Schule.

Im Folgenden wird aufgezeigt, dass forschendes Lernen geradezu charakteristisch für die Beschäftigung mit Mathematik ist und das Konzept des forschenden Lernens Impulse zur Weiterentwicklung des schulischen Mathematikunterrichts geben kann. Wir befragen das forschende Lernen nach dem »Was?«, »Warum?«, »Wozu?«, »Worüber?« »Womit?« und »Wie?«.

## 1. Was? – Begriffliche Fassung des forschenden Lernens im Fach Mathematik

### Begriffsbildung

Lernen ist ein ausgesprochen komplexes Phänomen, das von verschiedenen Wissenschaftsdisziplinen (z.B. Lernpsychologie, Neurobiologie, Neuroinformatik) höchst unterschiedlich konzeptualisiert wird. Da im Folgenden mathematisches Lernen im Fokus steht, wählen wir einen kognitionsorientierten Lernbegriff als zweckmäßige Grundlage (z.B. nach

Dörner und Selg, 1996; Schermer, 1998) und definieren: *Lernen* ist die Veränderung kognitiver Strukturen.

Der in dieser Definition enthaltene Begriff der kognitiven Struktur kann etwa neurobiologisch konkretisiert werden (ergänzend zu kognitionspsychologischen Modellen): Jegliches Wissen eines Menschen ist in dessen neuronalem Netz durch die Art und Weise der Verbindung von Neuronen gespeichert. Beim Lernen wird die Art der Vernetzung modifiziert, die kognitive Struktur ändert sich.

*Forschendes Lernen* zeichnet sich dadurch aus, dass der Lernende ein ihm zunächst unbekanntes, subjektiv als komplex wahrgenommenes Themenfeld durch eigenständige kognitive Aktivität zumindest partiell erschließt.

Diese Begriffsbestimmung betont den subjektiven Charakter forschenden Lernens. Das bearbeitete Themenfeld muss für den Lernenden unbekannt und komplex sein. Dies schließt nicht aus, dass die Thematik bereits an anderer Stelle vollständig erschlossen ist. So kann beispielsweise ein Schüler im Mathematikunterricht forschend erlernen, was im kollektiven mathematischen Wissen der Menschheit bereits seit Jahrtausenden bekannt ist. Der Schüler kann dennoch sein individuelles Lernen als Forschungsprozess gestalten und wahrnehmen.

Die obige Arbeitsdefinition zum forschenden Lernen definiert die eigenständige kognitive Aktivität des Lernenden als notwendige Voraussetzung. Dies schließt aber nicht aus, dass forschendes Lernen kooperativ mit einem Partner oder in einer Gruppe stattfinden kann. Ganz im Gegenteil: Soziale Interaktion ist ein wesentliches Element mathematischer Forschung. In der Schule bietet gerade das Konzept des forschenden Lernens Anstöße, um die Kooperation und die Kommunikation der Schüler miteinander zu fördern (siehe Abschnitt über Unterrichtsmethodik).

## Phasen forschenden Lernens in der Mathematik

Forschendes Lernen ist insofern charakteristisch für die Beschäftigung mit Mathematik, als dass es einen typischen Prozess für die Gewinnung neuer mathematischer Erkenntnisse beschreibt – sowohl in der mathematischen Forschung an Hochschulen als auch im Mathematikunterricht an allgemeinbildenden Schulen. Auf beiden Ebenen kann der Prozess forschenden Lernens in sechs Phasen differenziert werden:

- **Konfrontation mit einem mathematischen Phänomen:** Der Lernende stößt auf ein mathematisches Phänomen, das für ihn persönlich strukturell nicht erschlossen ist. Die dem Phänomen zugrunde liegenden mathematischen Muster und Strukturen sind entweder dem Lernenden unbekannt oder sie können nicht mit dem Phänomen in direkte Beziehung gebracht werden.

- **Exploration des Themenfelds:** Der Lernende beschäftigt sich mit dem Themenfeld, in dem das Ausgangsphänomen auftritt. Dies geschieht etwa durch die Betrachtung von Beispielen, von Spezialisierungen oder Modifikationen des Phänomens. So entstehen Wissenselemente aus dem Themenfeld des Phänomens.

- **Einordnung in bestehendes Wissensnetz:** Die neu geschaffenen Wissenselemente aus dem Themenfeld des Phänomens werden mit bereits individuell vorhandenem Wissen in Bezug gesetzt und in das bestehende Wissensnetz eingeordnet. Dabei kann auch die Exploration des Themenfelds weiter voranschreiten.

- **Strukturieren des Themenfelds:** Die Verbindung von neuem und bekanntem Wissen erlaubt ein Strukturieren des Themenfelds. Die dem Phänomen zugrunde liegenden mathematischen Muster treten hervor. Zusammenhänge innerhalb des Themenfelds und der Mathematik insgesamt werden deutlich.

ANSÄTZE IN DEN FACHDISZIPLINEN

– **Schriftliche Fixierung der Ergebnisse:** Die Resultate der Forschungsarbeit werden schriftlich fixiert. Beim Aufschreiben findet eine weitere Strukturierung des Themenfelds und seiner Verbindungen zur bereits bekannten Mathematik statt.

– **Präsentation, Publikation, Diskussion:** Die Ergebnisse werden mündlich oder schriftlich einer Community präsentiert. Dadurch findet eine Qualitätskontrolle der Forschungsarbeit statt. Die Akzeptanz der Forschungsresultate führt zu einer Erweiterung des gemeinsamen Wissens der Community.

Dieses Phasenmodell vereinfach natürlich – wie jedes Modell – komplexe reale Prozesse, macht diese dadurch aber verstehbar. Weder beim forschenden Mathematiker noch beim forschenden Schüler werden diese sechs Phasen immer linear nacheinander ablaufen. Tatsächlich können Rücksprünge zu früheren Phasen erfolgen, Zyklen durchlaufen werden oder die Forschungsaktivität kann in einer der Phasen abgebrochen werden, weil sich das Problemfeld als zu schwierig oder als nicht ausreichend interessant erweist. Dennoch kann dieses Modell helfen, die komplexen Prozesse beim forschenden Lernen in der Schule (und an der Universität) greifbar zu machen und sie – aus der Perspektive eines Lehrenden – beim Lernenden gezielt anzustoßen und zu fördern.

## 2. Warum? – Begründungen für forschendes Lernen im Mathematikunterricht

Warum sollte forschendes Lernen im Mathematikunterricht stärker verankert werden? Wir werden zunächst allgemeine lernpsychologische Begründungslinien aufzeigen, bevor wir im nachfolgenden Abschnitt mit den besonderen Zielen des Mathematikunterrichts argumentieren.

## Aspekte des Lernens

Wir haben Lernen als Veränderung kognitiver Strukturen definiert. Die sich dabei im handelnden Subjekt vollziehenden Prozesse werden etwa in der Pädagogischen Psychologie differenzierter analysiert. Beispielsweise liefert der Ansatz des »gemäßigten Konstruktivismus« (z.B. Reinmann-Rothmeier und Mandl, 2001) Begründungen für das Konzept forschenden Lernens. Ein paar Schlaglichter hierauf:

– Lernen – ein *konstruktiver* Prozess: Der Lernende generiert Wissen, indem er wahrnehmungsbedingte Erfahrungen vor dem Hintergrund seines Vorwissens und seiner Vorerfahrungen interpretiert. Wissen ist damit kein Gegenstand, der sich vom Lehrenden zum Lernenden transportieren lässt, sondern muss vom Lernenden individuell konstruiert werden.

– Lernen – ein *individueller* Prozess: Lernprozesse laufen im Kopf jedes Einzelnen ab. Sie werden maßgeblich durch die individuellen Vorerfahrungen und das Vorwissen des Lernenden sowie dessen kognitive Aktivitäten bei der Auseinandersetzung mit den Lerninhalten bestimmt.

– Lernen – ein *aktiver* Prozess: Die individuellen Konstruktionsprozesse erfolgen umso effektiver und dauerhafter, je intensiver sich der Einzelne mit den zu lernenden Inhalten beschäftigt, je mehr er mit ihnen im Geist hantiert und je deutlicher er sie auf sein persönliches Vorwissen bezieht.

– Lernen – ein *selbst gesteuerter* Prozess: Lernen erfordert bewusst organisierende und steuernde Aktivität des Individuums bei der Zielsetzung, Planung, Durchführung, Reflexion und Bewertung eigener Lernprozesse. Reine Fremdsteuerung bei verständnisorientiertem Lernen ist nicht realisierbar.

- Lernen – ein *situativer* Prozess: Lernen wird durch die jeweilige Lernsituation maßgeblich beeinflusst, sie kann das Lernen fördern und ihm Bedeutung verleihen bzw. umgekehrt das Lernen hemmen.

- Lernen – ein *sozialer* Prozess: Lernen wird durch den gesellschaftlichen Rahmen und das soziokulturelle Umfeld des Individuums wesentlich bestimmt. Schulisches Lernen findet im Klassenkontext statt, die Mitschüler und die Lehrkraft sind in der Schule Partner im Lernprozess. Dies gilt es bei der Gestaltung von Lernprozessen zu berücksichtigen und produktiv zu nutzen.

Geht man davon aus, dass Lernen grundsätzlich diesen Prinzipien folgt, ergibt sich zugleich die Begründung für die Effektivität forschenden Lernens: Es ist im besonderen Maß geeignet, diesen individuellen, selbst gesteuerten kognitiven Prozess in Gang zu setzen. Aufgabe von Lehrenden ist es dann, Lernumgebungen entsprechend zu gestalten. Im Mathematikunterricht bietet forschendes Lernen dazu ein praxistaugliches Konzept, wie im Weiteren noch detailliert aufgezeigt wird.

## Selbstbestimmung und Motivation

Forschendes Lernen ist per se immer zu einem gewissen Grad selbstbestimmt. Dies ist nach der Selbstbestimmungstheorie von Deci und Ryan (1993) in zweierlei Hinsicht für das Lernen ausgesprochen förderlich. Zum einen resultiert aus dem Erleben von Selbstbestimmung motivationale Energie, denn dadurch wird das Grundbedürfnis des Lernenden befriedigt, sich beim eigenen Tun persönlich als autonom und initiativ zu erfahren. »Man strives to be a causal agent, to be the primary locus of causation for, or the origin of, his behaviour; he strives for personal causation« (deCharms, 1968, S. 269). Zum anderen zeigen Deci und Ryan, dass Selbstbestimmung gewährende Lernumgebungen und entsprechende Haltungen von Lehrkräften aufseiten der Lernenden die Tiefenverarbeitung der Inhalte erhöhen, konzeptuelles Lernen fördern, fachliches

Interesse steigern, Fähigkeiten zur Bewältigung von Herausforderungen sowie zum Umgang mit Misserfolgen aufbauen und so langfristig zu höheren Kompetenzen führen.

Forschendes Lernen wird also aufgrund der damit verbundenen Selbstbestimmung nicht nur vom Lernenden als motivierend empfunden, sondern lässt auch substanzielle Lernerfolge erwarten.

## 3. Wozu? – Ziele von forschendem Lernen im Mathematikunterricht

Wenn man – wie dies im vorliegenden Beitrag geschieht – ein Plädoyer für mehr forschendes Lernen im Mathematikunterricht entwirft, sollte man begründen, für welche Ziele des Mathematikunterrichts das Konzept des forschenden Lernens besonders ertragreich erscheint, es evtl. sogar anderen Ansätzen überlegen ist.

### Mathematisches Wissen und mathematisches Verständnis

In Zusammenhang mit Analysen internationaler Leistungsstudien im Fach Mathematik der letzten Jahre (TIMSS, PISA…) wurde vielfach beklagt, dass Schüler im deutschen Mathematikunterricht nicht das mathematische Wissen und Verständnis entwickeln, das man sich wünschen würde. Das Lernen der Schüler beschränke sich weitgehend auf das Memorieren von Fakten und das Trainieren unverstandener Algorithmen (z.B. Baptist, 2000; Flade und Herget, 2000). Als Ursachen hierfür wurden die im Mathematikunterricht vorherrschende Dominanz vom Lehrer eng geführter, fragend-entwickelnder Unterrichtsgespräche sowie ein Unterrichtsstil, der auf »Vormachen, Nachmachen, Einüben, Abprüfen« basiert, maßgeblich verantwortlich gemacht.

Das Konzept des forschenden Lernens weist einen Erfolg versprechenden Weg zu Weiterentwicklungen der Unterrichtskultur im Fach Mathematik. Vor dem Hintergrund obiger Analysen zum Lernen erscheint eigenständiges, selbst organisiertes und kooperatives Arbeiten der Schüler als notwendige Voraussetzung und zielführendes Mittel für den Aufbau tragfähigen, vernetzten und flexibel nutzbaren Wissens sowie strukturellen Verständnisses für Mathematik.

### Mathematisches Denken

Es wäre zu vordergründig, die Ziele des Mathematikunterrichts vor allem in der Vermittlung mathematischer Inhalte zu sehen. Zu Recht fragen Schüler höherer Jahrgangsstufen im Mathematikunterricht etwa: »Wofür müssen wir das lernen?« Der Verweis, dass die Inhalte für Abschlussprüfungen oder ein naturwissenschaftlich-technisches Studium notwendig sind, kann hier nicht befriedigen. Weitaus tragfähiger ist das Argument, dass die Schüler durch die Beschäftigung mit Mathematik ihre Denkfähigkeiten weiterentwickeln – die dazu gewählten Inhalte sind eher zweitrangig und zum Teil austauschbar. Mit der Mathematik erweitern die Schüler etwa ihre Fähigkeiten, komplexe Sachverhalte zu durchdringen und zu strukturieren, Konkretes zu abstrahieren und mit den Abstraktionen gedanklich umzugehen sowie schlüssig zu argumentieren und Behauptungen zu begründen.

Diese Aufzählung macht deutlich, dass derartige Ziele nicht mit einem Unterricht erreicht werden können, der nur auf die zeitökonomische, lehrerzentrierte Vermittlung von Inhalten Wert legt. Die Entwicklung dieser Denkfähigkeiten erfordert im Unterricht Freiraum für individuelle Denkprozesse der Schüler – und genau diesen Freiraum schafft das Konzept des forschenden Lernens.

### Schlüsselkompetenzen

Über die spezifisch mathematikbezogenen Kompetenzen hinaus zielt der Mathematikunterricht auch auf die Entwicklung allgemeiner (Schlüssel-)

Kompetenzen der Schüler ab. Sie sind insbesondere für angemessene gesellschaftliche Teilhabe und beruflichen Erfolg grundlegend. Forschendes Lernen kann hier einen substanziellen Beitrag leisten: Das unten beschriebene methodische Konzept fördert mit seinen differenzierten Phasen aufseiten der Schüler etwa Teamfähigkeit, Präsentations- und Kommunikationsfähigkeiten, Selbstständigkeit sowie die Bereitschaft, Verantwortung zu übernehmen.

## 4. Worüber? – Aufgaben für forschendes Lernen im Mathematikunterricht

Mathematikunterricht wird zu einem beträchtlichen Teil durch Aufgaben bestimmt. Aufgaben dienen der Erarbeitung von Neuem, dem Üben, Anwenden, Vertiefen des Stoffes, und Aufgaben bestimmen auch die Leistungserhebungen. Will man Mathematikunterricht weiterentwickeln und insbesondere forschendes Lernen im Mathematikunterricht stärker verankern, so bieten Aufgaben geeignete und zielführende Ansatzpunkte für Innovationen, wenn sie einige, im Folgenden zu erläuternde Charakteristika besitzen.

### Offenheit

Aufgaben für forschendes Lernen müssen eine gewisse Offenheit besitzen. Es darf nicht nur den einen Weg zu dem einen Ergebnis geben. Vielmehr sollten sie eine mathematikhaltige Situation entfalten, die zu selbstständigem Forschen und Entdecken einlädt und die eine Beschäftigung mit Mathematik in vielerlei Richtungen geradezu anbietet. Ein Beispiel für die Sekundarstufe:

ANSÄTZE IN DEN FACHDISZIPLINEN

> **Muster aus Quadraten**
>
> Mit Quadraten wird eine Folge von Mustern erzeugt: Ausgehend von einem großen Quadrat werden jeweils an freie Ecken kleinere Quadrate angesetzt. Von Schritt zu Schritt werden die Seitenlängen der hinzukommenden Quadrate um einen konstanten Faktor kleiner.
>
> a) Überlege dir zu dieser Folge von Figuren möglichst vielfältige mathematische Fragestellungen und schreibe diese auf.
> b) Bearbeite mit deinen Nachbarn gemeinsam einige euerer Fragestellungen.
> c) Stellt gemeinsam euere Ideen und Ergebnisse in der Klasse vor.

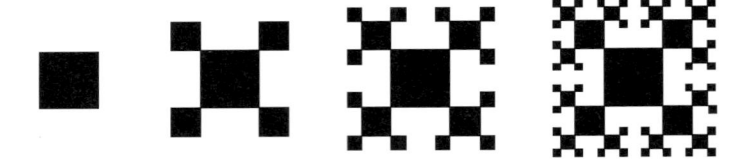

Schon beim ersten Betrachten laden diese Muster zu mathematischem Nachdenken, zum Stellen von Fragen, zum Forschen, Probieren und Entdecken, kurz: zum Betreiben von Mathematik ein. Je nach Fantasie, Interesse und Begabung können die Schüler verschiedenste Aspekte erkunden, etwa: Zahl der Quadrate; Flächeninhalt der Muster; Umfang der Figuren; Überlappungen bzw. Berührungen im Muster; Symmetrieeigenschaften; Zahl der Eckpunkte; kleinstes Quadrat, das das $n$-te Muster einschließt; kleinstes Quadrat, das alle Muster einschließt; Verhalten der Folge der Flächeninhalte; Verhalten der Folge der Umfänge; Computerprogramm zum Generieren der Muster.

Auch bieten sich Variationen an, die wiederum eine Fülle interessanter Fragen aufwerfen: Statt Quadraten könnte man Dreiecke, Fünfecke oder andere Polygone betrachten und diese auf jeweils unterschiedliche Art zusammensetzen. Die Schüler könnten das Bildungsprinzip der Muster ins Dreidimensionale erweitern, indem sie analoge Körper aus Würfeln, Tetraedern etc. bilden und etwa Volumina und Oberflächen erforschen.

FORSCHENDES LERNEN IN DER MATHEMATIK

## Mathematische Reichhaltigkeit

Aufgaben für forschendes Lernen müssen hinsichtlich ihres mathematischen Gehalts so reichhaltig und ergiebig sein, dass sich eine längerfristige und umfassende Beschäftigung mit dem Themenfeld als sinnvoll, notwendig und ertragreich zugleich erweist. Ansonsten kommen die Forschungstätigkeiten schnell zu einem Ende. Ein Beispiel für die Grundschule:

---

### Pascalsches Dreieck

Das abgebildete Muster heißt Pascalsches Dreieck. Es geht auf den Mathematiker und Philosophen Blaise Pascal (1623 – 1662) zurück. Dieser hat zu dem Muster geschrieben: »Es ist erstaunlich, was einem alles auffallen kann. Jedermann soll sein Glück versuchen.«

Mache möglichst viele Entdeckungen zu diesem Zahlenmuster, und versuche, sie auch zu begründen.

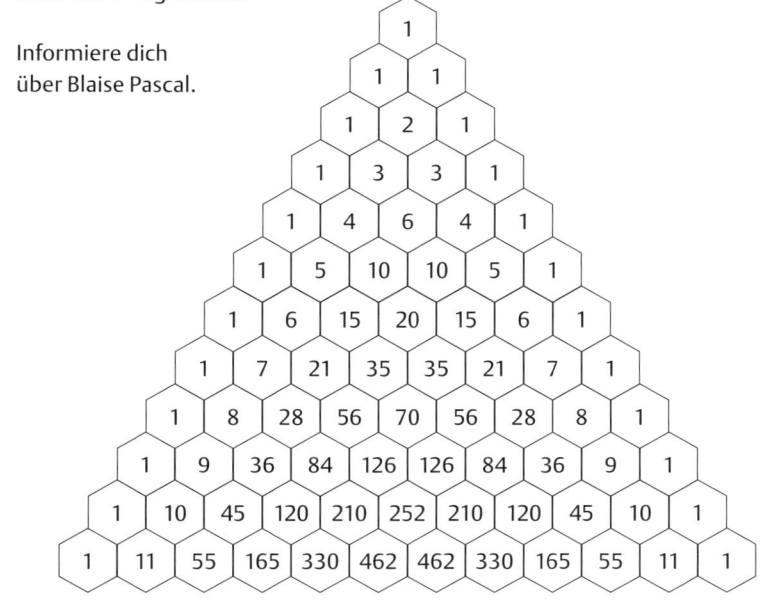

Informiere dich über Blaise Pascal.

```
                              1
                           1     1
                        1     2     1
                     1     3     3     1
                  1     4     6     4     1
               1     5    10    10     5     1
            1     6    15    20    15     6     1
         1     7    21    35    35    21     7     1
      1     8    28    56    70    56    28     8     1
   1     9    36    84   126   126    84    36     9     1
1    10    45   120   210   252   210   120    45    10     1
1  11    55   165   330   462   462   330   165    55    11    1
```

Benz (2008) zeigt, in welch vielfältige Richtungen die Forschungen von Grundschülern gehen können. Sie stellen z. B. fest: Das Muster ist achsensymmetrisch. Die Zahl in einer inneren Zelle ist die Summe der beiden darüber stehenden Zahlen. In der äußeren Diagonale stehen immer Einsen. In der zweiten Diagonale stehen die natürlichen Zahlen. In der dritten Diagonale stehen die Dreieckszahlen. In der vierten Diagonale stehen die Tetraederzahlen. Die Summe der Zahlen in einer Zeile ist jeweils eine Zweierpotenz, sie verdoppelt sich von Zeile zu Zeile. Färbt man alle Zahlen, die durch eine gegebene Zahl teilbar sind (z. B. durch 2 oder durch 5), entstehen geometrische Dreiecksstrukturen.

**Differenzierte Erschließbarkeit**

Das hier dargestellte Konzept des forschenden Lernens ist für den regulären Mathematikunterricht gedacht (auch wenn es sich natürlich insbesondere für die Arbeit mit besonders begabten Schülern eignet). Für forschendes Lernen im Klassenverband ist es notwendig, dass die Initialaufgaben Einstiege und die Beschäftigung auf unterschiedlichen Niveaus zulassen. Leistungsschwächere sollten Zugänge zum Themenfeld finden und Erfolgserlebnisse beim mathematischen Forschen verspüren. Aber auch Leistungsstärkere sollten entsprechend ihrem Potenzial gefördert werden und tief in die Mathematik eindringen können. Ein Beispiel für die Sekundarstufe:

> **Kreiskegel**
>
> Aus einem Kreissektor wird ein Kegel hergestellt.
> Untersuche, wie die Maße des Kegels (z. B. Höhe, Oberfläche, Volumen) von den Maßen des Sektors abhängen!

Leistungsschwächere Schüler können elementare Einsichten festigen bzw. vertiefen, wenn sie sich die Zusammenhänge zwischen den Größen am Kreissektor (Radius, Mittelpunktswinkel, Bogenlänge) und den Größen am Kegel (Mantellinie, Höhe, Grundkreisradius, Grundkreisumfang) geometrisch bewusst machen und wenn sie elementare funktionale Zusammenhänge (z.B. für das Kegelvolumen oder die Kegelmantelfläche in Abhängigkeit von den Sektormaßen) aufstellen und mit Methoden der Analysis explorieren. Die Thematik bietet aber auch für Leistungsstärkere tiefgründige Herausforderungen: Das naheliegende Extremwertproblem, für welchen Mittelpunktswinkel des Sektors (bei konstantem Radius) das zugehörige Kegelvolumen maximal ist, führt auf eine Funktion der Form $f(x) = x^2\sqrt{1-x^2}$. Diese Funktion umfassend zu diskutieren, erfordert zwar nur Standardverfahren der Oberstufenanalysis, allerdings benötigt man für die praktische Ausführung der Berechnungen doch allerlei mathematisches Verständnis. Durch Spiegeln des Graphen an den Koordinatenachsen gelangt man zur algebraischen Kurve mit der Gleichung $y^2 = x^4(1-x^2)$. Sie besitzt eine Fülle von Querverbindungen zu Kegelschnitten oder zu algebraischen Kurven wie der Lemniskate oder der Tschirnhaus-Kubik (vgl. Brandl, 2008).

## 5. Womit? – Medien für forschendes Lernen im Mathematikunterricht

Forschendes Lernen im Mathematikunterricht erfordert Medien, die das Arbeiten der Schüler unterstützen. Aus dem breiten Spektrum an Medien für den Mathematikunterricht werden im Folgenden zwei herausgegriffen, denen beim forschenden Lernen der Schüler eine besondere Bedeutung zukommt.

### Heft als Lerntagebuch

Dem Mathematikheft können mehrere Funktionen im schulischen Unterricht zukommen. Zum einen dient es gewöhnlich als Medium, in dem im

Sinne eines Merkhefts wesentliche Unterrichtsergebnisse mit Beispielen übersichtlich gesammelt werden. Zum anderen kann es den Charakter eines Arbeitshefts besitzen, in dem sich die individuellen Lernwege der Schüler widerspiegeln. Dieser Facette des Mathematikhefts kommt beim Konzept des forschenden Lernens eine besondere Bedeutung zu. Das mathematische Forschen sollte mit einem Dokumentieren der Überlegungen und Ergebnisse im Heft eng einhergehen, denn Forschen und Lernen sind inhaltlich eng mit Schreiben verbunden. Das Aufschreiben von Gedanken führt zu deren Ordnung und Verfestigung sowie zu einer tiefer gehenden Durchdringung der jeweiligen Thematik.

Gallin und Ruf (1998) sprechen vom Schülerheft als »Werkstatt des geistigen Tuns«, als »Reisetagebuch«, das die Schüler auf ihren Lernwegen begleitet. In ihrem Heft sollen die Schüler Ideen festhalten, Beobachtungen notieren, Vermutungen formulieren, Begründungen entwickeln, persönliche Eindrücke aufschreiben etc. (Baptist, 2004). Durch diese intensive Arbeit im Heft wird auch verhindert, dass sich die beim mathematischen Forschen gewonnenen Ergebnisse zu schnell verflüchtigen. Die individuellen Aufzeichnungen dienen der Ergebnissicherung und bilden eine Grundlage für die gemeinsame Diskussion der Resultate im Klassenteam.

## Computer als Forschungswerkzeug

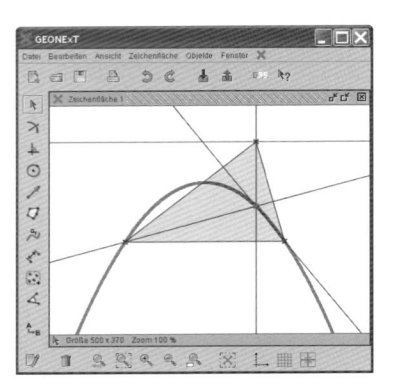

Gängige Softwaresysteme für den Mathematikunterricht sind etwa Programme für dynamische Mathematik, Tabellenkalkulationssysteme oder Computeralgebrasysteme. Sie können forschendes Lernen im Mathematikunterricht entscheidend unterstützen. Zum einen bieten sie Visualisierungsmöglichkeiten, die mit traditionellen Unterrichtsmedien nicht realisierbar sind. Durch die Beweglichkeit mathematischer Konfigurationen am Bildschirm ergeben sich Wege zu einem vertieften Verständnis mathematischer Phänomene. Zum anderen werden komplexere Problemstellungen, die aufwendige Rechenarbeit oder komplexe geometrische Konstruktionen erfordern, mit dem Computer als Werkzeug erst erschließbar.

Neben diesem eher technischen Mehrwert liegt das Potenzial Neuer Medien aber vor allem auch in einer mit ihnen einhergehenden Weiterentwicklung der Unterrichtskultur. Der Computer und die eingesetzten Medien sind Werkzeuge, um selbstständiges, eigenverantwortliches Arbeiten der Schüler mit mathematischen Inhalten, gemeinschaftliches Forschen und Entdecken, Argumentieren und Begründen sowie kooperatives Präsentieren und Diskutieren erarbeiteter Resultate anzuregen. Traditionelle, lehrerzentrierte Unterrichtsmuster sind in Situationen, in denen Schüler am Computer arbeiten, nur wenig tragfähig und zielführend. Neue Medien stellen damit einen fachlichen und methodischen Innovationskeim für eine produktive Weiterentwicklung des Faches Mathematik im Sinne forschenden Lernens dar (vgl. z.B. Baptist, 2004; Ulm, 2007).

## 6. Wie? – Unterrichtsmethodik für forschendes Lernen

Aufgaben für forschendes Lernen und der Einsatz Neuer Medien können ihr Potenzial im Mathematikunterricht nur in Verbindung mit unterrichtsmethodischen Konzepten entfalten, die entsprechend exploratives Arbeiten der Schüler anstoßen und fördern. Vor dem Hintergrund der eingangs erläuterten konstruktivistischen Lernauffassung und der beschriebenen Aspekte des Lernens erscheint das folgende methodische Schema für forschendes Lernen im Unterrichtsalltag schlüssig und tragfähig. Es verbindet eigenständiges und kooperatives forschendes Lernen mit Präsentationen, Diskussionen und Unterrichtsgesprächen im Klassenverband. Seine Grundstruktur ist unter verschiedenen Schlagworten verbreitet: »Ich-du-wir« (Gallin und Ruf, 1998), »Think-Pair-Share« (Lyman, 1981) oder »Japanisches Modell« (Ulm, 2007).

- **Individuelles Arbeiten:** Jeder einzelne Schüler macht sich eigenständig mit einem mathematischen Phänomen oder einer Problemstellung vertraut, stellt Bezüge zum eigenen Ich, zum persönlichen Vorwissen her und erkundet das zugrunde liegende Themenfeld auf individuellen Lernwegen.
- **Forschen in Partner- und Kleingruppenarbeit:** Jeder Schüler tauscht sich mit einem Partner oder in einer Kleingruppe aus, erklärt die eigenen Ideen, vollzieht die Gedanken des bzw. der anderen nach und dringt so tiefer in das Themenfeld ein. Kooperativ wird weiter an der Erforschung und Erschließung des Themenfeldes gearbeitet.
- **Präsentation und Diskussion:** Die Schülerarbeitsgruppen stellen ihre Überlegungen und Forschungsergebnisse im Klassenplenum vor. Die gemeinsame Diskussion dieser Beiträge vertieft die Durchdringung des Themenfelds.
- **Ergebnissicherung:** Unter der fachkundigen Leitung der Lehrkraft werden die Resultate der Schülerarbeitsgruppen zusammengeführt, es werden Gemeinsamkeiten und Unterschiede herausgearbeitet und dabei wird ein Gesamtergebnis der Forschungen fixiert.

Dieses methodische Konzept ist natürlich nur ein idealisierendes Modell realer Unterrichtsverläufe. In der Schulpraxis werden sich Phasen überlappen oder es werden Zyklen durchlaufen. Allerdings hilft ein derartiges Konzept, Arbeitsaufträge an die Schüler so zu formulieren und den Unterrichtsverlauf so zu strukturieren, dass forschendes Lernen durch die Unterrichtsmethodik unterstützt wird.

## Literatur

Baptist, P. (Hrsg.) (2000): Mathematikunterricht im Wandel. Bamberg: Buchner.

Baptist, P. (Hrsg.) (2004): Lernen und Lehren mit dynamischen Arbeitsblättern, Mathematik Klasse 7/8. Seelze: Friedrich.

Benz, C. (2008): Das Pascal'sche Dreieck. In: Ulm, V. (Hrsg.): Gute Aufgaben Mathematik. Berlin: Cornelsen Scriptor.

Brandl, M. (2008): Kegel, Ellipse und Tschirnhaus-Kubik – eine Metamorphose. Preprint des Instituts für Mathematik der Universität Augsburg, Nr. 28/2008. http://www.opus-bayern.de/uni-augsburg/volltexte/2008/1303/

deCharms, R. (1968): Personal causation: The internal affective determinants of behaviour. New York: Academic Press.

Deci, E. & Ryan, R. (1993): Die Selbstbestimmungstheorie der Motivation und ihre Bedeutung für die Pädagogik. Zeitschrift für Pädagogik, 39/1, S. 223–238.

Dörner, D. & Selg, H. (Hrsg.) (1996): Psychologie. Eine Einführung in ihre Grundlagen und Anwendungsfelder. Stuttgart: Kohlhammer.

Flade, L. & Herget, W. (Hrsg.) (2000): Mathematik – Lehren und Lernen nach TIMSS. Berlin: Volk und Wissen.

Gallin, P. & Ruf, U. (1998): Dialogisches Lernen in Sprache und Mathematik. Seelze: Kallmeyer.

Lyman, F. (1981): The responsive classroom discussion. In: Anderson, A. S. (Hrsg.): Mainstreaming Digest. College Park: University of Maryland.

Reinmann-Rothmeier, G. & Mandl, H. (2001): Unterricht und Lernumgebungen gestalten. In: Krapp, A. & Weidenmann, B. (Hrsg.): Pädagogische Psychologie. Weinheim: Beltz Verlag, S. 601–646.

Schermer, F. (1998): Lernen und Gedächtnis. Stuttgart: Kohlhammer.

Ulm, V. (2007): Mathematik für individuelle Lernwege öffnen. Seelze: Kallmeyer.

# Impulse für offenes Experimentieren

## Forschendes Lernen in der Physik

*von Udo Backhaus und Thomas Braun*

Der physikalische Erkenntnisgewinn durch Experimentieren rückte in jüngster Zeit wieder in das Zentrum vieler fachdidaktischer Diskussionen. Einschlägige Untersuchungen der Effektivität des Experimentalunterrichts kamen zu enttäuschenden Ergebnissen. Mit dem Ziel, zu einer Verbesserung dieser Situation beizutragen, sollen Lehrer und Studierende im Rahmen unseres offenen Experimentalpraktikums LOFEX (Laboratorium für Offenes Experimentieren) forschungsähnliche Experimentiersituationen erfahren und die Chancen und Risiken ihres Einsatzes im Unterricht einschätzen lernen. Den Teilnehmern dieses Praktikums wird ein Ausgangsphänomen vorgeführt, welches sie dazu veranlassen soll, selbst Fragestellungen zu entwickeln, eigene Untersuchungen zu planen, diese dann eigenständig durchzuführen und in Bezug auf die eigenen Fragestellungen zu bewerten.

## 1. Experimente in der Physikausbildung

Die Physik als Naturwissenschaft gehört zu den sogenannten experimentellen Wissenschaften, welche ihre Aussagen und Ergebnisse aus kontrolliert eingesetzten Experimenten beziehen. Demzufolge ist das Berufsbild von Physikern in Forschungs- und Entwicklungstätigkeit in einem hohen Maße von Kreativität und Neugier geprägt. Eine physikalische Grund-, Aus- und Weiterbildung muss diese Aspekte in geeigneter Weise berücksichtigen und darüber hinaus einen Einblick in eine naturwissenschaftliche Arbeitsweise gewähren. Dies wird von aktuellen Bildungsstandards

(KMK, 2005) gefordert, schon deshalb sollte dem Experimentieren in der Ausbildung ein hoher Stellenwert zugesprochen werden. Aber es sprechen auch pädagogische, psychologische, fachliche und erkenntnistheoretische Argumente für eine experimentell ausgerichtete Physikausbildung. Beispielsweise tragen Schülerexperimente aus pädagogischer Sicht zur Förderung der Selbstständigkeit Lernender bei, erhöhen aber auch ihre manuelle Geschicklichkeit. Aus psychologischer Sicht können sie die Lernmotivation steigern. Aus fachlicher und erkenntnistheoretischer Sicht ist das Experiment ein genuiner Bestandteil einer Wissenschaft, die sich mit natürlichen Erscheinungen beschäftigt. Experimentalpraktika sollen deshalb nicht nur zur Aneignung von Theorien dienen, sondern insbesondere praktische Fertigkeiten und ein Gefühl für naturwissenschaftliche Arbeitsweisen vermitteln (Lunetta, 1998).

### Ziele des Experimentalunterrichts

Da wir uns mit unserem Laboratorium für Offenes Experimentieren an Lehrer und Studierende des Lehramts wenden, bezieht sich die Verwendung des Begriffes »Experimentalunterricht« im Rahmen dieses Artikels in erster Linie auf die universitäre Ausbildung. Über die Ziele der experimentell ausgerichteten Ausbildung herrscht in den Kreisen der Fachdidaktiker weitgehend Einigkeit. Sie wurden in der Vergangenheit in zahlreichen Untersuchungen wie z. B. von Toothacker (1983), Ruickoldt (1996) oder Welzel (et al., 1989) empirisch erfasst. Ausgewertet wurden Befragungen von Lehrenden und auch von Lernenden über ihre Vorstellungen von Zielen und Lerninhalten physikalischer Praktika. Die in diesen Studien dokumentierten Antworten überschneiden sich zum Teil. An dieser Stelle seien deshalb nur die aus unserer Sicht wesentlichsten Ziele genannt:
Beim Experimentieren sollen Lernende

– Theorie und Praxis miteinander verbinden
– die Fähigkeit erwerben, mit experimentellen Versuchsgeräten umzugehen

- Methoden wissenschaftlichen Denkens und Handelns kennenlernen
- ein Gefühl für physikalische Phänomene bekommen
- die Möglichkeit haben, ihre eigene Meinung zu artikulieren und die Vorstellungen anderer zu erleben und zu bewerten.

In den meisten Fällen werden diese Ziele im kognitiven Bereich der Lernenden festgemacht. Der affektive Bereich, der stark von Emotionen, Haltung und Einstellung zum Experiment geprägt ist, bleibt weitgehend unberücksichtigt. Dieser Umstand wurde bereits 2002 von Suhr (2002) kritisiert.

### Wirksamkeit des Experimentalunterrichts

Leider kommen viele Autoren aus dem englischsprachigen Raum zu dem Ergebnis, dass die oben genannten Ziele in der Praxis nicht oder nur unzureichend erreicht werden. Man kritisiert beispielsweise, dass Lernende beim Experimentieren zu wenig selbstständig agieren und durch »kochrezeptartige« Arbeitsabläufe zu »Handwerkern« erzogen werden (Lunetta, 1989). Die Aufgabenstellungen in den Versuchsanleitungen böten den Lernenden nur wenig Freiräume, und die Ergebnisse der Experimente seien ihnen meist schon im Vorfeld bekannt.

Moniert wurde ebenfalls, dass die Vorstellungen Lernender von und über naturwissenschaftliche Arbeitsweisen sich als unzureichend und nicht adäquat erweisen (Höttecke, 2001; Höttecke und Rieß, 2007). Es dominiert ein theorie- und regelgeleitetes Bild der Physik, welches zu verzerrten Ansichten über die Methoden der Naturwissenschaften führt (Allchin, 2003; Höttecke und Rieß, 2007). Aus diesen Gründen wird zunehmend eine Modernisierung des Experimentalunterrichts gefordert (z.B. McComas und Almazora, 1998; Hucke, 2000), in dem folgende Gesichtspunkte stärker berücksichtigt werden:

- die Gewinnung eigener Fragestellungen, die Identifizierung physikalischer Konzepte, die in das Experiment involviert sind

- das Erkennen und Isolieren von in einem Vorgang enthaltenen Phänomenen
- die Beschreibung der Methoden, um die Fragestellungen zu beantworten
- das Vortragen der Ergebnisse.

Wie sich diese Punkte in konkreten Fällen umsetzen lassen, ist aktuell Gegenstand fachdidaktischer Forschung. Einig ist man sich im Allgemeinen darin, dass der Experimentalunterricht prinzipiell eine Öffnung erfahren muss. Nur so lassen sich Vorstellungen von und über naturwissenschaftliche Experimentier- und Arbeitsweisen vermitteln. Dazu muss zunächst formuliert werden, was unter naturwissenschaftlicher Experimentierweise verstanden werden soll.

## 2. Naturwissenschaftliches Experimentieren

Eine eindeutige Beschreibung oder Klassifizierung naturwissenschaftlicher Arbeitsweisen erweist sich als schwierig. Dies wird daran deutlich, dass in der fachdidaktischen Literatur sehr unterschiedliche, teilweise sogar widersprüchliche Ansichten über die Rolle des Experiments in der Physik zu finden sind. Außerdem spielt das Experiment in der physikalischen Ausbildung meist eine prinzipiell andere Rolle als in der Forschung: In der Ausbildung dient es vornehmlich der anschaulichen Darstellung eines physikalischen Sachverhaltes; in der modernen Wissenschaft wird es vielfach eingesetzt, um neue Erkenntnisse zu gewinnen oder bereits gewonnene zu vertiefen. Dieser Unterschied sollte mehr und vor allem gründlicher mit Lernenden diskutiert werden (Höttecke und Rieß, 2007).

## Die »Theoriebeladenheit« des Experiments

Wissenschaftstheoretiker beschreiben deutlich unterschiedlich, wie Erkenntnisse beim Experimentieren gewonnen werden. Thomas S. Kuhn und Karl Popper z. B. kritisierten die induktive Interpretation des Experimentierens durch Bacon und Newton, die der Auffassung waren, dass physikalische Theorien durch Experimente entstehen. Nach einer gewissen Anzahl von Experimenten könne auf eine Theorie geschlossen werden; Kuhn und Popper führten den Gegenbeweis. Justus v. Liebig und Pierre Duhem hielten sogar Experimente ohne zugrunde liegende physikalische Theorie grundsätzlich für nicht sinnvoll.

Ausgehend von einer Sichtweise, in der Experimente hauptsächlich dazu dienen, deduktiv gewonnene Aussagen zu überprüfen, befassten sich Wissenschaftstheoretiker und Historiker mit einem gestiegenen Bewusstsein für die Theoriebeladenheit des Experiments erneut mit dem Thema (Hacking, 1996). Die in diesem Zusammenhang entstandenen Arbeiten (z. B. Hentschel, 2000; Marshall, 2002; Heidelberger, 1998) sind deutlich mehr auf handlungsbezogene Komponenten des Experiments hin ausgelegt. Man bezeichnet dieses neu aufgekommene Interesse auch als »new experimentalism«. Im Rahmen dieser neuen Sichtweise wird deutlich, dass bei der deduktiven Sichtweise zu viele wichtige Aspekte des Experimentierens wie z. B. Kreativität, Hypothesen- und Theorienentstehung ausgeblendet werden. Deshalb sollten dem Experiment nicht lediglich überprüfende Funktionen zugeschrieben werden, denn dabei geht der kreative Charakter des Experiments als eine wichtige Eigenschaft verloren. Experimente sollten aber weder bei der induktiven Methode noch bei der deduktiven Methode als übergeordnetes Mittel zur Beweisführung angesehen und auch nicht als Methode verstanden werden, Gesetze oder Theorien aufzufinden (starker Induktivismus).

Die Tätigkeit eines Experimentators wird von einer Vielzahl experimenteller Strategien geleitet. Diese Strategien sind es, die die Kreativität eines Experimentierprozesses ausmachen und ihn zu einem großen Teil bestimmen. An dieser Stelle seien nur einige Beispiele experimenteller Strategien genannt (Hentschel, 2000):

- *Manipulieren des Untersuchungsgegenstandes:* Der Experimentator beeinflusst ein Untersuchungsobjekt unter reproduzierbaren Laborbedingungen.
- *Isolierung von Phänomenen:* Physikalische Phänomene treten in der Natur meist nicht isoliert auf, sondern überlagern einander. Der Experimentator versucht, diese Phänomene voneinander zu entkoppeln.
- *Überprüfung von Vorhersagen:* Es wird überprüft, ob die Veränderung von Versuchsbedingungen des Untersuchungsgegenstandes mit bestimmten Vorhersagen des Experimentators übereinstimmen. Dies kann zur Bestätigung einer Theorie beitragen, wenn es sich nicht um einen Einzelfall handelt. Tritt die Vorhersage nicht ein, so muss gegebenenfalls das Experiment oder die Theorie entsprechend angepasst werden.

## Modellbeschreibung des Experimentierens

Die modellhafte Beschreibung des Experimentierens ist stark vom Standpunkt des jeweiligen Autors geprägt. Es gibt lineare Beschreibungen, bei denen Experimentieren als ein »Abarbeiten« einer im Vorfeld feststehenden Checkliste – Problematisieren, Bildung von Hypothesen, Experimentieren und Deutung der Ergebnisse – dargestellt wird. Dabei werden Aspekte wie Dynamik und Vielschichtigkeit des Experimentierprozesses nicht berücksichtigt und kreative Aspekte wie das Entwerfen, Verfolgen und Verwerfen von Hypothesen oder ganzen Theorien weitgehend ausgeblendet. Wir schlagen deshalb in Anlehnung an Höttecke (2008) eine Spiraldarstellung vor (Abb. 1). Der Vorgang des Experimentierens verläuft auf dieser Spirale und lässt sich in verschiedene Begriffe fassen wie: Explorieren, Beobachten und Messen oder Reflexion eigener Tätigkeiten. Dabei ist ein entscheidender Punkt, dass die Spirale keinen eindeutigen Anfangs- und Endpunkt besitzt, da sich Ausgangspunkt, Ziele und Erkenntnisse je nach Experimentiersituation deutlich voneinander unterscheiden können und daher keine einheitliche Definition möglich ist. Betrachtet man

## ANSÄTZE IN DEN FACHDISZIPLINEN

**Experimenteller Erkenntnisgewinn**

- Auswertung und Interpretation
- Reflexion des Experimentierens
- Systematisches Beobachten und Messen
- Reflexion der Exploration
- Ausprobieren Exploration

**Ausgangsphänomen**

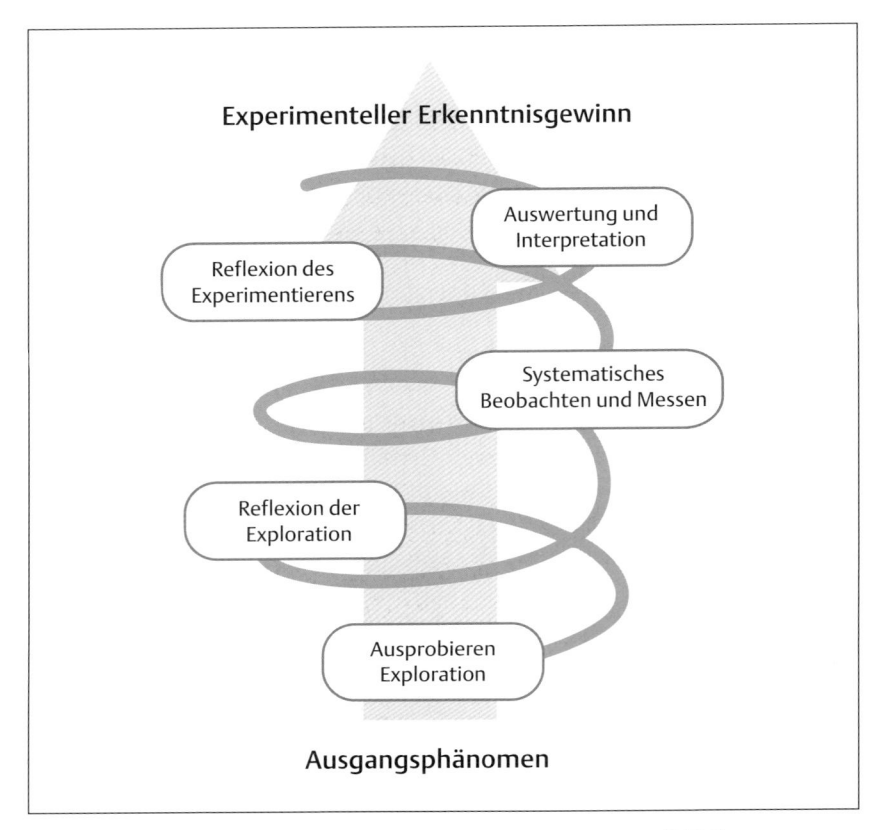

Abb. 1: Spiraldarstellung des Experimentierprozesses aus Braun (2009) in Anlehnung an Höttecke (2008).

die Spirale von oben, so erkennt man, dass Tätigkeiten zyklisch durchlaufen werden. Dabei tritt der Experimentator jedoch nicht auf der Stelle, sondern es werden Erkenntnisse beim Experimentieren gewonnen. Dies wird durch die vertikale Richtung deutlich, in der die Spirale nach oben verläuft.

## 3. Der Begriff des offenen Experimentierens

Um mehr Selbstständigkeit und Eigeninitiative im Experimentierprozess zu ermöglichen, muss dieser offener gestaltet werden. Wir wollen nun diskutieren, was unter dieser Offenheit zu verstehen ist. Allgemein bedeutet dieser Begriff: »Experimentation, in which the student reports in his own manner, draws his own conclusions, makes own predictions, etc.« (Carter, 1973).

Eine Klassifizierung offener Arbeitsweisen nach ihren Tätigkeiten (Prozeduren) und Zielsetzungen findet man beispielsweise bei Domin (1999). Bei angeleitetem Experimentieren (expository) werden die Prozedur und das Ziel vom Lehrenden fest vorgegeben. Die Form des Nachforschens (inquiry) erlaubt es den Lernenden, eigene Untersuchungsziele zu formulieren und diese auch zu verfolgen. Dabei ist das Ziel dem Lernenden im Vorfeld unbekannt. Eine solche Aufgabenstellung könnte beispielsweise sein, die Wärmeleitfähigkeit unterschiedlicher Materialien zu untersuchen. Die Lernenden müssen den Untersuchungsgegenstand selbst wählen, sowie Experimente selbst planen und durchführen. Bei der entdeckenden (discovery) Variante führen die Lernenden Untersuchungen durch, die ihnen vom Lehrenden (meist ohne theoretische Einweisung) vorgegeben wurden. Dabei sollen sie am Ende selbst Zusammenhänge erkennen und Gesetze formulieren. Die Lernenden werden beispielsweise angewiesen, bestimmte Messungen durchzuführen, und müssen selbstständig Hypothesen aufstellen und gegebenenfalls auch Gesetzmäßigkeiten erkennen.

Im Rahmen eines offen geführten Praktikums sollte der Lehrende eine beratende Position einnehmen (Marshall, 2002). Die besondere Herausforderung bei dieser Rolle besteht darin, dass die Lehrperson einerseits unter Umständen geeignete Hilfestellungen geben muss. Andererseits sollte sie durch ihr Eingreifen die Offenheit der Situation möglichst wenig einschränken. Das Scheitern von Experimenten sollte explizit vorgesehen sein, und es muss deutlich werden, dass das Scheitern von Experimenten nicht mit dem Scheitern des Experimentators gleichzusetzen ist. Da offenes Experimentieren das Auswählen und Benutzen vorhandener, gegebenenfalls auch das Anfordern nicht vorhandener Materialien erfordert, muss das Labor auf diese Anforderungen oder Wünsche der Lernenden vorbereitet sein. Alle Überlegungen, Experimente und Analysen sollten in einem Laborbuch dokumentiert werden. Dadurch wird die Arbeit der Lernenden chronologisch festgehalten und vermieden, dass Gedankengänge oder Ergebnisse verloren gehen. Außerdem können die Aufzeichnungen als Grundlage für die spätere Auswertung dienen.

## 4. Offenes Experimentieren im Rahmen von LOFEX

Vielfach spielt das Experiment in der Physikausbildung lediglich die Rolle eines darstellenden Mediums zur Verifikation oder Falsifikation von Annahmen. Dabei wird die explorative Funktion durch rezeptartige Versuchsabfolgen bereits im Keim erstickt. Erklärtes Ziel unserer offenen Experimentierweise ist es, den Lernenden Einblicke in eine naturwissenschaftliche Form des Experimentierens zu gewähren und ihnen ein deutlicheres Gefühl für die Rolle des Experiments in Wissenschaft und Forschung zu vermitteln. Dazu konzentrieren wir uns zunächst auf Lehramtsstudierende und bereits ausgebildete Lehrer, die in einem entsprechenden Seminar die Chancen und Risiken offenen Experimentierens in der Schule einschätzen lernen und dadurch für diese Arbeitsweise motiviert und vorbereitet werden.

Offenes Experimentieren in unserem Sinne beginnt mit der Vorführung eines komplexen Phänomens, das eine erklärungsbedürftige Situation erzeugt, die die Lernenden veranlasst, mithilfe eigener Experimente nach den Ursachen zu suchen oder einzelne Aspekte des Phänomens genauer zu betrachten. Dabei sind den Lernenden Ziele, Strategien und verwendete Mittel völlig freigestellt. Der Lehrende übernimmt lediglich die Rolle eines Beraters. Bei der experimentellen Tätigkeit werden einzelne Elemente – Ausprobieren, systematisches Variieren von Parametern, Bewerten, Verändern von Fragestellungen und Hypothesen – dynamisch in einem ständigem Wechsel durchlaufen. Diese Elemente werden von Phasen unterbrochen, in denen die Lernenden ihre Arbeitsschritte miteinander reflektieren. Erkenntnisse und praktische Fähigkeiten werden beim zirkulären oder verzweigten Durchlaufen folgender Elemente gewonnen:

1. Die Explorationsphase: Durch »Ausprobieren« sollen sich spätere Untersuchungsziele und Motive herauskristallisieren.
2. Reflexion der Exploration: Die Ziele und Wege werden systematisiert, die bisherigen Experimente reflektiert und die bereits gebildeten theoretischen Prinzipien und Hypothesen werden diskutiert.
3. Systematisches Experimentieren: Die in den Anfangsphasen gewonnenen Hypothesen, Vermutungen und Beobachtungen werden systematisch experimentell untersucht.
4. Erneute Reflexion und Auswertung: Die gewonnenen Erkenntnisse werden erneut reflektiert. Dabei machen sich die Lernenden ihr theoretisches und experimentelles Vorgehen bewusst.

Bei der abschließenden Auswertung in Form eines Protokolls werden nicht nur die durchgeführten systematischen Untersuchungen ausgewertet, sondern es wird auch der Weg der Erkenntnis für Außenstehende nachvollziehbar beschrieben.

## 5. Die Magnet-Kugelkette

Als Beispiel soll eines der Ausgangsphänome diskutiert werden, das wir im Rahmen unseres offenen Experimentierseminars einsetzen. Es wird in Fachkreisen auch »Gauß'sche Kanone« genannt (Kagan, 2004). Der Aufbau besteht aus einer Reihe von Stahlkugeln, die auf einer Messingschiene mit U-Profil liegen. Eine dieser Kugeln ist, zunächst nicht erkennbar, ein starker Magnet. Die erste Kugel der Kette wird nun von einer einlaufenden Kugel mit Geschwindigkeit getroffen. Wie bei dem bekannten Stoßversuch »Klick-Klack«, bei dem mehrere Stahlkugeln bifilar aufgehängt sind, löst sich nach dem Stoß nur die letzte Kugel, während die anderen in Ruhe bleiben. Bei diesem Versuch beobachtet man jedoch, anders als

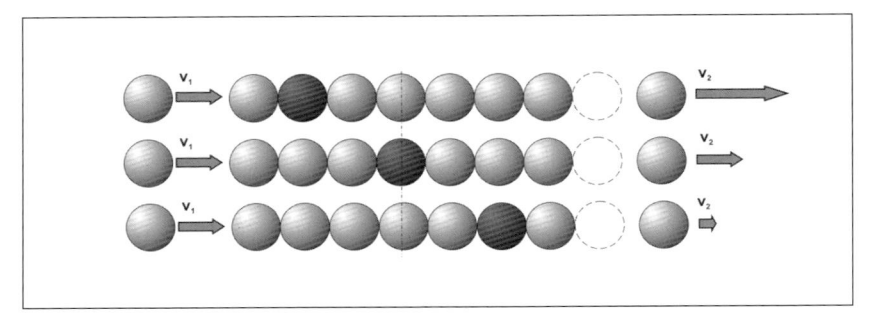

Abb. 2: Die Geschwindigkeit der gestoßenen Kugel hängt systematisch von der Position der magnetischen Kugel in der Kugelkette ab.

beim »Klick-Klack«, dass die Geschwindigkeit der gestoßenen Kugel deutlich größer ist als die der einlaufenden Kugel: Der Energieerhaltungssatz scheint verletzt zu sein.

Variiert man die Position der magnetischen Kugel innerhalb der Kette, so verändert sich die Geschwindigkeit der gestoßenen Kugel systematisch: Je weiter die gestoßene Kugel von der magnetischen Kugel entfernt ist, desto größer ist ihre Geschwindigkeit. Je weiter die magnetische Kugel von der stoßenden Kugel entfernt ist, desto kleiner ist die Geschwindigkeit der gestoßenen Kugel. Ist der Abstand des Magneten von der stoßenden Kugel größer als von der gestoßenen Kugel, löst sich Letztere meist gar nicht von der Kette.

Wenn sich der Magnet im linken Teil der Kette befindet, nimmt die Geschwindigkeit der stoßenden Kugel aufgrund der Anziehung durch den Magneten stärker zu, als die Geschwindigkeit der gestoßenen Kugel abnimmt, während sie sich gegen die Anziehung durch den Magneten von der Kugelkette entfernt (Abb. 2 oben). Die Endgeschwindigkeit kann deshalb größer als die Anfangsgeschwindigkeit sein. Die sich darin zeigende zusätzliche Energie muss der Experimentator allerdings zu Beginn des Stoßes in das System »hineinstecken«, indem er die stoßende Kugel vor der Vorführung des Phänomens von der Kugelkette (dem Magneten) entfernt. Das bedeutet: Die scheinbar zusätzliche Energie muss vom Experimentator selbst aufgebracht werden!

### Experimente von Studierenden

Das Phänomen der Geschwindigkeitserhöhung beim Stoß der Kugeln ist für alle Studierenden auffällig. Der Vorführende braucht allerdings etwas Übung, um die ideale Einlaufgeschwindigkeit zu wählen, damit das Phänomen deutlich wird. In der Regel wird sehr schnell offensichtlich, dass sich in der Anordnung mindestens eine magnetische Kugel befinden muss. Dies überprüfen die Teilnehmer experimentell, z.B. indem sie jede Kugel einzeln in die Nähe eines Eisenstabs halten. Danach kristallisieren sich Fragestellungen folgender Art heraus:

- Wie hängt das Phänomen der Geschwindigkeitserhöhung von den Kugeln ab (Masse, Größe und Material)?
- Welche Rolle spielen Energie- und Impulserhaltungssatz bei diesem Phänomen?
- Welchen Einfluss hat die Rollbahn auf das Phänomen (Abmessungen und Material)?
- Welchen Einfluss hat der Magnet auf das Phänomen (Anzahl und Größe)?

Interessanterweise wird von den Studierenden oft kein Widerspruch zum Energieerhaltungssatz gesehen, da sie davon ausgehen, dass dieser verletzt wird, weil die stoßende Kugel kurz vor dem Stoß durch den Magneten beschleunigt werde und die gestoßene Kugel sich mit der entsprechend höheren Geschwindigkeit von der Kette löse. Die zusätzliche Energie komme vom Magneten her.

Woher der Magnet diese Energie hat, wird jedoch meist nicht thematisiert. Oft begnügt man sich mit der Vorstellung, dass die Energie »irgendwie aus dem Magnetfeld kommt«. Vielfach wird versucht, diese zusätzliche Energie quantitativ zu bestimmen, indem die Geschwindigkeiten der Kugeln gemessen werden. Dabei ist das Ziel, Aussagen über die kinetischen Energien der Kugeln zu erhalten.

Ein weiterer wichtiger Untersuchungspfad ist die Geometrie der Bahn: Hängt das Phänomen von Breite und Material der Bahn ab? Die Breite der

ANSÄTZE IN DEN FACHDISZIPLINEN

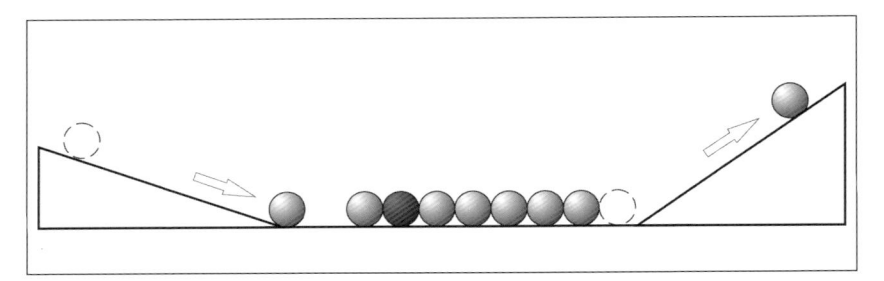

Abb. 3: Beispiel zur Bestimmung der kinetischen Energie der gestoßenen Kugel. Die einlaufende Kugel läuft aus einer festen Höhe eine schiefe Ebene herunter, und die gestoßene Kugel läuft eine schiefe Ebene hinauf. Die Höhe, die die gestoßene Kugel dabei erreicht, ist ein Maß für ihre Energie.

Bahn hat im Fall rotierender Kugeln einen erheblichen Einfluss auf das Verhältnis der beobachteten Geschwindigkeiten (siehe dazu Braun, 2009). Es ergeben sich zwei Beobachtungsvarianten:

1. Im Experiment wird keine Abhängigkeit des Geschwindigkeitsverhältnisses von der Breite der Bahn beobachtet. Das kann entweder daher kommen, dass man keine Abhängigkeit erwartet oder dass nur wenige Bahnen unterschiedlicher Breite zur Verfügung standen.
2. Im Experiment ohne Magnet beobachtet man, dass das Geschwindigkeitsverhältnis kleiner als eins ist. Da dieser Effekt mit dem bloßen Auge kaum zu beobachten ist, wird diese Beobachtung oft nur zufällig gemacht, dann aber sehr schnell mithilfe von Reibung begründet. Dadurch wird er für die weitere Betrachtung uninteressant. »Die Kugel ist hinten langsamer als vorne, weil es Reibung gibt.« Die Frage, wie dann die Abhängigkeit des Ergebnisses von der Breite mit Reibung erklärt werden kann und muss, wird nicht gestellt.

Zusammenfassend kommen wir zu dem Schluss, dass das Phänomen »Magnet-Kugelkette« vielfältige Untersuchungspfade und darüber hinaus auch für die Teilnehmer befriedigende Ergebnisse auf unterschiedlichen

Anspruchsniveaus bietet. Beispielsweise lässt sich die Frage nach der Erhaltung der Energie in diesem Zusammenhang durch rein qualitative Experimente und/oder Überlegungen beantworten. Komplexere Fragestellungen, die insbesondere das Rollverhalten der Kugeln mit einbeziehen, erfordern jedoch deutlich komplexere Untersuchungsmethoden und Überlegungen (siehe dazu Braun, 2009). Allerdings legen wir besonderen Wert darauf, dass sich die Lernenden selbst für den einen oder anderen Untersuchungspfad entscheiden, und deshalb ist es in unserem Sinn, wenn verschiedene Gruppen zu unterschiedlichen Erklärungen auch auf unterschiedlichen Anspruchsniveaus kommen.

## 6. Zusammenfassung

Aus unserer Sicht sollte der Experimentalunterricht unter anderem so ausgelegt sein, dass

– Lernende sich selbstständig mit physikalischen Phänomenen auseinandersetzen können
– diese Phänomene zu kreativen Untersuchungsmethoden herausfordern
– dadurch die physikalische Beobachtungsgabe der Lernenden geschult wird und
– die Lernenden eigene Untersuchungsziele formulieren und diese mithilfe geeigneter experimenteller Strategien verfolgen können.

In dieser Hinsicht hat sich das Phänomen Magnet-Kugelkette (neben weiteren im Rahmen einer Dissertation, s. Braun, 2009, untersuchten Ausgangsphänomenen) in der universitären Ausbildung künftiger Physiklehrer und Physiklehrerinnen und in der Weiterbildung bereits im Beruf stehender Lehrerinnen und Lehrer als erfolgreich erwiesen. Wir halten es deshalb für lohnend, das Konzept von LOFEX weiter auszubauen. Wir hoffen, dadurch zu einer Verbesserung des experimentellen Unterrichts beizutragen, dass wir zusammen mit Lehrerinnen und Lehrern für den Einsatz in der Schule geeignete Ausgangsphänomene suchen und die Möglichkeiten ihres Einsatzes im Schulunterricht erproben.

## Literatur

Allchin, D (2003): Scientific myth-conceptions. In: Science Education 87, S. 329–351.

Braun, T. (2009): Offene Experimente in der Lehramtsausbildung – Analyse physikalischer Phänomene für eine naturwissenschaftliche Experimentierweise. Dissertation: Universität Duisburg-Essen.

Carter, V. (1973): Dictionary of education. New York: McGraw Hill.

Domin, D.S. (1999): A review of laboratory instruction styles. In: J. Chemical Education Research. 76, S. 543–547.

Hacking, I. (1996): Einführung in die Philosophie der Naturwissenschaften. Stuttgart: Reclam.

Heidelberger, M. (1998): Die Erweiterung der Wirklichkeit im Experiment. In: Heidelberger, M. & Steinle, F.: Experimental Essays. Baden-Baden: Nomos. S. 71–93.

Hentschel, K. (2000): Historische Anmerkungen zum Verhältnis von Experiment, Instrument und Theorie. In: Meinel, C. (Hrsg.): Instrument – Experiment: Historische Studien. Berlin, Diepholz: Verlag für Geschichte der Naturwissenschaften und der Technik, S. 13–51.

Höttecke, D. (2001): Die Vorstellungen von Schülerinnen und Schülern über die Natur der Naturwissenschaften. In: Zeitschrift für Didaktik der Naturwissenschaften 7, S. 7–23.

Höttecke, D. (2008): Was ist Naturwissenschaft? Physikunterricht über die Natur der Naturwissenschaften. In: Unterricht Physik 19/103, S. 4–8.

Höttecke, D. & Rieß, F. (2007): Rekonstruktion der Vorstellungen von Physikstudierenden über die Natur der Naturwissenschaften. In: Physik und Didaktik in Schule und Hochschule 6/1, S. 1–14.

Hucke, L. (2000): Handlungsregulationen und Wissenserwerb in traditionellen und computerunterstützten Experimenten des physikalischen Praktikums. Berlin: Logos.

Kagan, D. (2004): Energy and momentum in the gauss accelerator. In: Physics Teacher 42, S. 14–26.

Kirschner, P.A. (1992): Epistemology, practical work and academic skills in science education. In: Science and Education 1, S. 273–299.

KMK, Sekretariat der Ständigen Konferenz der Kultusminister der Länder in der Bundesrepublik Deutschland (Hrsg.) (2005): Bildungsstandards im Fach Physik für den mittleren Schulabschluss. München, Neuwied: Luchterhand.

Lunetta, V.N. (1998): The school science laboratory: Historical perspectives and contexts for contemporay teaching. In: International Handarticle of Science Education, Pt 1, S. 249–262.

Marshall, R. (2002): A practical guide to open ended coursework investigations. In: Physics Education 37/5, S. 376–380.

McComas, W.F. & Almazora, H. (1998): The nature of science in science education: An introduction. In: Science and Education 7, S. 511–532.

Meyling, H. (1997): How to change student's conceptions of the epistemology of science. In: Science and Education 6, S. 397–416.

Moreira, M.A. (1980): A non-traditional approach to the evaluation of laboratory instruction in general physics courses. In: European Journal of Science Education 2/4, S. 441–448.

Ruickoldt, G. (1996): Ergebnisse einer Umfrage zum Physikalischen Praktikum. In: Physikalische Blätter 52/10, S. 1022–1024.

Suhr, W. (2002): Stellung und Zielsetzung des Experimentalpraktikums in der Physikausbildung. In: DPG-Frühjahrstagung Didaktik der Physik, Berlin: Lehmanns Media (Tagungs-CD der Deutschen Physikalischen Gesellschaft).

Toothacker, W.S. (1983): A critical look at introductory laboratory instruction. In: American Journal of Physics 51/6, S. 516–520.

Welzel, M. et al. (1998): Ziele, die Lernende mit dem Experimentieren in der naturwissenschaftlichen Ausbildung verbinden – Ergebnisse einer europäischen Umfrage. In: Zeitschrift für Didaktik der Naturwissenschaften 4/1, S. 29–44.

# Das Politik-Labor

## Forschendes Lernen in der Politischen Bildung

von Dirk Lange und Inken Heldt

Forschendes Lernen in der Politischen Bildung findet statt, wenn Lernende auf konkrete Problem- und Fragestellungen aufmerksam werden, diese formulieren und zur Lösung methodisch reflektiert neues Wissen über einen Ausschnitt der sozialen Realität einholen (vgl. Lange, 2009). Die Diskussion der gewonnenen Erkenntnisse innerhalb der Lerngemeinschaft ist ebenso Bestandteil des forschenden Lernens wie das Sichtbarmachen und Begründen des eigentlichen Forschungsvorgangs. Forschendes Lernen zielt auf einen Dreiklang aus Erkenntnis, Reflexion und Verständnis: Neben dem Gewinn selbst erschlossenen Wissens ist die Fähigkeit zentral, eigene und von anderen gewonnene Erkenntnisse kritisch einzuordnen und exemplarisch die Entstehung von Wissen zu erfahren. Dazu gehört die Einsicht, dass wissenschaftliche Erkenntnis hinterfragbar und nur begrenzt gültig ist. Erst ein solchermaßen kritisch-reflexiver Umgang mit Wissenschaft erlaubt es Schülerinnen und Schülern, die legitimatorische Beanspruchung von Forschungsergebnissen in politischen Kontroversen zu dechiffrieren.

Forschendes Lernen steht in inhaltlicher Nähe zu »entdeckendem Lernen«, »problemorientiertem Lernen« und »Projektlernen«. Gemeinsam ist diesen Zugängen ein Verständnis von Lernen, bei dem der Lernende aktiv, selbstbestimmt und selbstverantwortlich Lernwege erprobt und reflektiert. Die Ansätze bilden damit einen Gegensatz zum rein rezeptiven Lernen, bei dem die dargebotenen Inhalte aufgenommen, gespeichert und bei Bedarf wiedergegeben werden (Bönsch, 1991). In aktuellen wissenschaftlichen Begründungen wird forschendes Lernen nicht mehr in Konkurrenz zu anderen Lernformen gesehen. Zur Einordnung in den Gesamtrahmen des schulischen Unterrichts ist es vielmehr wichtig, von einer »konstruktiven Dialektik« (Bönsch) vermittelnden Unterrichts und forschenden Lernens auszugehen.

Von der Lehrkraft verlangt forschendes Lernen ein spezifisches Rollenverständnis. Die Lehrperson agiert nicht als Wissensvermittler, sondern wird zum »Arrangeur einer anregenden Lernumgebung« (Detjen, 2005). Ihr Auftrag besteht im Entwickeln von Fragen, im Strukturieren und Verweisen auf andere methodenkundige Personen. Um Validität zu sichern, kann auf Instruktion und inhaltliche Moderation aber nicht völlig verzichtet werden.

Schultheoretische und politische Begründungszusammenhänge legen ebenso wie lernpsychologische Überlegungen einen verstärkten Einsatz von forschendem Lernen in der Politischen Bildung nahe. Ein demokratischer Staat basiert auf der Mündigkeit seiner Bürgerinnen und Bürger. Die dafür notwendigen Kompetenzen entwickeln sich aber nicht naturwüchsig. Die Schule hat die Aufgabe, Erfahrungsräume für die demokratische Erprobung und Entfaltung zur Verfügung zu stellen. Forschendes Lernen vereint eine außerschulische Öffnung mit der Partizipation an gesellschaftlichen Problemlösungen. Hierin liegen Chancen für die Entwicklung erfahrungsbasierter, demokratischer Handlungs- und Urteilskompetenzen (Lange, 2005).

Zu den lernpsychologischen Vorteilen des forschenden Lernens zählt die Förderung des Zusammenspiels von theoriebasiertem Denken und praktischem Tun, von Reflexion und Aktion. Gegenüber rezeptiven Lernformen werden Selbstständigkeit und intrinsische Motivation gefördert, Behaltens- und Transferleistungen verbessert. Das heuristisch Entdeckte wird in hohem Grade zu nachhaltigem, weil situiertem Wissen und steht zum Transfer auf neue Gegenstände bereit (Detjen, 2005).

## Probleme des politischen Alltags

Für den Prozess der Aneignung beim forschenden Lernen ist die Problembewältigung relevant. Sie beschreibt, wie ein Lerngegenstand verinnerlicht wird. Die Entwicklung einer Problemlösung ist nicht als ein Abruf geschlossener Einheiten aus den kognitiven Strukturen zu verstehen. Sie stellt vielmehr einen situationsabhängigen Konstruktionsprozess dar. Das erforderliche Wissen muss durch die aktive Anpassung von bestehenden und durch die Erweiterung auf noch zu erschließende Strukturen konstruiert werden (Euler, 2005). Als eine denkende Verarbeitung von Erfahrungen findet der politische Lerngegenstand einen je individuellen Weg in das Bürgerbewusstsein des Lernenden. Die mentalen Modellierungen des Bürgerbewusstseins dienen der individuellen Orientierung in Politik, Wirtschaft und Gesellschaft und ermöglichen es dem Menschen, vorgefundene Phänomene zu beurteilen und handelnd zu beeinflussen (Lange, 2008). Das forschende Lernen ist in besonderer Weise geeignet, Denk- und Urteilsfähigkeiten anzuregen, die zu einer subjektiv – potenziell auch objektiv – neuartigen Deutung der politischen Wirklichkeit führen. Die dabei zu erlernenden politischen Kenntnisse und Kompetenzen sind nicht lehrgangsartig portioniert, sondern werden »in praxi« angeeignet. Sie entspringen der forschenden Auseinandersetzung mit der politisch-gesellschaftlichen Wirklichkeit. Im Prozess der Verinnerlichung bildet, hinterfragt und verändert der Lernende seine Vorstellungen über Politik. Die dabei entwickelten Begriffe, Konzepte und Kategorien sind eine Voraussetzung für die Analyse, Beurteilung und Bewertung von Politik.

Ein leitendes Prinzip forschenden Lernens stellt die Problemorientierung dar. Sie dient dem übergreifenden didaktischen Ziel, Lernende zu eigenständigen und vertieften Denk-, Urteils- und Handlungsprozessen zu animieren. Hierzu sollte das Lernen an subjektiv bedeutsamen Frage-, Aufgaben- und Problemstellungen ausgerichtet werden. Dadurch wird angelegt, dass politisches Lernen in der Schule dem Erkennen und der Bewältigung von Praxisproblemen in der politisch-gesellschaftlichen Wirklichkeit dient (vgl. Lange, 2008). Im Konzept des forschenden Lernens dienen praktische Probleme als Ausgangspunkte einer explorativen, methodengeleiteten Erarbeitung von theoriebasierten Problemlösungen (vgl. Euler, 2005). Daraus leitet sich ein Prinzip ab, das gleichermaßen für authentische Forschungssituationen und das didaktische Prinzip des forschenden Lernens gilt: Forschung bringt selbst Fragen hervor und lässt sich nicht auf eine Technik zur Bearbeitung von an sie herangetragenen Problemen reduzieren. Auch dort, wo sie sich der gesellschaftlichen Wirklichkeit annimmt, müssen die vorgefundenen Probleme durch den Lernenden in zur Erforschung geeignete Fragestellungen überführt werden.

Gelernt wird nicht nur für das Leben, sondern auch in ihm. In diesem Sinne ist die Lebenspraxis im Konzept des forschenden Lernens nicht nur Gegenstand einer distanzierten intellektuellen Reflexion, sondern auch ein Ort der Erfahrung. Ein Ort, der bewusst aufgesucht wird, um in ihm Probleme zu bearbeiten. Ausgangspunkt des forschenden Lernens in der politischen Bildung ist also eine problemhaltige Situation, die der Lebenswelt der Lernenden entspringt. Wissenschaftliche Theorien sind in diesem Kontext Hilfsdisziplinen, die zum besseren Verständnis der Bedingungen beitragen und zur rationalen Entwicklung von Lösungsstrategien anleiten (Euler, 2005). Aus den »hier und jetzt anfallenden Erkenntnisbedürfnissen« der Schülerinnen und Schüler muss »die Nützlichkeit wissenschaftlicher Systematik« hervorgehen (von Hentig, 1973).

Forschendes Lernen in der Politischen Bildung setzt ein Politikverständnis voraus, das nicht auf den Staat fixiert, sondern auch im Alltag verortet ist. Zu beachten ist, dass die Unmittelbarkeit eines lebensweltlichen Forschungsgegenstandes allzu leicht zur unkritischen Identifikation mit den Objekten der Forschung einlädt. Reflektierte Forschung basiert aber auf der Distanz zwischen dem Forscher und seinem Gegenstand. Es handelt sich dabei um eine Fähigkeit, die bei Schülerinnen und Schülern nicht vorausgesetzt werden darf. Sie muss im forschenden Lernprozess selbst erworben werden. Auch darf das Prinzip der Alltagsorientierung nicht mit trivialen und entpolitisierenden Lebensweltbezügen gleichgesetzt werden, sondern muss theoretisch so aufgeladen werden, dass es die Bedingtheit und Beschränktheit von Politik und Alltag erfasst. Der Alltag muss als ein Handlungsfeld wahrgenommen werden, in dem verschiedene Akteure am Prozess der Herstellung allgemeiner Verbindlichkeit beteiligt sind. Dabei können politische Projekte in ihren Auswirkungen ebenso erforscht werden wie das Einwirken politischer Phänomene auf den Alltag. Nicht nur gegenständlich, sondern auch räumlich orientiert sich forschendes Lernen am Alltag. Mögliche außerschulische Lernorte wie Bibliotheken, Universitäten, Archive, Stadtteile, politische Institutionen, Verbände und Erinnerungsorte befinden sich im regionalen Einzugsbereich der Lernenden. Der Alltag ist ein unerschöpfliches Reservoir für konkrete Materialien und Probleme, die forschend und schülergerecht bearbeitet werden können.

## Forschendes Lernen im Politik-Labor

Wie lassen sich die theoretischen Postulate des forschenden Lernens in der Politischen Bildung praktisch umsetzen? Dieser Frage soll im Folgenden anhand eines konkreten Beispiels nachgegangen werden. Das Politik-Labor der Agora Politische Bildung an der Carl von Ossietzky Universität wurde als ein außerschulischer Ort des forschenden Lernens konzipiert. Er zielt darauf, Schülerinnen und Schülern der Sekundarstufe II einen aktiven Zugang zu sozial- und geisteswissenschaftlicher Forschung zu eröffnen und damit forschendes Lernen im Rahmen der Politischen Bildung praktizierbar zu machen.

Der thematische Horizont des Politik-Labors orientiert sich einerseits an den Bildungsplänen der Oberstufe, andererseits sollen als Erweiterung der Kerncurricula gegenstandsorientierte Angebote die Palette schulischen Lernens ergänzen. Bisher wurden erfolgreich Politik-Labore zu den Themenbereichen Europa und Globalisierung entwickelt und angewandt. Die Bandbreite der von Schülerinnen und Schülern entwickelten Forschungsfragen zum Thema Europa ist groß: Sind die von der EU ergriffenen Maßnahmen zum Klimaschutz sinnvoll und ausreichend? Welche Vorurteile über das EU-Beitrittsgesuch der Türkei bestehen in der Bevölkerung? Kann die europäische Asyl- und Flüchtlingspolitik ethisch gerechtfertigt werden? Auch im Themenlabor Globalisierung wird vielseitigen Forschungsfragen nachgegangen: Sollte die FIFA der Transferpolitik von Fußballspielern Grenzen setzen? Inwiefern beeinflusst Globalisierung den deutschen Arbeitsmarkt? Welche Entwicklung hat die grenzüberschreitende Kriminalität genommen? In Vorbereitung sind die Themenfelder Demokratie, Medien und Nachhaltigkeit.

Der Konzeption des Politik-Labors liegt ein offener Politikbegriff zugrunde. Dieser umfasst unterschiedliche Aspekte des gesellschaftlichen Zusammenlebens und integriert verschiedene sozialwissenschaftliche Lernfelder wie das politische, das historische, das soziale, das ökonomische und das kulturelle Lernen. Das Politik-Labor nimmt diese Lernfelder auf und bietet die Möglichkeit, zu bestimmten Lerngegenständen mit den Methoden der Bezugswissenschaften zu forschen. Schülerinnen und Schüler lernen so den Wert komplementierender Perspektiven für die Lösung gesellschaftlicher Problemstellungen kennen.

Der dem forschenden Lernen immanente Anspruch der Wissenschaftsorientierung verlangt, dass das Vorgehen der Lernenden analog den Phasen eines Forschungsprozesses systematisiert und mit sozialwissenschaftlichen Methoden umgesetzt wird. Dokument- und Inhaltsanalysen, Interviews und Umfragen sowie Expertenbefragungen gehören zu den etablierten Instrumenten sozialwissenschaftlicher Forschungspraxis (vgl. Detjen, 2005) und kommen im Politik-Labor regelmäßig zum Einsatz. Als Orientierungshilfe stehen jedem Lernenden ein Leitfaden zu Forschungsschritten sowie ein Methodenhandbuch mit schülergerechten Erklärungen der wichtigsten sozialwissenschaftlichen Methoden zur Verfügung. Solange die gewählten Methoden wissenschaftlich verantwortbar bleiben, kann eine Reduktion ihrer Komplexität lernförderlich sein. Oftmals ist die Wahl und kundige Anwendung der Verfahren von den Schülerinnen und Schülern jedoch allein nicht zu leisten. Selbstverantwortlich entscheiden die Lernenden, ob und wie sie Rat und Hilfestellungen in Anspruch nehmen. Für alle inhaltlichen, methodischen und organisatorischen Fragen stehen an strategischen Anlaufstellen auf dem Campus studentische Tutorinnen und Tutoren zur Verfügung. Außerdem beraten wissenschaftliche Mitarbeiterinnen und Mitarbeiter des Instituts für Sozialwissenschaften, die das Politik-Labor organisieren, begleiten und moderieren. Dabei treten sie nicht als Repräsentanten eines für wichtig gehaltenen Lernstoffs auf, sondern fordern Schülerinnen und Schüler dazu auf, aus Interesse, aus Neugierde und produktiver Fragehaltung heraus zu lernen (vgl. Bönsch, 1991).

Für die im Politik-Labor entwickelten Lernarrangements sind die Wege des Erkenntnisgewinns wichtiger als die Forschungsergebnisse. So kann forschendes Lernen einen Beitrag zur Wissenschaftspropädeutik leisten, ohne dass die von Schülerinnen und Schülern entworfenen Forschungsvorhaben den Standards wissenschaftlicher Forschungsprojekte voll entsprechen müssen. In einem organisierten Arbeitsrhythmus zwischen 9 und 16 Uhr werden im Politik-Labor die grundlegenden Schritte des Forschens durchgeführt. Zur Optimierung des Lernprozesses erhalten die Lernenden zunächst eine praxisorientierte Einführung in die wesentlichen Prinzipien und Phasen einer Forschungsarbeit. Diese findet im Vorfeld im Rahmen eines Unterrichtsbesuches statt.

Forschendes Lernen setzt bei den Lernenden Neugier voraus. Ausgangspunkt der ersten, sogenannten diagnostischen Phase des Politik-Labors bildet deshalb ein »Aggregat von Lernanregungen« (Bönsch, 1991), also Motivationsansätze in Form von audiovisuellen Impulsen wie Grafiken, Fotos, Karikaturen und Zeitungsartikeln. Die Lernmaterialien zielen auf die Entwicklung heuristischer Lernmotive, sie verweisen auf vielfältige Teilaspekte des dem Politik-Labor übergeordneten thematischen Horizonts. Auf diese Phase folgt die selbstständige Erarbeitung einer forschungsleitenden Fragestellung durch die Lernenden. Interessensorientiert ordnen sich die Schülerinnen und Schüler hierfür bis zu sechs unterschiedlichen Kleingruppen zu, in der je eine andere fachliche Perspektive auf das Oberthema eingenommen wird. Relevante Bezugswissenschaften sind z. B. Soziologie, Politikwissenschaft, Wirtschaftswissenschaft, Umweltwissenschaft, Philosophie und Geschichte. Als Grundlage aller weiteren Schritte ist die entwickelte Forschungsfrage zentral. Anzustreben ist eine Sensibilisierung der Schülerinnen und Schüler für die Notwendigkeit, ihre Ideen im Sinne wissenschaftlicher Arbeitsweise zu systematisieren und ihr Vorgehen im Zweifelsfall mit den Experten des Politik-Labors abzustimmen.

Im Forschungsprozess können die Schülerinnen und Schüler die gesamte Infrastruktur der Universität nutzen, ein Computerraum mit Internetzugang steht ebenso zur Verfügung wie Videokameras und Transkriptionsgeräte zur Dokumentation von Interviews. Wissenschaftliche Mitarbeiterinnen und Mitarbeiter unterschiedlicher Fachdisziplinen halten sich für Expertengespräche und Interviews bereit. Die letzte Phase des Lernprozesses im Politik-Labor bildet die Veröffentlichung der Forschungsergebnisse im Klassenplenum, etwa in Form von PowerPoint-Präsentationen oder Wandzeitungen. Der Forschungsprozess muss inhaltlich und methodisch im Sinne wissenschaftlicher Vorgaben sichtbar gemacht und reflektiert werden, alternative Strategien zur Erforschung müssen aufgezeigt und diskutiert werden (vgl. Ziegler und Jung, 2007). Der in der Diskussionsgemeinschaft entstehende Ideenaustausch stellt einen Prozess kommunikativer Erkenntnisgewinnung dar.

Bisherige Evaluationen zeugen von einer positiven Lernerfahrung der Schülerinnen und Schüler. Während die Teilnehmerinnen und Teilnehmer die Freiheit wissenschaftlichen Arbeitens und den Prozesscharakter des Forschens im Kontrast zum ergebnisorientierten Lernen in der Schule besonders würdigen, verweist das Politik-Labor aber auch auf einen Zielkonflikt an der Schnittstelle zwischen entdeckendem Lernen und forschendem Lernen. Dort, wo der Lernprozess analog den Kriterien wissenschaftlichen Arbeitens gestaltet sein soll und auf die Aneignung von Normen wissenschaftlicher Forschungspraxis zielt, muss sich Selbstbestimmung den normierenden Vorgaben der Wissenschaft unterwerfen (Ziegler und Jung, 2007). Eine Abwägung zwischen verstärkter wissenschaftspropädeutischer Anleitung und der Förderung selbstgesteuerter Lernerfahrung wird unumgänglich.

### Literatur

Bönsch, M. (1991): Variable Lernwege. Ein Lehrbuch der Unterrichtsmethoden. Paderborn: Schöningh.

Detjen, J. (2005): Forschend lernen. In: Sander, W. (Hrsg.): Handbuch politische Bildung. Bonn: Bundeszentrale für Politische Bildung, S. 565–576.

Euler, D. (2005): Forschendes Lernen. In: Spoun, S., Brüggenbrock, C. & Wunderlich, W. (Hrsg.): Studienziel Persönlichkeit. Beiträge zum Bildungsauftrag der Universität heute. Frankfurt am Main: Campus, S. 253–275.

von Hentig, H. (1973): Schule als Erfahrungsraum? Eine Übung im Konkretisieren einer pädagogischen Idee. Stuttgart: Ernst Klett.

Lange, D. (2005): Forschendes Lernen in politischen Projekten. In: Reinhardt, V. (Hrsg.): Projekte machen Schule. Projektunterricht in der politischen Bildung. Schwalbach/Ts: Wochenschau, S. 68–76.

Lange, D. (2008): Bürgerbewusstsein. Sinnbilder und Sinnbildungen in der Politischen Bildung. In: GWP 3/2008, S. 431–439.

Lange, D. (2009): Historisch-politische Didaktik. Zur Begründung historisch-politischen Lernens. 2. Aufl. Schwalbach/Ts.: Wochenschau.

Ziegler, B., Jung, M. (2007): Politik erforschen. In: Lange, D. (Hrsg.): Strategien der Politischen Bildung. Basiswissen Politische Bildung, 2. Baltmannsweiler: Schneider Vlg. Hohengehren, S. 72–84.

# Forschendes Lernen: Impulse zur Klärung fachlicher Schwerpunkte

*von Rudolf Messner*

Forschendes Lernen wird nicht nur an den deutschen Hochschulen – dem Ursprungsort des durch Humboldt kreierten Prinzips – angesichts der Modularisierung der Studienpraxis und ihrer Folgen eingefordert. Auch in den schulischen Bildungsdebatten taucht das Thema forschendes Lernen verstärkt auf. Die Gründe dafür sind vielfältig. Im Gefolge der schulvergleichenden Systemanalysen wie TIMSS und PISA ist deutlich geworden, dass Unterricht kognitiv herausfordernder gestaltet und mehr auf den individuellen Lernprozess der einzelnen Schülerinnen und Schüler ausgerichtet werden sollte. Beides wird vom forschenden Lernen erhofft. Dazu kommen zahlreiche Initiativen, Unterricht im Sinne selbstständigkeitsfördernder Arbeitsformen zu intensivieren, beispielsweise durch Methodentraining, aufgabenbasierte Lernumgebungen oder die Aktivierung von Arbeits- und Kontrollstrategien der Lernenden. Diese »Methodenoffensive« hat längst auch den Oberstufenunterricht erreicht. Dort verbindet sich damit die Erwartung, das wissenschaftsorientierte Programm durch forschendes Lernen besser erreichen zu können. Bei der Verwirklichung einer »wissenschaftspropädeutischen Grundbildung« im Sinne der Richtlinien der Kultusministerkonferenz (vgl. KMK, 1977) hat die Praxis des stofflich oft überfrachteten Gymnasialunterrichts eine bis heute nicht abgegoltene beträchtliche »Bringschuld« abzuleisten. Dabei spielen Arbeits- und Kooperationsformen, wie sie sich für Schüler und Lehrer oft erst durch die Teilnahme an Schülerwettbewerben, z.B. Jugend forscht, realisieren lassen, eine entscheidende Rolle (vgl. Fauser und Messner, 2007).

Längst sind aber nicht alle mit dem Ruf nach forschendem Lernen verbundenen Fragen hinreichend geklärt, seien sie konzeptioneller, fachli-

## ANSÄTZE IN DEN FACHDISZIPLINEN

cher oder praktischer Art. Dies gilt auch für die Frage, wie forschendes Lernen in den einzelnen Schulfächern verwirklicht werden soll. Was macht das jeweilige Profil aus? Lassen sich Gemeinsamkeiten finden? Welches sind die unterscheidenden Merkmale?

Es scheint nicht sinnvoll, forschendes Lernen in seiner Eigenart für sämtliche in der Schule auftretende Fächer in spezifischer Weise zu charakterisieren. In einer Schrift des Hessischen Kultusministeriums werden für die gymnasiale Oberstufe, angefangen von Deutsch, Fremdsprachen, Musik und Kunst über Geschichte, Politik, Wirtschaft, Sozialwissenschaften und Philosophie bis zu Mathematik, den Naturwissenschaften, der Informatik und anderen, schon in den 90er-Jahren bis zu 20 Einzelfächer genannt (Hessisches Kultusministerium, 2003). Wie kann angesichts dieser Vielfalt Klarheit gewonnen werden, was forschendes Lernen bei einzelnen fachlichen Themen jeweils bedeutet? Weder ist davon auszugehen, dass eine eindeutige Zuordnung von Einzelfach und Wissenschaftstyp existiert, noch ist anzunehmen, dass sich das Profil des forschenden Lernens in jedem der 20 Fächer unterscheidet.

Der Vorschlag, der im Folgenden zur näheren Prüfung unterbreitet wird, geht auf die Zusammenarbeit mit dem Frankfurter Geisteswissenschaftler Horst Rumpf und dem phänomenologisch orientierten Heidelberger Chemiedidaktiker Peter Buck zurück. In Weiterführung unseres gemeinsam entwickelten Ansatzes sollen *fünf Wissensarten* unterschieden werden. Jede von ihnen kann Gegenstand forschenden Lernens sein und bestimmt in spezifischer Weise seine Eigenart und die jeweils erforderliche Methodik. Für einzelne Fächer können mehrere der genannten Wissensarten relevant sein. Es ist die Aufgabe der Fachdidaktik der Schulfächer, das spezifische Profil des forschenden Lernens in ihnen herauszuarbeiten.

Im Einzelnen wird unterschieden (vgl. Messner, Rumpf und Buck, 1997):

1. das logisch-mathematische Strukturwissen
2. das erklärende Wissen der modernen Natur- und Sozialwissenschaften
3. das verstehend-hermeneutische Wissen der Geisteswissenschaften

4. das lebenspraktische Umgangswissen sowie
5. das ästhetische Wahrnehmungs- und symbolhafte Gestaltungswissen.

Im Folgenden können nur einige Grundzüge dieser Wissensformen erläutert werden. Sie sollen den Anfang einer Diskussion und einer weiterführenden Konkretisierung markieren, die in großen Teilen erst zu leisten ist. Im Hintergrund der Ausführungen steht die These, dass der schulische Bildungsprozess erst komplett wird, wenn junge Menschen die wissenschaftlichen Zugänge zur Wirklichkeit im vollen Umfang der hier angedeuteten Perspektiven erfahren. Dies gilt es auch dem Bildungskonzept von PISA – bei allen sonstigen Verdiensten – ins Stammbuch zu schreiben. In ihm sind bislang die geistes- und sozialwissenschaftlichen Dimensionen, von den ästhetischen ganz zu schweigen, viel zu kurz gekommen.

Begonnen sei mit der Wissensform 2, dem **erklärenden Wissen der modernen Natur- und Sozialwissenschaften.**

An jedem Schulbuchauszug kann man sich die Struktur eines solchen Wissens vergegenwärtigen. In einem Physikbuch für die Sekundarstufe wird das Archimedische Gesetz wie folgt erläutert:

»Der Auftrieb in Flüssigkeiten [...] Wir wägen einen Körper in der Luft und senken ihn dann an dem Kraftmesser in ein mit Wasser gefülltes Überlaufgefäß. Der Kraftmesser zeigt immer weniger an, je tiefer der Körper eintaucht. Ist er aber einmal ganz unter Wasser, ändert sich die Kraftanzeige nicht mehr. Die scheinbare Verminderung der Gewichtskraft hängt also davon ab, mit welchem Volumen sich der Körper im Wasser befindet. Vergleicht man den Gewichtskraftverlust mit der Gewichtskraft der verdrängten Flüssigkeit, so findet man [...]: *Ein eingetauchter Körper verliert scheinbar so viel an Gewichtskraft, wie die verdrängte Flüssigkeit wiegt (Archimedisches Gesetz). Scheinbarer Gewichtskraftverlust = Wichte x Volumen der verdrängten Flüssigkeit:* $F_A = y \cdot V$.«

Dickerson und Geis beginnen in ihrem Lehrbuch der Chemie die Darstellung des »idealen Gasgesetzes« wie folgt (1986, 24): »Das Boylsche Gesetz beschreibt die Beziehung zwischen Druck und Volumen, wenn die Temperatur konstant gehalten wird. Charles' Gesetz gibt die Beziehung

## ANSÄTZE IN DEN FACHDISZIPLINEN

zwischen Volumen und Temperatur an, wenn der Druck konstant ist. Wir können diese beiden Gesetze zum idealen Gasgesetz verbinden ...«

Schon diese wenigen Sätze genügen, um in Erinnerung zu rufen, dass in den Naturwissenschaften der Wissenserwerb darauf abzielt, gesetzmäßige Zusammenhänge zwischen Faktoren und Größen zu ermitteln. Diese werden aus Naturgegebenheiten gedanklich und experimentell herauspräpariert. Das leitende Interesse ist eine möglichst klare, stimmige und nachprüfbare theoretische Erklärung von Naturvorgängen sowie die prognostische Verfügbarkeit über sie. Die Kodierung des naturwissenschaftlichen Wissens tendiert zur Quantifizierung, zur Herstellung von Eindeutigkeit und zur Kontextunabhängigkeit. Situativ-einfühlende Momente haben hier keinen Platz.

Forschendes Lernen bedeutet in der Regel, im gewählten Sachgebiet den von der Naturwissenschaft vorgegebenen Erkenntnisweg subjektiv nachzuvollziehen. Das Muster dafür liefert die Arbeitsform des Experimentierens. Man muss sich zunächst theoretisch mit einem Themenbereich auseinandersetzen, dann eine Fragestellung entwickeln und ein operatives Verfahren finden, mit dessen Hilfe zu den formulierten Hypothesen gezielt Beobachtungen gesammelt, mit Bezug zur Theorie ausgewertet und eventuell quantifiziert dargestellt werden können.[1]

Eine auf Erklärung, Verallgemeinerung und Beherrschbarkeit von Realität zielende Arbeitsweise ist heute auch für weite Bereiche der Sozialwissenschaften, nämlich deren empirischen Teil, das Maß aller Dinge. Es lassen sich dazu attraktive Forschungsaufgaben für die Schule entwickeln. Ein Beispiel aus der mir nahestehenden Leseforschung wäre die Überprüfung der Effektivität neuer Methoden zur Steigerung der Leseflüssigkeit schwächerer Schüler. Gewählt werden könnte etwa die Methode des »Begleitenden Lautlesens«, wie sie der amerikanische Leseforscher Keith Topping als »Paired Reading« entwickelt hat. Ein Vierzehnjähriger mit Leseschwächen bildet gemeinsam mit einem guten Leser ein »Lautlese-Tandem«. Der gute Leser übernimmt dabei durch planmäßig eingesetzte helfende Korrekturen eine Tutorenfunktion. Überprüft werden kann, ob und wie sich die erwarteten Steigerungen auf die »Fluency« von Schülern auswirken (vgl. Rosebrock und Nix, 2008, S. 42f.). Zahllose andere Projekte aus dem weiten Bereich der Sozialwissenschaften wären denkbar, z. B. zu den sozialen Folgen des Klimawandels in Afrika, zur Solidarität innerhalb und zwischen den Generationen, zu kulturellen Interessen von Jugendlichen.

In allen diesen Fällen wird jedoch auch deutlich, dass sich – Stichwort bildender Umgang mit Welt – die Schule, so wichtig dieser Wissenstyp sein mag, nicht auf ein von persönlichen und sozialen Kontexten losgelöstes Forschen im Sinne des erklärenden Wissens beschränken darf.

Damit sind wir beim Aufgabengebiet der geisteswissenschaftlichen Forschung angelangt bzw. beim Wissenstyp 3, dem **verstehend-hermeneutischen Wissen der Geisteswissenschaften**.

Ein Forschungsbeispiel aus dem Bereich der Oberstufe ist z. B., wenn eine Schülergruppe sich das Ziel setzt, das kulturelle Selbstverständnis türkischer Mädchen und die daraus entstehenden Identitätskonflikte zu untersuchen. Sie entstehen dadurch, dass ihre Familien sich mehr oder weniger durch die Scharia, d. h. eine religiös bedingte, aus dem Koran abgeleitete Gesetzgebung gebunden fühlen. Diese führt zu deutlichen Unterschieden in der Wertigkeit von Mann und Frau und zu Eheregelungen, die im Widerspruch zur deutschen Gesetzeslage stehen. Ein anderes Forschungsthema, auf das ich in Gesprächen mit deutschen Jugendlichen in Umbrien aufmerksam geworden bin, stammt aus dem Bereich der Geschichte und gilt den gewaltigen, bis zu 25 Meter hohen megalithischen Hohlwegen, welche in ihrem Kernland die Etrusker vor mehr als 2000 Jahren in großer Zahl und Ausdehnung in die Tuffsteinfelsen gehauen haben (vgl. Feo, 2007). Welche Rolle spielte dabei das Wasser, das von diesen Einschnitten aufgefangen und gebändigt werden konnte? Welche religiösen Vorstellungen von dem der Erde zugehörigen Totenreich, das sich auf diesen Wegen rituell begehen ließ, waren maßgebend? Welcher Zusammenhang besteht zwischen den Hohlwegen und den später dort untergebrachten Tomben, betrachtet als Wohnungen der Toten? Was bedeuten die an den Wänden der Hohlwege in den Stein geschlagenen Symbole? Wenn Schülerinnen und Schüler derartige Fragen der Geschichte forschend bearbeiten, geschieht ein solches historisches Lernen, so Huhn

(1994), in prinzipieller Analogie zur Arbeit von Historikern. Wie diese gilt es, aus der Auswertung aller verfügbaren Quellen die Besonderheit des Vergangenen zu ermitteln, dabei aber nie zu vergessen, dass Geschichte nie eindeutig und objektiv beschreibbar ist, sondern »immer auch einen Diskurs über die Zukunft unserer Gesellschaft« darstellt (Huhn, 1994, S. 26).

Zwei sehr unterschiedliche Beispiele. Und doch wird an ihnen gleichermaßen deutlich, dass die verstehend-hermeneutische Erkenntnis nach den subjektiven und gesellschaftlichen Motivationen und Sinnzusammenhängen von Sachverhalten und kulturellen Gegebenheiten fragt. Die untersuchten Phänomene werden immer in Zusammenhang mit menschlichen Bewusstseins- und Sinnwirklichkeiten gebracht, seien es die bei Muslimen der zweiten Generation vor allem in der Biografie von Mädchen auftretenden Integrationskonflikte oder die noch in der Steinzeit wurzelnden magischen Praktiken eines ausgestorbenen antiken Volkes. Bei der Erforschung solcher Phänomene geht es nicht in erster Linie um gesetzmäßige Generalisierung, sondern um die spezifische Einzigartigkeit von Ereignissen. Es handelt sich um kulturelle Objektivationen, deren Verständnis nicht nur die Mobilisierung von Intellektualität erfordert, sondern zugleich die empathische Vertiefung in Sinn- und Wertwelten. Auch hier gibt es Gesetzlichkeiten, z.B. über die Auslegung des Koran oder die Jenseitsvorstellungen der noch in der Steinzeit wurzelnden etruskischen Kultur, aber diese sind immer in den Kontext der von Menschen gemachten und erlittenen Geschichte und Kultur eingebettet.

Die drei anderen Wissensarten seien nur kurz charakterisiert:

Wissensart 1, das **logisch-mathematische Strukturwissen**. Die Logik als schlüssiges Denken und Beweisen ist die Voraussetzung aller übrigen Wissensformen. So auch für die Mathematik, die unter anderem gedankliche Strukturen und Größen wie Zahlen, Figuren, Gleichungen, Variablen und Koordinaten entwickelt hat. Mit ihrer Hilfe kann sowohl innermathematisch argumentiert werden, sie liefert damit aber auch Modelle zur Beschreibung von Realitäten in der natürlichen und technischen Umwelt.

Dies kann an einer Mathematikaufgabe neuen Typs belegt werden, die – je nach der Berücksichtigung ihrer Komplexität – Gegenstand forschenden Lernens in Jahrgang 9 oder auch später sein kann:

*Tanken.* Frau Stein wohnt in Trier 20 km von der Grenze zu Luxemburg entfernt. Sie fährt mit ihrem VW Golf zum Tanken nach Luxemburg, wo sich direkt hinter der Grenze eine Tankstelle befindet. Dort kostet der Liter Benzin nur 1,05 Euro, im Gegensatz zu 1,30 Euro in Trier. *Lohnt sich die Fahrt für Frau Stein?*

Deutlich wird, dass man bei der Lösung dieser Aufgabe zunächst innerhalb der mathematischen Wissensform bleibt, indem man den Preisunterschied berechnet (was bei genauerem Hinsehen angesichts der Komplexität der Aufgabe und der Notwendigkeit, selbst Annahmen zu treffen, gar nicht so einfach ist). Aber in der Aufgabe steckt noch weiteres Forschungspotenzial über Realverhältnisse, wie Tankgröße, Arbeitszeit, Umweltaspekte und anderes. Mathematik tritt in den Dienst des Erforschens von Welt (vgl. Messner 2009).

Wissensart 4: das **lebenspraktische Umgangswissen.** Die Ansätze zum wissenschaftpropädeutischen Unterricht sind meist *grundwissenschaftlich* orientiert. Allein durch ein solches Wissen könnten die Menschen nicht die tausenderlei Probleme des Alltags und Berufs vernünftig leben, wenn sie nicht über Wissen »mittlerer Reichweite« zum Bewältigen praktischer Problemsituationen verfügten. Dieses Wissen kann sehr einfach in Wenn-dann-Beziehungen strukturiert sein, aber es kann auch komplexe Wissenssysteme bilden, die lebenslange Erfahrung und Handhabung erfordern. Beispiele wären das Wissen über Hygiene, Krankheiten und Heilungsprozesse, über die Eigenschaften von Wasser, Holz und Metall oder das Alltagswissen um Ernährung, Kleidung, Schutz vor Kälte, Beherrschung von Müdigkeit (vgl. Messner, Rumpf und Buck, 1997, S. 15f.).

Alle diese Themen wären würdige Gegenstände für forschendes Lernen. Dies gilt umso mehr für auch die ebenfalls in die Kategorie des lebenspraktischen Umgangswissens gehörenden fächerübergreifenden, teilweise technisch und gesellschaftlich sehr komplexen Themen der Com-

ANSÄTZE IN DEN FACHDISZIPLINEN

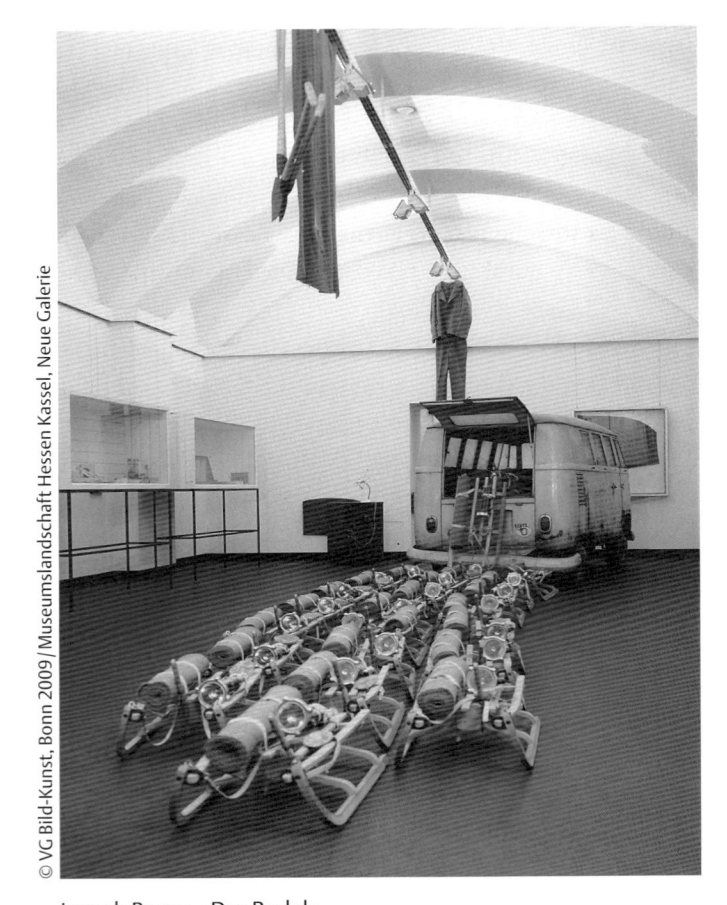

Joseph Beuys, »Das Rudel«

© VG Bild-Kunst, Bonn 2009 / Museumslandschaft Hessen Kassel, Neue Galerie

puternutzung, des Umweltschutzes oder der Neuorientierung in Sachen Verkehr, Auto, Klima und Energiepolitik.

Schließlich: Wissensart 5, das **ästhetische Wahrnehmungs- und symbolhafte Gestaltungswissen**.

Dazu ein Beispiel: Die Neue Galerie Kassel beherbergt die Rauminstallation »Das Rudel« von Joseph Beuys. Aus einem alten VW-Bus tritt, ohne dass die Reisenden sichtbar wären, ein Zug von etwa 20 Schlitten hervor. Sie sind jeweils mit Taschenlampe, Talg und Filzdecke bestens ausgerüstet und symbolisieren so, dies eine mögliche Deutung, den Aufbruch in ungewisses Gelände.

Die Schüler eines Oberstufenkurses machten »Das Rudel« von Beuys zum Thema ihres forschenden Lernens (vgl. Bosse, 1992). Dies nicht in verbal-theoretischer Bemühung, sondern indem sie mit der Beuys'schen Rauminstallation gleichsam auf präsentativ-symbolischer Ebene kommunizierten. Sie rekonstruierten sie in Originalgröße in der Aula ihres Gymnasiums. Dabei erprobten sie Veränderungen in der räumlichen Anordnung und in der Verwendung von Materialien. Z.B. wurden versuchsweise statt Schlitten Fahrräder oder Kerzen statt Taschenlampen eingesetzt. Durch solche Wirkungsexperimente (und ihr teilweises Scheitern) konnten sie, besser als durch jede Erläuterung, die Prägnanz und symbolhafte ästhetische Verdichtung des Beuys'schen Originals studieren. Auf mimetischem, nachahmendem Weg erschlossen sich die Schüler durch eigenes Forschen Gestaltungswissen. Man kann darin einen Typ forschenden Lernens mit wissenschaftlichem Anspruch sehen, der in keiner schulischen Bildungspraxis fehlen sollte.

## Abschließende Thesen

1. Mit den hier vorgelegten Überlegungen kann und soll die Problematik der unterschiedlichen Profile und Verlaufsformen des forschenden Lernens in verschiedenen Fächern und Wissensgebieten nicht abschließend geklärt werden. Sie soll jedoch durch die Erweiterung des Diskussionsrahmens auf die *Wissenstheorie* neue Impulse erhalten.

2. Deutlich ist, dass forschendes Lernen sich nicht in monistischer Weise aus einzelnen Wissenschaften begründen lässt oder sich allein auf die Pluralität von Geistes- und Naturwissenschaften stützen kann. Es gibt sehr unterschiedliche Formen des wissenschaftlichen Wissens.

Forschendes Lernen muss sich auf die Vielfalt der Methoden, Denkstile und Sprachspiele von Wissenschaftskulturen einlassen.

3. Dabei muss berücksichtigt werden, dass die Wissenschaftslandschaft sich stetig verändert. Experten weisen darauf hin, dass sich durch neue Wissenschaftsgebiete, wie Neurobiologie, die Nanostrukturwissenschaften oder die interdisziplinären Bildwissenschaften, ein Trend zum Forschen jenseits starrer Fachgrenzen erkennen lässt.

4. Es zeigt sich auch, dass sich forschendes Lernen nicht allein aus den Wissenschaften begründen lässt. Auch wenn nicht die radikal wissenschaftskritische Position von Paul Feyerabend – »anything goes« – eingenommen wird (Feyerabend, 1975), erweist sich, dass Forschen als methodisch geleitetes Bemühen um Erkenntnis und Wahrheit keineswegs nur der exklusiven Sphäre der Wissenschaften und ihrer Institutionen vorbehalten ist. »Forschen« ist vielmehr als eine universelle menschliche Haltung und Fähigkeit anzusehen, die auch den Alltag und die berufliche Praxis durchzieht und sich in vielfältigen kulturellen Erscheinungsformen ausdrückt.

5. Wichtig ist, zu beachten, dass forschendes Lernen sich nicht nur in der Pluralität verschiedener Wissenschafts- und Wissensgebiete vollzieht, sondern – als pädagogische Realität – in seinen Erscheinungsformen die Genese der menschlichen Sprach- und Denkentwicklung durch die Altersstufen hindurch widerspiegelt.

6. Freilich darf dies alles nicht dazu führen, die methodisch und in ihren Ergebnissen in einer jahrhundertelangen Entwicklung etablierten und erfolgreichen Wissenschaftsbereiche aus dem Zentrum der Bemühungen um forschendes Lernen zu verdrängen. Forschendes Lernen hat stets auch mit anspruchsvoller geistiger Elaboration und hoher intellektueller, persönlicher und sozialer Herausforderung zu tun. Die vorstehenden Thesen sind insofern nicht als Plädoyer zur Aufgabe der mit forschendem Lernen in seinen entwickelten Formen

immer auch verbundenen hohen Qualitätsansprüche gemeint. Sie weisen vielmehr auf die Notwendigkeit hin, den Blick für die Vielfalt seiner kulturellen und individuellen Erscheinungsformen zu öffnen und sich des spezifischen Profils der jeweiligen Formen bewusster zu werden.

## Anmerkung

1 Ein ausführliches Beispiel für anspruchsvolles forschendes Lernen im naturwissenschaftlichen Bereich findet sich im einleitenden Beitrag des Verf. zu diesem Band: Aerogel-Untersuchungen im Kasseler PhysikClub.

## Literatur

Blum, W. u.a. (Hrsg.) (2006): Bildungsstandards Mathematik: konkret. Sekundarstufe I: Aufgabenbeispiele, Unterrichtsanregungen, Fortbildungsideen. Berlin: Cornelsen Verlag.

Bosse, D. (1992): Das Rudel in Bewegung setzen. In: Kunst + Unterricht, Heft 159, S. 53–55.

Dickerson, R.E. & Geis, I. (1986): Chemie – eine lebendige und anschauliche Einführung. Weinheim: VCH.

Fauser, P. & Messner, R. (Hrsg.) (2007): Fordern & Fördern. Was Schülerwettbewerbe leisten. Hamburg: edition Körber-Stiftung.

Feo, G. (2007): Die Hohlwege der Etrusker. Die zyklopischen heiligen Gänge von Sovana, Sorano und Pitigliano. Pitigliano: Editrice Laurum.

Feyerabend, P. (1975): Wider den Methodenzwang. Frankfurt am Main: Suhrkamp.

Hessisches Kultusministerium (Hrsg.) (2003): Gymnasiale Oberstufe, Berufliches Gymnasium. Bildungswege in Hessen Nr. 4. Wiesbaden (HeLP).

Huhn, J. (1994): Geschichtsdidaktik. Eine Einführung. Köln, Weimar, Wien: Böhlau.

Messner, R. (2009): Bausteine eines kognitiv aktivierenden Fachunterrichts. In: Bosse, D. (Hrsg.): Gymnasiale Bildung zwischen Kompetenzorientierung und Kulturarbeit. Wiesbaden: Verlag für Sozialwissenschaften, S. 137–160.

Messner, R., Rumpf, H. & Buck, P. (1997): Natur und Bildung – Über Aufgaben des naturwissenschaftlichen Unterrichts und Formen des Naturwissens. In: chimica didactica, 23. Jg., Heft 1, Nr. 74, S. 5–31.

Rosebrock, C. & Nix, D. (2008): Grundlagen der Lesedidaktik und der systematischen schulischen Leseförderung. Hohengehren: Schneider Verlag.

Ständige Konferenz der Kultusminister der Länder in der Bundesrepublik Deutschland (KMK) (1977): Empfehlungen zur Arbeit in der gymnasialen Oberstufe (Beschluss der KMK vom 02.12.1977). In: Zimmermann, W. & Hoffmann, J.: Die gymnasiale Oberstufe. Stuttgart: Klett.

Zimmermann, W. & Hoffmann, J. (1985): Die gymnasiale Oberstufe. Stuttgart: Klett.

# Einblicke in die Praxis

*Im Regelunterricht erlernen die Schüler das wichtigste methodische Handwerkszeug, aber für komplexe Forscherprojekte mit Ernstcharakter braucht man andere Lernarrangements und die Expertise von Wissenschaftlern.*

*Die Berichte aus der Praxis verdeutlichen die Potenziale, die in der Kooperation mit außerschulischen Lernpartnern liegen, geben Tipps für die Projektarbeit und zeigen auf, wie ganze Schulen sich umorganisieren, um im Alltag Raum für Projekte zu schaffen.*

# Der erste Kontakt:
# Wissenschaft zum Anfassen

# Eine Reise durch Schülerlabore und Science Center

*Reportage von Moritz Behrendt*

Geht es um Besucherzahlen, sind Schülerlabore und Science Center klare Erfolgsmodelle. Beide Konzepte bieten einen attraktiven Einstieg in die Welt der Wissenschaft. Ein Besuch in Schülerlaboren und Science Centern in Berlin, Flensburg, Leverkusen und Bremen zeigt: Was zählt, ist das außerschulische Lernerlebnis.

Da liegt das abgetrennte Bein der Kakerlake nun – verbunden mit zwei Elektroden. Lena und Tanja sind etwas ratlos: Die beiden Zwölftklässlerinnen des Werner-von-Siemens-Gymnasiums in Berlin-Zehlendorf blicken auf einen Monitor. »Ich habe nicht so ganz verstanden, was wir hier messen«, sagt die 17-jährige Lena. Auf dem Bildschirm zeigt eine Kurve die Reaktion des Schabenbeins auf äußere Reize an. Tanja erklärt: »Es geht irgendwie um Aktionspotenziale. Darüber habe ich vor Kurzem ein Referat gehalten.« Was sie jetzt genau tun sollen, weiß Tanja dennoch nicht. Zufällig kommt gerade Petra Skiebe-Corrette vorbei, die Leiterin des NatLab, des naturwissenschaftlichen Mitmach- und Experimentierlabors der Freien Universität Berlin. Sie fragt: »Wenn Sie jetzt Wissenschaftlerinnen wären, was würden Sie versuchen mit einer eigenen Fragestellung herauszufinden?« Dies hilft den beiden Mädchen zunächst nicht viel: Tanja und Lena schauen sich fragend an, auf dem Tisch neben ihnen liegt ein englischsprachiges Buch. Titel: *The Behaviour of the Cockroach*. Kaum hat sich die Laborleiterin umgedreht, beginnen die beiden zu diskutieren. Wenig später jubelt Tanja: »Jetzt habe ich es verstanden!«

»Aktionspotenziale: Extrazelluläre Ableitung von sensorischen Neuronen der Schabe« – so heißt einer der drei Versuche in dem Zyklus zur Neuro- und Verhaltensbiologie, die Schüler hier im NatLab durchführen können. Die Aufgabe, eine eigene Fragestellung herauszuarbeiten, sei für die ganze Arbeit im Schülerlabor zentral, sagt Petra Skiebe-Corrette. Auch wenn die Schüler nicht immer glücklich damit seien. »Viele wollen genau gesagt bekommen, was sie zu tun haben. Das sind sie häufig aus der Schule gewohnt.« Im Labor soll auch die Selbstständigkeit der Schüler gefördert werden. Der Wissenschaftlerin geht es darum, den Schülern ein realistisches Bild der Forschung und des universitären Alltags zu vermitteln.

»Ich bitte immer einen Schüler, das Bein der Schabe abzutrennen«, berichtet Skiebe-Corrette, »natürlich könnte ich das auch selbst machen, aber ich will die Debatte über Ethik und Tierversuche gar nicht entschärfen. Man kann das Nervensystem nicht an toten Tieren untersuchen. Biologen und Mediziner bringen eine ganze Menge Tiere um. Das sollten die Schüler wissen.« Die Forscherin zieht einen weißen Kittel über, setzt eine Schutzbrille auf und wirft einen kurzen Blick in das Labor nebenan. Dort stellt eine ganze Reihe Nachwuchswissenschaftler chemische Versuche an, Elfjährige – ebenfalls mit Kittel und Schutzbrille. Schnell geht es weiter, Petra Skiebe-Corrette eilt durch die langen Gänge des Institutes für anorganische Chemie, in dem das NatLab angesiedelt ist. In einem weiteren Raum untersuchen Grundschüler durch ein Mikroskop Pantoffeltierchen und Kieselalgenpräparate. Die Kinder sind erstaunt, wie viel Leben in einem einzigen Wassertropfen sein kann. Ihre Beobachtungen müssen sie in einem Protokoll festhalten, ganz korrekt mit Datum. Am Ende besprechen die Kleinen dann in einer Konferenz, was sie herausgefunden haben. Etwa 3500 Schüler kommen jährlich in das NatLab – ihnen allen wurde auch vermittelt, wie langwierig und kleinteilig die Arbeit von Naturwissenschaftlern meistens ist. Das zumindest hofft Petra Skiebe-Corrette: »Wir wollen hier keine Show abziehen, sondern realistische Berufsbilder zeigen.«

Damit der Besuch der Schulklassen im Labor nachhaltig wirkt und nicht nur einem einmaligen Schulausflug gleicht, ist die Einbindung der Lehrer wichtig. Bevor eine Klasse im Labor arbeitet, muss der Lehrer an einer Fortbildungsveranstaltung teilnehmen. An zwei Tagen kommen die Lehrer dann für drei Stunden ins NatLab, um unter der Anleitung von Wissenschaftlern alle Versuche eines Zyklus durchzuführen. Zum einen sollen die Lehrer die Fragen ihrer Schüler beantworten können, zum anderen den Tag im NatLab im Unterricht vor- und nachbereiten.

Zurück zum Leistungskurs Biologie des Werner-von-Siemens-Gymnasiums. Tanja und Lena sind eifrig dabei, ihre Erkenntnisse zu notieren. Ihr Lehrer, Rainer Schwiecker, ist ganz begeistert: »Man staunt manchmal über Schüler, die sonst sehr zurückhaltend sind, wie die sich hier reinknien.« Im Hintergrund ruft ein Schüler seinem Freund zu: »Haste gehört, Professor? Wir kriegen den Nobelpreis!« Lehrer Schwiecker versucht möglichst oft mit seinen Kursen in das NatLab zu kommen. Gerade der Versuch zu den Aktionspotenzialen passe gut in den Lehrplan. Es sei schön, dass die Experimente so weit vorbereitet seien, meint Schwiecker. So könnten die Schüler nach einer kurzen Einführung gleich loslegen. Im Unterricht sei das nicht möglich, zumal auch die Geräte viel zu teuer für eine Schule wären.

Nach dem Besuch will er mit seinen Schülern noch offene Fragen nacharbeiten. Da ist es von Vorteil, dass er schon mehrfach bei den Lehrerfortbildungskursen im Labor war. Bei der Vorbereitung habe er sich aber zurückgehalten, erzählt Schwiecker, »die Schüler sollen ja zu ihren eigenen Erkenntnissen gelangen, da darf man nicht alles vorwegnehmen«.

Wenn die Schüler im Labor Fragen haben, können sie sich auch an Studenten wenden, etwa an Jessica Krüger, Biologiestudentin im sechsten Semester. Sie macht ein Praktikum im Schülerlabor: »Ich finde es sehr lehrreich, mit den Schülern zu arbeiten«, sagt sie, Wissenschaftler sollten schließlich in der Lage sein, ihre Arbeit auch Nichtbiologen verständlich zu erklären. Der Leiterin Petra Skiebe-Corrette ist die Ausbildung der Studenten wichtig. Lieber als angehende Wissenschaftler mit Vermittlungskompetenz sind ihr aber noch die Lehramtsstudenten. »Denen können wir hier wichtiges Handwerkszeug mitgeben. Schließlich sieht der Lehrplan für die Lehrämtler nicht so viele Praktika vor, in denen sie selbst für ein Experiment verantwortlich sind.« Das Handwerkszeug bzw. den Spaß am Experimentieren, das wünscht sich die Laborleiterin, sollen die künftigen Lehrer dann mitnehmen und damit den Unterricht bereichern. »Es geht auch darum, den Lehrern die Angst vor dem Experimentieren zu nehmen.«

Petra Skiebe-Corrette will nicht nur die Schüler ins Labor holen, sie will auch das Labor an die Schulen bringen.

Auf dem Gang hängt ein großer Stadtplan von Berlin. Darauf sind lauter rote, blaue und gelbe Pins über das ganze Stadtgebiet verteilt. Jeder Pin steht für eine Schule.

## Raum für die Phänomene

Ortswechsel: In unmittelbarer Nähe zum Flensburger Nordertor, dem Wahrzeichen der Stadt, befindet sich das älteste Science Center Deutschlands. Die bläulich schimmernde Glasfassade der *Phänomenta* kontrastiert stark mit dem Backsteingebäude aus dem 16. Jahrhundert. Zwischen Experimenten, die Hebelwirkung und Schwerkraft anschaulich machen, bittet Professor Lutz Fiesser zum Gespräch. Der Direktor des Instituts für Physik und Chemie und ihre Didaktik an der Universität Flensburg ist ein Pionier der Science-Center-Bewegung in Deutschland. Seit Anfang der 80er-Jahre arbeitet der Physiker mit »erfahrungsfördernden Stationen«. Die Flensburger *Phänomenta* ist sein Baby, auch wenn er den Tagesbetrieb inzwischen anderen überlässt.

»Warum kommt bei unserem naturwissenschaftlichen Unterricht so wenig heraus? Warum verlieren Schüler so schnell das Interesse?«, fragte Fiesser sich vor rund 25 Jahren. Wenn Schüler ab der siebten Klasse mit Physik und auch Chemie konfrontiert werden, so seine Antwort, werden sie von Fremdwörtern überrollt, mit abstrakten Erklärungen überschüttet, die nichts mit dem eigenen Erfahrungshorizont zu tun haben. Als Konsequenz schalten die Schüler ab, entwickeln oft sogar eine Aversion gegen diese Fächer. Aus dieser Beobachtung entstand die Idee, Kindern und Jugendlichen auf spielerische Art und Weise Physik nahezubringen.

Und heute? Manches habe sich gebessert, stellt Fiesser fest, aber im Grundsatz leide der naturwissenschaftliche Unterricht noch immer unter den gleichen Problemen. Erschwerend komme hinzu, dass Jugendliche heute eine deutlich reduziertere Erfahrungswelt hätten, sagt Fiesser. »Das sinnliche Erleben wird durch den Bildschirm ersetzt, aber der kann ihnen nie Realität vermitteln.«

## SCHÜLERLABORE UND SCIENCE CENTER

Im Eingangsraum der *Phänomenta* schaut sich ein dünner Junge im Ballack-Trikot in einem Zerrspiegel an. Im Spiegel ist er genauso groß wie sein Idol. »Cool«, entfährt es ihm. Wohin jetzt? Die Ausstellung, wenn man das Begreifen der Phänomene denn so nennen möchte, gibt keinen Pfad vor. »Interaktives selbst gesteuertes Lernen« nennt Fiesser das. Oder anders ausgedrückt: Jeder Besucher soll sich die Stationen heraussuchen, die ihn faszinieren, und dort so viel Zeit verbringen, wie es ihm gefällt.

In den einzelnen Räumen stehen Experimente zu grundlegenden physikalischen Phänomenen – wie Hebelwirkungen, Schall, Licht, Schwingungen, Elektrizität – beieinander, aber auch das wird nirgends plakatiert. Es bleibt den Besuchern überlassen, die Phänomene zu hinterfragen und Erklärungen zu finden. »Das Prinzip der *Phänomenta*«, erklärt Fiesser, »ist dazu da, Menschen zu helfen, eigene Überlegungen anzustellen!« Und so stehen die Phänomene für sich, einige sind mit hilfreichen Fragen versehen – Erklärungen sucht man vergebens. Natürlich habe es Lehrer gegeben, die gesagt hätten: »Da lernt man ja nichts«, sagt Fiesser, aber inzwischen habe bei den Lehrkräften ein Umdenken stattgefunden.

An einer Station messen sich Vater und Sohn. »Wollen wir mal sehen, wer stärker ist?«, fragt der Vater mit einem Augenzwinkern. Beide ziehen auf gegenüberliegenden Seiten mit Seilen an einem schweren Stein. Dank Umlenkrollen und der Hebelwirkung muss der Sohn aber weniger Kraft aufwenden, sodass er den Stein in seine Richtung bewegen kann. »Na, jetzt hast du das Prinzip des Flaschenzugs kapiert«, sagt der Vater, dem die Stationen offenkundig ebenso viel Spaß machen wie seinem Sohn.

»Die Stationen sind so ausgewählt, dass jede für sich sinnvolle Handlungsmöglichkeiten im Sinne eines elementaren Forschungsprozesses ermöglicht und Menschen mit verschiedenen Vorkenntnissen auf ganz verschiedenen Ebenen anspricht«, heißt es in einer Selbstdarstellung der *Phänomenta*. Für Lutz Fiesser bedeutet das, auf die abstrakten Fachbegriffe der Physik zu verzichten: »Wenn ein Grundschüler über die große Feder sagt: ›Da wackeln die Ringe‹, dann ist das für mich nicht falsch. Wen stört es schon, dass er nicht den Begriff ›schwingen‹ benutzt? Irgendwann verbindet er das, was er hier erlebt hat, mit den Erklärungen seines Lehrers.«

Inzwischen gibt es auch in Bremerhaven, Peenemünde und Lüdenscheid *Phänomenta*-Ausstellungen. Sie dürfen den Namen tragen, wenn sie sich dem pädagogischen Prinzip des Flensburger Vorbilds verschreiben. Dazu gehört auch, dass die erfahrungsfördernden Stationen an den Menschen angepasst sein sollen. Deswegen wird die *Phänomenta* auch nicht mit Musik beschallt, Töne gibt es da, wo es um Klang geht. Die Wände sind kahl. »Wir halten uns da bewusst zurück«, sagt Achim Englert, Geschäftsführer der Flensburger *Phänomenta*. Die Besucher sollen nicht mit optischen oder akustischen Reizen überfrachtet werden. Demnächst soll es eine Ausstellung über »Die Physik der Dinosaurier« geben. »Aber einen Feuer speienden Plastikdino, den wird's bei uns nicht geben«, betont Englert.

## Mehr als nur Zuckerguss

Zurück in Berlin-Dahlem: Im Institut von Petra Skiebe-Corrette findet die 4. Jahrestagung von *Lernort Labor* statt, der deutschen Dachorganisation von über 200 Schülerlaboren, die sich vor allem als Zentrum für Beratung und Qualitätsentwicklung begreift. Alle sind sie da, Bildungsreferenten großer Science Center, Betreiber von Schülerlaboren großer Forschungseinrichtungen, Uni-Professoren, die sich um die Nachwuchsrekrutierung sorgen, und auch einige Akteure aus der Bildungspolitik. Fast alle Plätze des großen Hörsaals des Instituts sind besetzt. Thema der Tagung: »Vergangenheit, Gegenwart und Zukunft«. Vergangenheit, das ist die Zeit, als Lutz Fiesser mit seiner *Phänomenta* noch ein Exot war, als überall im Land unabhängig voneinander kleine Initiativen entstanden, um Schülern den Weg in wissenschaftliche Einrichtungen zu ermöglichen.

Inzwischen gibt es sogar einen Reiseführer zu Erlebnismuseen und Science Centern in Deutschland. Hermann Lenzen, Direktor der Freien Universität, schwärmt in seiner Rede von den Möglichkeiten, die Schülerlabore bieten, um Studenten zu locken. In seinen Worten klingt der Stolz mit, mit dem NatLab den Gastgeber und ein Vorzeigelabor an der Freien Universität zu haben. Das Schülerlabor ist offiziell Teil der Öffentlichkeitsarbeit der FU. »Wir sind aber nicht nur der Zuckerguss«, wendet die Neurobiologin Skiebe-Corrette ein, »wir sind auch der Teig, denn wir bilden hier schließlich künftige Lehrer und andere Studenten aus.« Gleichzeitig werde im Labor aber auch Spitzenforschung etwa aus Sonderforschungsbereichen für die Schüler aufbereitet.

Viel wird geredet auf der Tagung über den Mangel an Ingenieuren und Naturwissenschaftlern in Deutschland. Und natürlich darüber, dass Schülerlabore hier Abhilfe schaffen können. Die Betreiber von Schülerlaboren hoffen daher auf mehr Unterstützung durch die Politik – und auch durch die Wirtschaft. Manfred Euler, Koordinator des Netzwerkes *Lernort Labor,* weist darauf hin, dass inzwischen auch die Industrie verstärkt den Nutzen der Wissenschaft zum Anfassen begriffen hat. Allerdings würde er sich wünschen, dass noch mehr Unternehmen sich engagierten, auch um langfristig einen Beitrag zur finanziellen Sicherung der Labore zu leisten.

## Mäuse machen

Auf dem Werksgelände von Bayer in Leverkusen findet man im Gebäude B 201 das sogenannte *Baylab plastics*. Hierher ist der Leistungskurs Chemie des Landrat-Lucas-Gymnasiums gekommen, um Mäuse zu machen.

An der Wand hängen die Produkte mancher ihrer Vorgänger: Eierbecher und Löffel in allen möglichen Farben. Daneben die Namen von neun Sponsoren, die Möbel und anderes für das Schülerlabor gespendet haben. »Mit Product-Placement haben wir hier kein Problem«, sagt Johann Thim aus der Kommunikationsabteilung von Bayer MaterialScience. »Wir rekrutieren hier hoch motivierten Nachwuchs«, betont der promovierte Erziehungswissenschaftler. Was dieses Schülerlabor von anderen unterscheide, sei, dass die Jugendlichen hier nicht nur an die Grundlagenforschung herangeführt würden, sondern in einem Planspiel die komplexen Prozesse in einem Unternehmen begreifen könnten: von der Idee bis zum fertigen Produkt.

Gemeinsam haben die Schüler des Chemie-Leistungskurses sich dafür entschieden, einen Teil des Gehäuses einer Computermaus zu produzieren. Dazu teilen sie sich in fünf Gruppen auf: Die Designer müssen zuerst herausfinden, ob die Maus sich gut verkaufen würde und wenn ja, in welcher Farbe. Das Ergebnis ihrer Umfrage – hellblau –, geben sie gleich an die Forscher weiter. Die suchen aus den vielen Töpfen mit Kunststoff-Granulat in verschiedenen Farben das richtige Material heraus und prüfen es auf seine Eigenschaften. Die Techniker stellen die Mäuse dann an der hochmodernen Spritzgießmaschine her. Außerdem gibt es noch das Finanzteam, das errechnet, zu welchem Preis die Mäuse verkauft werden müssten, damit die Produktion profitabel ist. Und die Kommunikationsabteilung kümmert sich nicht zuletzt um die Verständigung der Teams untereinander – ein entscheidender Faktor für das Gelingen der gemeinsamen Arbeit. Angeleitet werden sie von Karl-Heinz Wagner. Er ist Ausbilder für naturwissenschaftliche Berufe und leitet das Schülerlabor. Aber was heißt angeleitet? »Wir helfen nur, wenn wir gefragt werden. Wenn viele Fragen kommen, dann ist das ein Indikator dafür, dass die Schüler mit viel Interesse bei der Sache sind«, berichtet Wagner.

Und die Lehrerin? Gabriele Pflieger sitzt an einem ruhigen Platz und macht sich Notizen. Es sei spannend, ihre Schüler mal von außen zu beobachten, sagt sie. »Diese Form von Anwendungsorientierung kann man in der Schule natürlich nicht simulieren.« Der Umgang mit Kunststoffen, also polymeren Molekülen, passe ganz gut in den Lehrplan, auch wenn der Ausflug heute natürlich nur sehr indirekt mit dem Unterricht zu tun habe. Während die Lehrerin erzählt, kommen zwei Mädchen aus dem Design-Team auf sie zu: »Wie gefällt Ihnen unsere Blue-Flash-Light-Mouse?«, fragen sie und zeigen einen Ausdruck, auf dem die Maus zu sehen ist. »Und wie viel wären Sie bereit dafür auszugeben?« Die beiden Mädchen düsen weiter, Gabriele Pflieger, die auch Biologie unterrichtet, blickt ihnen mit einem Lächeln hinterher: »Als Naturwissenschaftlerin freut es mich natürlich, wenn sich die Schüler so sehr für Chemie und Technik begeistern.«

Im Forscherteam sind nur Mädchen. Sie haben schon getestet, wie das verwendete Material auf andere Chemikalien reagiert. Karl-Heinz-Wagner erklärt ihnen nun, wie die Zugprüfmaschine bedient wird. Eine von den Forscherinnen mit weißem Kittel und Schutzbrille will wissen: »Was passiert, wenn das Material leicht beschädigt ist?« Wagner macht eine Kerbe in den Testkunststoff, und gemeinsam schauen sie, welche Krafteinwirkung er aushält und wann er sich verformt.

Am frühen Nachmittag kommen die Teams zur Abschlussbesprechung zusammen. Die Techniker bringen die ganzen Mäuse mit. »Am Anfang hatten wir aber ziemlich viel Ausschuss, da die Maschine noch nicht richtig eingestellt war.« Dann berichtet das Design-Team: Mit einer PowerPoint-Präsentation stellen sie vor, an welche Zielgruppen das Produkt verkauft werden soll und welche Werbemaßnahmen ergriffen werden sollen. Als Preis schlagen sie 15 Euro vor – das wäre angemessen, hat ihre Marktforschung ergeben. Laborleiter Wagner lobt: »Sie haben ein Produkt entworfen, das eine echte Marktchance hat.« Neben ihm sitzen Jan und Marius, die beiden Jungs aus der Finanzabteilung. Sie räuspern sich, sind aber noch nicht dran.

Als Nächstes sind die Forscherinnen an der Reihe: »Wir haben also sozusagen verschiedene Chemikalien ausprobiert und dabei festgestellt, dass unser Produkt von Aceton ziemlich stark angegriffen wird«, berichtet eine von ihnen. Karl-Heinz Wagner unterbricht sie und fragt, in welchen Produkten denn Aceton verwendet werde. Die Antwort kommt sofort: »Im Nagellack.« Außerdem, das zeigen die Forscherinnen anhand einer Grafik, sei bei der Zugprüfung deutlich geworden, dass der Kunststoff sich deutlich schneller verforme, wenn er schon beschädigt sei. Auch hier greift Wagner wieder ein: Eine wichtige Erkenntnis über die Produkteigenschaft sei das. Vielleicht für die Maus nicht so bedeutend, aber aus ähnlichem Material würden auch Motorradhelme hergestellt. Hier sei es wichtig, den Helm nach einem Sturz auszutauschen oder zumindest überprüfen zu lassen.

Nun endlich dürfen Jan und Marius ran und ihre Bedenken äußern: Sie haben zwar den Schichtdienst eingeführt und auch sonst einiges getan, damit die Maus möglichst kostengünstig produziert werden kann, aber unter 16 Euro könne man in keinem Fall gehen. Wagner fragt nach, ob es nicht noch irgendwo Einsparpotenzial gäbe. »Bei der Verpackung«, meint

Marius, oder wenn man die Ausschussware noch irgendwie weiterverwerten könnte. Arbeitsplätze, die will er auf keinen Fall opfern.

Marius erklärt am Ende noch, dass er es höchst interessant fand, zu sehen, was ein Unternehmen alles leisten muss, bevor ein Produkt auf den Markt kommt. Es sei gut, Chemie mal von der Seite der Industrie zu sehen, ergänzt ein Mädchen aus dem Forscherinnen-Team. Und ein Junge erklärt zur Freude seiner Mitschüler: »Wirklich eine schöne Abwechslung zum Schulalltag. Ich fand's wirklich relativ schön hier, ach nee, das relativ kann man ruhig weglassen.«

Johann Thim blickt den Schülern noch eine Weile hinterher, als sie das Gebäude B 201 verlassen. »Das ist unsere Zukunft«, sagt er, »wenn man Jugendlichen Verantwortung gibt, dann enttäuschen sie einen auch nicht.«

## Expedition in die Vergangenheit

Von der Zukunft in die Vergangenheit: Am Ausgangspunkt der Expedition »Kosmos« im Science Center des *Universum* in Bremen stehen mehrere große Hinkelsteine. Wer seine Hand daran hält, hört ganz verschiedene Schöpfungsmythen. »Am Anfang schuf Gott den Himmel und die Erde«, »Am Anfang gab es nur Dunkelheit, Staub und Wasser« oder »Am Anfang gab es kein Heute und kein Gestern«. Die drei Zwölftklässlerinnen aus Chemnitz hören zu, während sie darauf warten, dass sie in den »Zeitreisesimulator« einsteigen können. In der Kapsel vibriert der Boden. »Wow!«, ruft eines der Mädchen aus. Eine sonore Stimme aus dem Lautsprecher erzählt von den wissenschaftlichen Erkenntnissen über die Entstehung des Universums.

»Am Anfang war die Frage«, würde Mechthild Kummetz vermutlich sagen. Sie war lange verantwortlich für die Abteilung Bildung, Wissenschaft und Pädagogik des *Universum*, zu dem neben dem Science Center auch Räumlichkeiten für Sonderausstellungen und Experimentiermöglichkeiten unter freiem Himmel gehören. Sich selbst bezeichnet Kummetz kokett als »Neugierologin«. »Was wir gut können«, betont sie, »ist die

Übersetzung von Wissenschaft für Menschen jeden Alters. Wir koppeln Erkenntnisse mit Spaß und Freude.«

Die drei Mädchen aus Chemnitz laufen etwas orientierungslos durch die Ausstellung, probieren das eine oder andere Exponat aus. Fasziniert sind sie davon, wie an einer Station Schallwellen mithilfe von Korkstaub sichtbar gemacht werden. »Schön, dass wir das alles selber entdecken können.« Ihre Klasse ist auf Studienreise an der Nordsee, für einen Tag sind sie in Bremen. Vorbereitet haben sie ihren Besuch nicht.

Im Internet oder auf Anfrage gibt es zahlreiche Materialien: Fragebögen, vertiefende Erläuterungen zu naturwissenschaftlichen Themen oder sogenannte Logbücher für die Expeditionen. »Für Lehrer ist es sinnvoll, ihren Schülern einen Arbeitsauftrag mitzugeben. Gerade, wenn eine Klasse zum ersten Mal hierher kommt«, sagt die Geologin und Paläontologin Kummetz. Als die Fragebögen allerdings eine Zeit lang für alle zum Mitnehmen auslagen, flogen sie überall in der Ausstellung herum. Mit welchen Zielen Schulklassen ins *Universum* kämen, sei eine Frage der Unterrichtsausrichtung, »wir drängen uns deshalb nicht auf«, so Kummetz. Ihr Kollege Bernd Becker hebt hervor, dass die Exkursionen nur einen Teil der Aktivitäten für Schulklassen ausmachten. Es gibt auch die Möglichkeit, an längerfristig angelegten Programmen und Projekten teilzunehmen, bei denen Schüler unter anderem im »ForscherAtelier« eigene Experimentierstationen bauen können. Zudem gibt es Fortbildungsangebote für Lehrer. In der Bildungsarbeit habe man die Philosophie etwas weiterentwickelt, sagt Becker: »Wir betonen etwas mehr, dass wir eine Bildungseinrichtung für das Bundesland Bremen sind.«

Die Lehrer Christian Schulz und Günter Michalke sind aus Hamburg gekommen, mit drei achten Klassen der Geschwister-Scholl-Gesamtschule. »Wir haben gerade drei Projekttage, in denen wir uns schwerpunktmäßig mit naturwissenschaftlichen Themen auseinandersetzen«, erklärt Schulz. Ihre Schüler haben die Logbücher an die Hand bekommen, mit denen sie sich durch die Expeditionen »Mensch«, »Erde« und »Kosmos« arbeiten sollen. »Die Logbücher werden natürlich morgen im Unterricht ausgewertet«, sagt Michalke. Er und sein Kollege sind begeistert vom Bremer Science Center. Hier würden die Schüler zu selbstverantwortlichem

EINBLICKE IN DIE PRAXIS

Lernen motiviert. »Lehre mich nicht, lass mich lernen, das ist ein wichtiger Grundsatz«, meint Michalke. Schulz fügt hinzu: »Leider gibt es Lernen nicht als Schulfach.« Eine Gruppe ihrer Schüler untersucht gerade in der Expedition »Erde« einen Bohrkern aus der Tiefsee: »Was können Meeresforscher aus diesen Ablagerungen ablesen?«, lautet die Frage im Logbuch. »Komm, wir müssen uns beeilen, wir müssen noch die Seite fertig machen«, ruft ein Mädchen ihrem Mitschüler zu. Die beiden notieren ihre Vermutungen und eilen weiter, vorbei an den Zwölfklässlerinnen aus Chemnitz, die es sich gerade auf einigen Sitzsäcken bequem gemacht haben.

»Es gibt Lehrer, die wollen gerne einen Lösungsbogen für unsere Fragebögen haben«, sagt Mechthild Kummetz. Aber darum gehe es nicht, vielmehr möchte sie einen kritischen Blick auf die Erklärungen der Wissenschaft vermitteln: »Unser Wissen über die Wissenschaft ist nicht so fix. Es entwickelt sich ständig weiter.« Das soll den Besuchern in Bremen nahegebracht werden. Schön wäre es auch, betont Kummetz, wenn im Schulalltag das Forschen eine größere Rolle spielte.

## Alte Schriften im Labor

Gott haben sie schon gefunden, die zwölf Schüler der Bertha-von-Suttner-Oberschule aus Berlin-Reinickendorf. Auch das Wort »barmherzig« haben sie entziffert. Ansonsten stehen sie vor einem Rätsel. Besser, sie sitzen davor – in den Räumen der Berlin-Brandenburgischen Akademie der Wissenschaften. Aus dem Fenster können sie auf den Französischen Dom im Zentrum Berlins blicken, und an die Wand projiziert ist eine seltsame Buchstabenreihe: »mnmngttsdsbrmhrzgnrbrmrs«. »In früharabischen Schriften gibt es keine Wortzwischenräume«, erklärt der Islamwissenschaftler Nicolai Sinai, und vokalisiert seien die meisten Texte auch nicht. »Hinter ›Gott‹ ist ja noch ein ›s‹, für welchen Kasus könnte denn das stehen?«, fragt die Philologin Yvonne Pauly. »Genitiv«, schallt es zurück. Mit ein bisschen Hilfe kommen die Zwölftklässler auf die Lösung: »Im

Namen Gottes des barmherzigen Erbarmers«. Nicolai Sinai erklärt, das sei die Basmala, die klassische Eröffnungsformel der koranischen Suren.

»Hermeneutik des Korans« heißt das geisteswissenschaftliche Schülerlabor an der Berlin-Brandenburgischen Akademie der Wissenschaften. Die Schüler sind gekommen, um etwas über den Koran zu erfahren. Aber auch, um zu erleben, wie Geisteswissenschaftler forschen. »Wir haben die Bezeichnung ›Schülerlabor‹ bewusst gewählt«, erzählt Yvonne Pauly, »das schafft ein Irritationsmoment.« Schließlich denke man bei dem Begriff Labor eher an Bunsenbrenner als an die Arbeit mit jahrhundertealten Texten. Die Idee des geisteswissenschaftlichen Schülerlabors stammt von Pauly. Begonnen hat sie mit Texten von Karl Philipp Moritz, später gab es ein Labor zum »Deutschen Wörterbuch«, und ein anderes Mal hieß es: »Von Philologen und anderen Heilkundigen. Schülerlabor Geisteswissenschaften zur antiken Medizin«.

Den Koran in einem Schülerlabor zu behandeln, nennt Pauly einen »gigantischen Kompromiss«, da die Schüler nicht mit der Quelle in der Originalsprache arbeiten könnten. Aber zumindest ein akustischer und ein optischer Eindruck der Koransuren wird ihnen vermittelt. Auch wenn in diesem Fall nur Hilfsmittel, wie Folien, Overheadprojektor und Beamer, genutzt werden, die auch in einer Schule zur Verfügung stünden, meint die Wissenschaftlerin Pauly, sei es wichtig, dass die Schüler an die Akademie kämen. Sie spricht von der »Authentizität des Ortes«, durch die Schüler näher an die Wissenschaft herangeführt werden. Für einen Tag kommen die Schüler her, ähnlich wie auch bei den naturwissenschaftlichen Laboren. Mehr Zeit in den außerschulischen Lernorten zu verbringen, das ist in den Schulen schwer durchzusetzen. »Gemeinsam haben alle Schülerlabore, dass sie große Themen behandeln«, sagt Pauly. Es gehe an diesem Tag in der Akademie nicht um eine Eins-zu-eins-Darstellung der extrem ausdifferenzierten Geisteswissenschaften.

Ein großes Thema ist der Koran auf jeden Fall. Am Beispiel einer Sure sollen sich die Schüler dem Entstehungszusammenhang des heiligen Textes der Muslime annähern. Für Nicolai Sinai das tägliche Brot. Der Forscher arbeitet in dem Projekt Corpus Coranicum der Berlin-Brandenburgischen Akademie der Wissenschaften. Während Sinai und seine Kollegen sich natürlich durch die arabischen Fassungen wühlen, lesen die Schüler Übersetzungen. Aber die sind auch nicht so leicht zu verstehen. Fabian hat dennoch eine Idee, was im Zentrum der Sure 81 stehen könnte: »Vielleicht ist das wie in der Bibel: Am Ende aller Tage wird gerichtet und entschieden, wer ins Höllenfeuer kommt, und der Garten, das könnte ja das Paradies sein.« Yvonne Pauly greift das sofort auf: »Wie würden Sie Ihre Hypothese überprüfen, wenn Sie Mitarbeiter des Corpus Coranicum wären?« Ein Schüler schlägt vor, sich mit einer Moschee in Verbindung zu setzen, ein anderer fragt, ob es noch eine andere Übersetzung gibt. Schließlich sagt ein Mädchen, dass es vielleicht im Koran andere Passagen gibt, die Erhellendes zur Sure 81 beitragen könnten. »Nach textimmanenten Parallelstellen suchen, das ist eine klassische philologische Methode«, lobt Yvonne Pauly. Daraufhin verteilen sie und Nicolai Sinai Mini-Konkordanzen mit Verweisen auf Passagen aus dem Koran und der Bibel. In Gruppenarbeit versuchen die Gymnasiasten nun, den Geheimnissen »ihrer« Sure auf die Spur zu kommen.

Lehrer Andreas Buntrock ist fasziniert, dass es gelingt, vier Stunden lang Schüler »mit trockener philologischer Arbeit« zu begeistern. In der Schule komme es oft zu kurz, die Entstehungsgeschichte und die Kommunikationsabsicht von Texten zu hinterfragen. Meist sei es ja so, dass der Lehrer Fragen stelle und die Schüler antworten müssten, beklagt Buntrock. Er findet es wichtig, dass es hier ein Scharnier zwischen Schule und Universität gibt.

Wie groß die Unterschiede zwischen dem schulischen Lernen und der Arbeit von Wissenschaftlern sind, offenbart sich nach Abschluss der Gruppenarbeit. Anstatt sich auf Textstellen aus Koran und Bibel zu beziehen, versuchen die Schüler eher assoziativ ihre Thesen zu untermauern. Die Diskrepanz zwischen Schule und Universität war es auch, die Yvonne Pauly auf die Idee des Schülerlabors brachte. Als Schülerin habe sie selbst einen spannenden Deutsch-Leistungskurs gehabt, aber die harte Textarbeit an der Uni hätte sie anfangs ziemlich erschreckt. Ein geisteswissenschaftliches Schülerlabor könne viel leisten, um diesen Übergang zu glätten. Anders als manche ihrer Kollegen aus naturwissenschaftlichen Laboren hat sie nicht das Ziel, die Zahl der Studenten in die Höhe zu treiben. Über mangelnde Bewerberzahlen können sich die geisteswissenschaftlichen Fächer schließlich nicht beklagen. Schon eher über hohe Abbrecherquoten. Wenn aber lesefreudige Schüler durch das Schülerlabor einen Einblick in die Arbeit von Philologen bekommen hätten, wüssten sie eher, auf was sie sich einlassen. Oder, wie Yvonne Pauly es sagt: »Wichtig ist nicht, mehr Studenten zu locken, sondern die richtigen.«

## Das Labor in die Klassenräume bringen

Zum Schluss noch einmal zurück zu den Naturwissenschaftlern in Berlin-Dahlem und ihrem mit bunten Pins übersäten Stadtplan von Berlin: Petra Skiebe-Corrette genügt es nicht, dass Schüler ein- oder zweimal in ihrer Schulkarriere in den Genuss eines Besuches im Schülerlabor kommen. Sie hat den Wunsch, den naturwissenschaftlichen Unterricht in den Schulen insgesamt zu verbessern, den Stellenwert des forschenden Arbeitens zu erhöhen. Deswegen bringt sie das Labor in die Klassenräume. TuWaS! heißt das Grundschul-Projekt, das sich an eine Initiative der Europäischen Union anschließt.

TuWaS! steht für »Technik und Naturwissenschaften an Schulen« – nach Ablauf der Förderung durch EU-Mittel soll das Projekt ganz auf Berliner Beinen stehen. Ein Laborraum im Erdgeschoss des Institutes in Dahlem ist vollgestellt mit lila Kisten, in denen sich Experimentiermaterial für 30 Kinder befindet. Das NatLab, erklärt Skiebe-Corrette, kümmert sich um die Bereitstellung des Materials und die Lehrerfortbildung. Damit TuWaS! aber alle Berliner Grundschulen erreicht, und das ist das Ziel der Forscherin, ist breite Unterstützung notwendig. Eingebunden ist die Berlin-Brandenburgische Akademie der Wissenschaften, auch die Wirtschaft soll beteiligt werden – keine einfache Angelegenheit in Berlin. Wiebke Danielson, Lehrerin an der Anna-Lindh-Grundschule, ist von der Senatsschulverwaltung mit einer halben Stelle für das Projekt abgeordnet. Danielsons Klassen nehmen natürlich schon an TuWaS! teil, auf dem Stadtplan ist ihre Schule im Stadtteil Wedding mit einem gelben Pin gekennzeichnet. »Wir wollen in den Schulen eine Lawine auslösen«, sagt Danielson, hoffnungsfroh, dass das Projekt richtig ins Rollen kommt.

Irgendwann, wenn in den Schulen viel geforscht werde, sagt Petra Skiebe-Corrette könnte das Schülerlabor dann weniger wichtig werden. Aber nicht überflüssig, fällt ihr die Lehrerin Danielson ins Wort, denn nur im richtigen Labor hätten die Schüler das Erlebnis, wie die Großen zu experimentieren.


## »Was Schülerlabore leisten können«

Schülerlabore wurden an Universitäten, Fachhochschulen, Forschungseinrichtungen, Museen, Science Centern, Technologie- und Gründerzentren und in der Industrie eingerichtet – die Angebote sind vielfältig. Über das Image der Naturwissenschaften, den Nutzen von Laborarbeit für die Schüler und den Gewinn für die Laboreinrichtungen spricht Moritz Behrendt mit Manfred Euler, Geschäftsführender Direktor des Netzwerks Lernort Labor, und dem Biologie-Didaktiker Franz-Josef Scharfenberg.

*Inzwischen gibt es mehr als 200 Schülerlabore in Deutschland.*
*Die Zahl steigt weiter, auch wenn sich das Wachstum in den letzten Jahren etwas verlangsamt hat. Was sind die Gründe für den Aufschwung dieser Bewegung?*
EULER: Die Tatsache, dass man in den Laboren eine andere Art der Herangehensweise an Naturwissenschaft und Technik praktiziert, als man das aus dem eher formalen Unterricht gewohnt ist, ist die Hauptmotivation für die Entwicklung und den Boom der Schülerlabore. Die Schule steht natürlich unter vielen einengenden Rahmenbedingungen: Es muss sehr viel Stoff vermittelt werden, und dabei ist, denke ich, der pädagogische Aspekt ein wenig auf der Strecke geblieben. Die Schülerlabore treten mit

dem Anspruch an, ein Erlebnis von Wissenschaft und Technik zu vermitteln. Hier werden Schülerinnen und Schüler wirklich ganz praktisch mit den Problemen und Forschungsfragen konfrontiert. Dadurch, so ist die Hoffnung, die zum Teil auch durch die Wirkungsforschung bestätigt wurde, ändert sich die Einstellung und Motivation der Schülerinnen und Schüler.

*Was genau bewirkt die Arbeit in den Laboren bei den Schülern?*
SCHARFENBERG: Der Hauptaspekt, da stimmen verschiedene Studien überein, ist die emotionale Komponente: Die Schüler empfinden den Besuch als positiv, er macht ihnen Spaß. Bei Befragungen der Schüler hört man regelmäßig die Antwort, dass sie wiederkommen wollen.

Zumindest mittelfristig lösen die Besuche in Schülerlaboren bei den Schülern zusätzlich das Interesse aus, über den untersuchten Gegenstand mehr wissen zu wollen. Wenn sie sich mit der Molekularbiologie bisher nur theoretisch im Unterricht beschäftigt und das Klonieren an der Tafel und auf dem Arbeitsblatt kennengelernt haben, dann bewirkt die Arbeit im Labor einen großen Interesseschub: Hier haben sie die Bakterien direkt »in der Hand«, sie arbeiten tatsächlich mit dem Erbgut in den kleinen Reaktionsgefäßen – dadurch bekommen sie einen ganz anderen Bezug zum Thema. Zum Lernen gehört für mich auch das Erleben dazu. Lernen ist mit Emotionen verbunden, aber in der Schule ist es leider oft so, dass gerade die Naturwissenschaften im engeren Sinn, also Chemie und Physik, mit negativen Emotionen verknüpft sind, gegen die man als Lehrer ankämpfen muss.

*War der oft schlechte Ruf des naturwissenschaftlichen Unterrichts einer der Gründe für die Entwicklung von Schülerlaboren?*
EULER: Ja, wenn man die Geschichte Revue passieren lässt, so ist die Schülerlaborbewegung ursprünglich eine Bottom-up-Bewegung gewesen: Akteure, die nicht im schulischen Alltagsgeschäft standen, haben sich vorgenommen, das ziemlich negative Image der naturwissenschaftlichen Fächer zu verbessern.

EINBLICKE IN DIE PRAXIS

*Wie würden Sie in groben Zügen die Entwicklung der Schülerlabore und ihre institutionelle Verankerung skizzieren?*
EULER: Die Hauptaktivität ging zuerst von Forschungszentren aus. Sie haben als Erste gesehen, wie schwer es ist, Nachwuchs zu rekrutieren, und hatten dann schnell im Blick, wie wichtig das Image von Naturwissenschaft und Forschung ist. Die Entwicklung wurde anfangs relativ stark von Akteuren aus der außeruniversitären Wissenschaft vorangetrieben, dann sind als Nächstes die Universitäten langsam mit dazugekommen. Die Universitäten nutzen die Schülerlabore dabei in ganz unterschiedlicher Weise: Zum einen, um in der Region für die Universität Werbung zu machen, und zum anderen, um künftige Lehrkräfte in den Laboren auszubilden. Die dritten Akteure waren die Museen oder vielmehr Science Center, und die vierte Schiene ist die Wirtschaft, die Industrie. Allerdings haben bis auf ein paar große Player noch nicht alle die Möglichkeiten erkannt, die ihnen Schülerlabore bringen. Auch kleine und mittelständische Unternehmen könnten sich zusammenschließen, um solche Bewegungen zu fördern. Dort ist es noch nicht so sehr ins Bewusstsein gedrungen, dass der Kampf um Nachwuchs künftig verschärft auftreten wird und vor allem noch früher stattfinden wird.

Dabei geht es zentral um die Änderung von Einstellungen – nicht nur die Einstellung zu den Naturwissenschaften, sondern auch die Einstellung zu Berufsfeldern. Wenn Schüler in Laboren sehen und miterleben, wie ein Ingenieur in der Industrie arbeitet, was für interessante Dinge er macht, dann kann es gelingen, die Sichtweisen der Schüler relativ schnell zu verändern.

*Wenn man den Mangel an Studenten in den naturwissenschaftlichen Fächern an deutschen Universitäten betrachtet, müsste sich die Bildungspolitik dann nicht noch stärker für die Schülerlabore engagieren?*
*Werden die Labore in den Kultusministerien offensiv gefördert?*
SCHARFENBERG: Sie werden unterstützt. Ich will das Beispiel Bayern heranziehen, wo jetzt im Kultusministerium explizit eine Stelle als Landeskoordinator für Schülerlabore geschaffen wurde. Ein Kollege wurde teilweise vom Unterricht freigestellt, um die Vernetzung der bayrischen Schüler-

labore in Gang zu bringen. Das heißt, auch auf der institutionellen Ebene werden diese Vorteile jetzt gesehen. Außerdem werden in verschiedenen Bundesländern Kollegen an Schülerlabore ganz oder teilabgeordnet.

Ich denke, dass auch manche Träger – Universitäten oder Forschungseinrichtungen – erkannt haben, dass es zu ihrem Auftrag gehört, die schulische Bildung über solche Labore zu fördern.

*Inwieweit kann die Arbeit in Schülerlaboren in die Schulen hineinwirken?*
*Werden Erkenntnisse aus den Laboren in die Schulentwicklung miteinbezogen?*
SCHARFENBERG: Für mich ist es ganz entscheidend, dass Schülerlabore in die Lehrerfortbildung einbezogen sind. Die Labore sollten in ihrer Region die Schulen und die Kollegen aktuell über ihre Projekte auf dem Laufenden halten und natürlich über die Art, wie bei ihnen Wissen vermittelt wird. Für viele Lehrer ist es noch ungewohnt, im Labor etwas zurücktreten zu müssen. Aber das ist ein Verhalten, das auch im regulären Unterricht Schule machen könnte: Lehrer treten aus ihrer dominierenden Rolle heraus und lassen die Schüler die Fragestellungen entwickeln.

EULER: Es gibt einen gewissen Wissenskanon, und diesen Kanon muss die Lehrkraft unterrichten. Dieser transmissive Vermittlungsmodus ist in der deutschen Bildungstradition, vor allem im Gymnasium, fest verankert. Man hat dabei vernachlässigt, dass Schüler ihr Wissen autonom konstruieren müssen. Hier muss eine bessere Balance hergestellt werden.

Die Vermittlung ist nach wie vor notwendig, aber es muss viel mehr Gelegenheiten geben, bei denen Schüler ihr Wissen selbst konstruieren. Da sind Schülerlabore eine gute Anregung von außen, denn sie zeigen: Es geht auch auf andere Weise. Diese Methoden und Erfahrungen in den regulären Unterricht zu integrieren, ist natürlich ein langer Prozess. Es ist schon ein großer Schritt, wenn man jetzt von Anfang an die Schülerlabore in die Lehrerausbildung einbezieht.

Aber auch wenn konventionell unterrichtende Lehrer mit ihrer Klasse in ein Schülerlabor kommen, können sie diese Erkenntnisse im Unterricht nutzen. Lehrkräfte machen häufig die Erfahrung, dass sie ihre Schüler schier nicht wiedererkennen. Da gibt es Schüler, die im Unterricht

EINBLICKE IN DIE PRAXIS

völlig ruhig sind, und im Labor arbeiten sie auf einmal ganz aktiv mit. Das heißt, es werden ganz andere Herangehensweisen gefordert, oft auch ganz andere Schülertypen. Dieses Verhalten lässt sich auch auf den üblichen Unterricht übertragen, und durch eine solche positive Erfahrung wird es auch gelingen, mehr Schüler für Naturwissenschaften und Technik zu begeistern.

*Wo liegt der Vorteil der Schülerlabore für die Wissenschaft?*
*Zeigen sich schon Erfolge bei den Studienzahlen?*
SCHARFENBERG: Ob die Labore als Form der Nachwuchsförderung erfolgreich sind, das können wir letztendlich noch nicht beurteilen. Es gibt Einzelfälle, etwa wenn ich erfahre, dass jemand, der vorletztes Jahr bei mir im Schülerlabor war, jetzt Biologie studiert. Ob der Besuch im Labor der Auslöser für seine Studienwahl war, kann ich nicht beurteilen. Das wäre auch methodisch recht schwierig: Man bräuchte Längsschnittstudien, in denen Schüler über den Studienbeginn oder den Berufsbeginn beobachtet werden. Ich sehe aber durchaus die Chance, dass solche Besuche etwas auslösen – und die Studien bestätigen diesen Eindruck. Das Staunen über die neuen Eindrücke sorgt für kognitive Konflikte. Aufgabe der Lehrerkollegen ist es dann, diesen Besuch zu nutzen und die positiven Erfahrungen wachzuhalten.

*Das heißt, die Schülerlabore sollen Anregungen für besseren Unterricht*
*geben?*
SCHARFENBERG: Ich sehe eine gewisse Modellfunktion der Lehrenden im Schülerlabor für die Kollegen im Alltag in der Schule. Im Labor sage ich immer den Schülern: »Für das, was ihr heute gemacht habt, dafür hat einer den Nobelpreis gekriegt.« Das ist der Versuch, Kompetenzerleben zu ermöglichen. Und wenn ein Lehrer rausgeht und sich überlegt, auch mal auszuprobieren, was sein Kollege im Labor gemacht hat, weil er die Methodik bisher vielleicht noch nicht so berücksichtigt hat – dann ist ein positiver Effekt bei den Lehrern erreicht.

## SCHÜLERLABORE UND SCIENCE CENTER

*Wenn dieser Effekt bei allen Lehrern eintritt und im Unterricht durchweg praxisorientierter gearbeitet wird, werden die Schülerlabore dann in einigen Jahren überflüssig?*

EULER: Ich gehe mal davon aus, dass die Schülerlabore auch in 20 Jahren noch existieren werden. Seien wir mal ganz optimistisch und gehen davon aus, dass sich der Unterricht so weiterentwickelt, wie wir hoffen, und die Schüler stärker engagiert bei der Sache sind: Selbst dann bin ich der Ansicht, dass die Labore auch weiterhin eine Funktion haben. Ihre Aufgabe wird es sein, die Vermittlung der außerschulischen Aspekte, den Bezug zur aktuellen Wissenschaft, zur aktuellen Technologie, zur Arbeitswelt herzustellen.

Im Moment haben wir ja noch so ein Mischmodell, in dem die Schülerlabore versuchen, auch noch ein bisschen in die Unterrichtsmethodik hineinzuwirken. Wenn der Unterricht sich wirklich positiv entwickelt, dann können andere Aspekte der Labore in den Vordergrund treten: Sie können zeigen, wie kreativ Forschung und Wissenschaft oft sind, und sie können Einblicke in die Arbeitswelt ermöglichen und so Hilfestellung geben bei der Studienfach- oder Berufswahl.

# Laufen lernen:
# Die Chancen von Projektarbeit

# Expedition Vulkaneifel

## Schüler betreiben wissenschaftliche Feldforschung

*Projektvorstellung von Wolfgang Fraedrich*

Wolfgang Fraedrich ist Lehrer für Geologie und Geographie am Hamburger Gymnasium Heidberg, seit 1996 leitet er dort Forschungsprojekte mit dem exotischen Schwerpunkt Vulkanologie.
2007 startete er mit zehn Schülern eine erfolgreiche Eifel-Exkursion.

## Die Projektidee

Forschen an aktiven Vulkanen – in einem eher ungewöhnlichen Gebiet führen wir am Gymnasium Heidberg in Hamburg bereits seit mehreren Jahren junge Menschen an forschendes Lernen heran. Das geschieht durch praktisches Arbeiten vor Ort: Aktive Vulkane sind faszinierende Naturerscheinungen, die den nötigen Respekt vor der Natur und ihren Gesetzmäßigkeiten vermitteln.

Den organisatorischen Rahmen für diesen schulischen, aber außerunterrichtlichen Arbeitsbereich bildet das »Young Scientists Research Project«. Hierbei handelt es sich um eine Plattform, die ich vor einigen Jahren an unserer Schule gegründet habe, um vorwiegend naturwissenschaftlich ausgerichtete Einzelprojekte zu initiieren und zu begleiten. Die Erfahrung hat gezeigt, dass solch eine etablierte und mit einem Namen versehene Organisationsstruktur hilfreich bei der Einbeziehung (internationaler) Kooperationspartner sein kann.

Seit 1998 führen wir so vulkanologische Projekte u. a. in Süditalien, Island und der Eifel durch. Im Juni 2007 leiteten meine Kollegin Heidi Schaefer und ich eine Expedition zum Meerfelder Maar, einem Vulkan in der Westeifel. Die teilnehmenden Schüler sollten hier den Ablauf eines Vulkanausbruches rekonstruieren.

EINBLICKE IN DIE PRAXIS

Die Idee zu dieser Art Projektarbeit entwickelte sich aus verschiedenen Beweggründen heraus:

- Junge Menschen sind grundsätzlich interessiert und für Besonderes zu begeistern. Bereits im Kleinkindalter prägen Neugier, Forschungs- und Erkundungsdrang den Alltag und die Erfahrungswelt. Der gewöhnliche (Schul-)Alltag vermag oft nichts anzubieten, was diesen Drang adäquat befriedigt. Hier möchten wir ein Zeichen setzen und den Schülern ein Angebot machen.
- Wir wollen leistungswilligen jungen Menschen die Chance bieten, sich fachlich und methodisch zu bewähren, also in den Schülern Fähigkeiten entwickeln, die nicht nur fachspezifisch, sondern generell für den weiteren Bildungsweg von Bedeutung sind.
- Hierbei können wir auf unsere langjährige Erfahrung im Geologieunterricht am Gymnasium Heidberg bauen sowie auf Erfahrungen, die wir durch die Teilnahme an den Wettbewerben »Schüler experimentieren« und »Jugend forscht« gemacht haben. Diese ermöglichen es uns, das über das Alltagsschulgeschehen hinausgehende Leistungsvermögen unserer Schüler richtig einzuschätzen und angemessen weiterzuentwickeln.

## Das Eifelprojekt 2007 im Überblick

Die Eifel ist eines der Vulkangebiete in Mitteleuropa, in denen sich in jüngerer geologischer Vergangenheit zum Teil heftige Eruptionen ereigneten und die vulkanisch immer noch aktiv sind. An der Westflanke des Meerfelder Maars ereignete sich vor circa 29 000 Jahren ein Vulkanausbruch – rund 17 Meter hohe Gesteinsablagerungen zeugen bis heute von dieser Eruption in der Westeifel. Maare sind Explosivkrater, die durch heftige Ausbrüche dann entstehen, wenn aufsteigendes glutflüssiges Gestein (Magma) mit Grundwasser in Kontakt kommt. Sie sind bisher wenig erforscht worden, weshalb sich unsere Projektgruppe zum Ziel gesetzt hat, den Ablauf der Maareruptionen zu rekonstruieren. Nach Kenntnis des Vulkanologen Hans-Ulrich Schmincke gab es bis zu unserem Projekt noch keine wissenschaftlichen Untersuchungen mit diesem Ziel. Eine solche Rekonstruktion kann sich jedoch als wichtig erweisen, wenn sich neue Ausbrüche ankündigen.

Im Mittelpunkt dieser Art von Projektarbeit stehen die Interessen der Schüler, die – oft zunächst vage formuliert – von den beteiligten Lehrkräften gelenkt werden. Zusätzlichen fachlichen Rat holen wir uns bei jedem größeren Projekt von Wissenschaftlern. Beim Eifel-Projekt 2007 begleitete uns Professor Schmincke vom IFM-GEOMAR in Kiel, der uns bereits im Jahr 2004 in gleicher Weise unterstützt hatte. Der international renommierte Vulkanologe verfügt über jahrelange Erfahrungen im Umgang mit Lernenden, kann die komplexen vulkanologischen Sachverhalte unter didaktischem Blickwinkel sehen und auch an Jugendliche vermitteln. Hans-Ulrich Schmincke, Heidi Schaefer (mit den Unterrichtsfächern Biologie und Deutsch) und ich haben in Vorgesprächen Ideen entwickelt und deren altersgerechte Umsetzung reflektiert. Die Auswahl der Schüler erfolgte durch uns Lehrkräfte. Wie bei den vergangenen Projekten auch, haben wir einzelne Schüler angesprochen, die zum einen Interesse am Thema Geologie gezeigt hatten und zum anderen durch ihre hohe Leistungsfähigkeit im Regelunterricht aufgefallen waren. Die Teilnehmerzahl war auf zehn – maximal vierzehn – Schüler festgelegt, da die auf eine Woche begrenzte Feldarbeit mit mehr Schülern nicht vernünftig durchführbar gewesen wäre. Die Körber-Stiftung förderte die Exkursion im Rahmen ihres Programms KiWiss – Wissenschaft für Kinder und Jugendliche.

In Zusammenarbeit mit den zehn beteiligten Schülern im Alter von 13 bis 15 Jahren ergaben sich schließlich vier einzelne Forschungsprojekte, die ein gemeinsames wissenschaftliches Ziel hatten: den »Energetischen Ablauf einer Maareruption – vor allem den Verlauf der Initialphase und der Endphase« – zu rekonstruieren. Da die Ergebnisse der Projekte bei den Schülerwettbewerben »Schüler experimentieren« und »Jugend forscht« im Frühjahr 2008 präsentiert werden sollten, war eine spezifische Schwerpunktsetzung für jedes der vier Einzelthemen nötig.

EINBLICKE IN DIE PRAXIS

## Der Projektverlauf

Im Mittelpunkt des Projekts stand eine sechstägige Exkursion, die die Jungforscher von Hamburg aus in die Westeifel führte. Rund 25 km westlich von unserem Übernachtungsstandort Schalkenmehren liegt das Meerfelder Maar. An der Westflanke des Vulkans wird heute in einer Grube Vulkangestein abgetragen, das vornehmlich in der Bauwirtschaft Verwendung findet. Hans-Ulrich Schmincke hatte durch eine Vorexkursion sichergestellt, dass das Forschungsvorhaben wie geplant durchgeführt werden kann. Wir begleitenden Lehrkräfte übernahmen die Logistik des Projekts, organisierten die Reise und sorgten dafür, dass das nötige Equipment vorhanden war. Gemeinsam organisierten Wissenschaftler und Lehrer einen Vorbereitungsnachmittag, an dem sich die Schüler wesentliche Grundkenntnisse im Zusammenhang mit dem Eifel-Vulkanismus erarbeiten konnten.

Die Arbeit im Gelände bedeutete für die Schüler zunächst Learning by Doing. Sie mussten eigene Beobachtungen machen, diese sortieren, diskutieren und analysieren. Ausgehend vom jeweiligen Arbeitsschwerpunkt wurde dann intensiv methodisch gearbeitet: Gesteinsabfolgen wurden (foto-)grafisch aufgenommen und anschließend vermessen, gezeichnet und zum Abschluss beprobt. Das gesammelte Probenmaterial war die Grundlage für weitere Laboranalysen. Die Ergebnisse wurden schließlich zusammengetragen, strukturiert, grafisch umgesetzt, analysiert, mit den Betreuern diskutiert und in schriftlicher und mündlicher Form beim jeweiligen Wettbewerb präsentiert.

## Herausforderungen für Lehrer und Schüler

2007 hatten wir erstmals eine größere Gruppe jüngerer Schüler in ein solches Forschungsprojekt einbezogen. Unsere Erfahrung aus den zurückliegenden Jahren und aus diesem Projekt ist, dass 13- bis 15-Jährige durchaus sehr sorgfältig arbeiten, sehr wissbegierig sind und unter Anleitung mit Gewinn an einem solchen Projekt mitarbeiten können. Andererseits zeigt sich, dass jüngere Schüler oft schneller frustriert sind, wenn das Vorhaben nicht ihren Vorstellungen entsprechend läuft. Die wohl größte Schwierigkeit für die Projektbetreuer lag darin, deutlich zu machen, dass wissenschaftliches Forschen auch Fehlschläge mit sich bringen kann und dass gerade diese dazu anregen, neue Fragen zu stellen. Genau dieser Punkt ist die entscheidende Schnittstelle zwischen Jungforschern und Projektbetreuern. Hier sind didaktisches Geschick und die Fähigkeit zu motivieren gefordert, um die vermeintlich hohen Hürden auf dem Weg zum Ziel abbauen zu helfen. Erreicht wird dies vor allem, indem man mit den Schülern einen Weg findet, die vielen Einzelergebnisse im komplexen Gesamtzusammenhang zu sehen und zu bewerten. Als das »Gesamtkonstrukt Vulkan« erst einmal verstanden war, wurde die Arbeit für viele Jungforscher deutlich leichter.

Große Sicherheit zeigten alle Projektteilnehmer bei der Anwendung der verschiedenen Arbeitsmethoden, für deren saubere Umsetzung immer nur kurze Einführungen erforderlich waren. Nur gelegentlich war eine Kontrolle durch die Betreuer notwendig, um die wissenschaftliche Genauigkeit zu gewährleisten.

Alle vier Projekte wurden bei den Wettbewerben mit Preisen ausgezeichnet – ein Beleg dafür, dass alle Teilnehmer ihre Ergebnisse nicht nur sauber erarbeitet und dokumentiert hatten, sondern auch verständlich präsentieren konnten.

## Kalkulation und Kooperation

Planung und Logistik eines solchen Projekts orientieren sich daran, in einem möglichst kurzen Zeitraum ein Optimum an Arbeitszeit zu nutzen. Die Arbeitstage im Gelände sind grundsätzlich auch körperlich anstrengend, beginnen spätestens gegen 8:30 Uhr mit der Abfahrt aus dem Übernachtungsquartier und enden in der Regel nicht vor 18:00 Uhr, mitunter deutlich später. Die Tagesverpflegung wird unterwegs eingenommen. Übernachtungsquartiere müssen also flexible Öffnungs- und Versorgungszeiten haben, zudem möglichst preiswert sein und günstig zum Exkursionsgebiet liegen. Wenn man frühzeitig beginnt und über ein wenig Erfahrung in der Reiseplanung verfügt, ist dies aber problemlos zu bewältigen. Um im Exkursionsgebiet flexibel zu sein und Equipment und Probenmaterial transportieren zu können, benötigt man robuste Fahrzeuge, wie z. B. Vans. Öffentliche Verkehrsmittel scheiden aufgrund ihrer begrenzten Reichweite ebenso aus wie gecharterte Busse, die viel zu groß und teuer sind und das Gelände abseits von Straßen nicht befahren können. Einkalkulieren muss man zudem noch Ausgaben für Ausrüstungsgegenstände, also Messgeräte, Verbrauchsmaterialien etc.

Die Festlegung der Projektzielsetzung, der jeweiligen Einzelziele und die erforderlichen Absprachen kosten viel Zeit. Auch die inhaltliche Arbeit muss gut geplant sein und, wo immer es geht, zusammen mit den Schülern organisiert werden. Gerechnet in Arbeitsstunden, nimmt die Vorbereitung mindestens genauso viel Zeit in Anspruch wie die Arbeit im Gelände, inklusive der abendlichen Nachbereitung und der Vorbesprechungen. Doppelt so viel Zeit muss für die Nachbereitung der Projekte seitens der Betreuungslehrer und der Projektteilnehmer investiert werden. Dies ist eine Art Faustregel, die sich aus langjähriger Erfahrung mit derartiger Projektarbeit ergeben hat.

Der finanzielle Aufwand lässt sich ebenfalls per Faustregel festlegen, er variiert allerdings je nach Exkursionsziel. Im Inland muss man pro Exkursionstag für ein Projekt 80 bis 100 Euro kalkulieren, für Exkursionsgebiete im Ausland kommen leicht 120 bis 140 Euro zusammen. Die Kosten für zusätzliche Anschaffungen müssen noch hinzugerechnet werden.

Am Gymnasium Heidberg arbeiten wir bei unseren Forschungsprojekten stets mit außerschulischen Partnern im In- und Ausland zusammen. Im Hinblick auf den wissenschaftlichen Anspruch der Projektarbeit ist eine solche Zusammenarbeit zwingend erforderlich, da nur Wissenschaftler die Desiderate benennen können und das methodische Know-how mitbringen. Auch bei der Auswertung der Geländearbeit ist die wissenschaftliche Begleitung wichtig. Hier ist wiederum das Bereitstellen von

Laborkapazitäten entscheidend, die keine Schule in der erforderlichen Größenordnung und Qualität anbieten könnte.

## Einbindung in den Schulalltag

Das Eifel-Projekt 2007 war – wie alle bisherigen Projekte auch – zunächst nur eine »pädagogische Insel« im großen Ozean des Schulalltags. Einer der Gründe dafür ist, dass das wissenschaftliche Arbeiten in der Sekundarstufe I sicher bundesweit noch in den Kinderschuhen steckt. Das forschende Lernen im Unterricht hat sich bisher kaum etablieren können, auch wenn es vereinzelt Ansätze gibt. Diese allerdings haben ihren Schwerpunkt zunächst nur auf der Formulierung einer Forschungsfrage, auf die man dann mit adäquaten und altersgerechten Methoden eine Antwort zu finden versucht.

Unsere Arbeit im »Young Scientists Research Project« geht einen Schritt weiter: Die Themen sind anspruchsvoller, sowohl was den Inhalt als auch was die methodische Umsetzung angeht. Interesse, Motivation und Lernbereitschaft sowie ein überdurchschnittlich gutes Arbeitsverhalten – nicht jedoch ausschließlich (Hoch-)Begabung – sind Voraussetzungen, um bei solchen Projekten erfolgreich zu arbeiten. In einer durchschnittlichen Gymnasialklasse können diese Eigenschaften nicht bei allen Schülern gleichermaßen vorausgesetzt werden. Aus diesem Grund lässt sich allen Erfahrungen nach das beschriebene Projekt nicht eins zu eins in den Schulalltag übernehmen. Die Teilnehmer berichten in ihren Klassen jedoch regelmäßig über ihre Projekte. Dadurch erfahren sie Anerkennung durch ihre Mitschüler und bieten diesen zugleich Einblick in ein Thema, das nicht im Curriculum steht.

## Reaktionen aus Kollegium und Elternschaft

Außerunterrichtliche Projektarbeit genießt im Lehrerkollegium eine breite Akzeptanz. Das Gymnasium Heidberg hat sich seit den 1990er-Jahren eine ausgesprochene Wettbewerbskultur aufgebaut, in die nahezu alle Fachbereiche eingebunden sind. Die Teilnahme an Wettbewerben erfordert projektorientiertes Arbeiten, bedeutet aber auch, die Kollisionen mit dem Regelunterricht minimal zu halten (z.B. durch zeitliche Bündelung dieser Projektaktivitäten) und sicherzustellen, dass Projektteilnehmer im Regelunterricht versäumten Stoff nacharbeiten. Für Konflikte, die etwa bei der Terminierung von Klassenarbeiten entstehen, müssen wir immer wieder neu nach Lösungen suchen.

Der Projektarbeit haftet immer noch etwas »Exotisches« an, das für die positive Außenwirkung einer Schule durchaus wichtig ist. Projekte wie die beschriebene Eifel-Expedition finden sehr großen Anklang in der Elternschaft, nicht nur bei den Eltern der Teilnehmer. Die Eltern sehen die Projektarbeit verständlicherweise vor dem Hintergrund, dass die eigenen Kinder eine besondere Art von Wertschätzung ihres Könnens und ein nicht gerade alltägliches Lernangebot erfahren. In Gesprächen mit Eltern der Teilnehmer lobten diese die Zunahme an Leistungsbereitschaft und Motivation bei ihren Kindern, die Freude und Ernsthaftigkeit, mit der sie ihr Forschungsprojekt betrieben, sowie die Entwicklung der sozialen Kompetenz.

## Das Eifel-Projekt – eine Bilanz

Es steht außer Frage: Außerunterrichtliche Projektarbeit wie die oben beschriebene stellt für alle Beteiligten etwas Außergewöhnliches dar. So resümiert Leonie: »Mir hat das Eifel-Projekt viel Spaß gemacht. Ich fand das Thema interessant, und es war spannend, die auf der Projektreise gewonnenen Proben auszuwerten.« Ihre Mitschülerin Nadine bilanziert: »In der Eifel haben wir als Gruppe Spaß und Forschung verbunden. Dieses zusätzliche freiwillige Lernen kann für einen selbst mehr bringen als der normale Unterricht in der Schule.«

Welche über den Unterrichtsalltag hinausgehenden Ziele standen für uns als Projektleiter im Vordergrund? Zum einen wollten wir die Schüler dazu motivieren, fachspezifische Methoden zielgerichtet und erfolgreich anzuwenden, aber auch kritisch zu hinterfragen. Zum anderen sollten sie die Fähigkeit entwickeln, forschend zu lernen.

Gemessen an diesen Zielen war das Eifel-Projekt 2007 ein Erfolg – wie oben erwähnt, wurden alle vier Einzelprojekte mit Preisen ausgezeichnet. Auch im Schulalltag schlägt sich die Projektarbeit stets positiv nieder. Durch die selbstständige Art des Arbeitens während des Projekts lernen die Schüler ihre Lehrer einmal von einer anderen Seite kennen. Diese Erfahrung und die Forschungserfolge der Schüler wirken sich unserer Erfahrung nach positiv auf Atmosphäre und Motivation im regulären Unterricht aus.

Doch der Unterrichtsalltag führt uns auch vor Augen, dass diese Art zu arbeiten etwas Besonderes ist. Inzwischen sind in allen Jahrgängen die Lerngruppen groß – selten weniger als 25 Schüler –, und sie müssen zudem oft in zu kleinen Räumen arbeiten. Rein organisatorisch bietet sich kaum Spielraum für eine weiter reichende Differenzierung und Individualisierung des Lernangebots. Genau dies wäre jedoch eine Voraussetzung dafür, auch mit großen Lerngruppen forschendes Lernen auf Dauer umzusetzen. Da eine Reduzierung der Schülerzahl innerhalb der Lerngruppen nicht absehbar ist, werden außerunterrichtliche Projekte wie das Eifel-Projekt auch in Zukunft unverzichtbar sein.

*Redaktion: Julia Jaki*

# »Mehr Sensibilität im Umgang mit der Natur«

Julia Jaki im Gespräch mit Hans-Ulrich Schmincke, Vulkanologe
am IFM-GEOMAR, dem Leibniz-Institut für Meereswissenschaften
an der Universität Kiel

*Herr Professor Schmincke, Sie sind ein international renommierter Wissenschaftler und haben viele Verpflichtungen. Wie kam die Zusammenarbeit mit dem Gymnasium Heidberg zustande?*
Über den persönlichen Kontakt zu Herrn Fraedrich. Er hatte mich das erste Mal Mitte der 90er-Jahre kontaktiert, weil er ja sehr aktiv ist und viele Ideen für die Arbeit mit seinen Schülern hat. Ich habe ihn dann ein paarmal bei Projektreisen beraten und Vorträge an seiner Schule gehalten. Im gemeinsamen Gespräch ergab sich schließlich die Idee, eine Expedition in die Eifel zu machen. Das war im Jahr 2005; zwei Jahre später haben wir das in der Westeifel wiederholt. Ich schätze es sehr, wenn sich ein Lehrer wie Herr Fraedrich so intensiv um die außerunterrichtliche Bildung seiner Schüler kümmert.

*Machen Sie häufiger Projekte mit Schülern?*
Ich habe mehrmals Vorträge an Kinder-Unis gehalten, das mache ich schon seit vierzig Jahren, aber mit einer ganzen Klasse auf Expedition war ich zuvor noch nicht. Ich forsche intensiv im In- und Ausland, betreue, obwohl ich pensioniert bin, Studenten und Doktoranden, schreibe Bücher usw. – da kostet so eine Forschungswoche mit Schülern natürlich eine Menge Zeit. Aber es macht mir Freude, etwas von meinem Wissen und meiner Erfahrung an Schüler weiterzugeben und ihnen zu zeigen, wie man wissenschaftlich arbeitet.

*Wie lief das Eifel-Projekt 2007 aus Ihrer Sicht ab?*
Ich muss ja ein Projekt vorschlagen, das zeitlich und inhaltlich von den Schülern bewältigt werden kann. Es darf nicht zu anspruchsvoll sein, sonst sind die Kinder frustriert, muss aber spannend genug sein, damit

sie engagiert bei der Sache bleiben. Das war bei diesem Projekt der Fall. Es gibt natürlich immer einige Schüler, die besonders gut sind, und einige, die sich weniger intensiv engagieren. Und die Mädchen in dem Alter sind einfach im »Kichererbsenstadium«, aber insgesamt haben die Schüler ausgezeichnet gearbeitet.

*Sie waren sechs Tage lang mit der Gruppe auf Feldforschung. Was war nach Ihren Beobachtungen die größte Herausforderung für die Schüler?*
Die Motivation. Wir haben eine Woche lang sechs, sieben Stunden täglich in einem Steinbruch gearbeitet. Über so viele Stunden Geduld aufzubringen, viele Tage lang nüchterne und dreckige Sachen zu machen – das ist nicht einfach in dem Alter. Aber alles in allem ist es gut gelaufen.

*Spüren Sie als Wissenschaftler eine Verantwortung, sich in solchen Projekten zu engagieren?*
Ich nehme Worte wie »Bringschuld« nicht gerne in den Mund, aber unsere Forschung wird mit öffentlichen Geldern finanziert, und insofern gehört es auch zu unserer Aufgabe, den Menschen unsere Forschung zu erklären. Ich habe deshalb schon immer versucht, mein Fachgebiet einer breiten Öffentlichkeit verständlich zu machen, im Fernsehen oder im Radio.

*Sehen Sie Projekte wie dieses auch als Möglichkeit an, junge Wissenschaftler zu rekrutieren?*
Junge Menschen für die Wissenschaft zu gewinnen, ist für mich keine primäre Motivation, obwohl der Andrang in den Naturwissenschaften zurzeit ja nicht so übermäßig groß ist. Ich möchte die Schüler nicht nur für die Naturwissenschaft als ein Fach begeistern, in dem man später Geld verdienen kann. Ich möchte ihnen ein Verständnis für die Natur näher bringen, das heute zunehmend verloren geht. Viele der großen Zukunftsfragen und -herausforderungen können nur durch einen umsichtigeren Umgang mit der Natur bewältigt werden. Dafür möchte ich die Kinder sensibilisieren.

*Welche Techniken und Methoden können die Schüler – neben dem Bewusstsein für einen umsichtigen Umgang mit der Natur – noch erlernen?*
Sie lernen zum einen, in der Gruppe zu arbeiten. Beim Eifel-Projekt sitzen die Schüler eine Woche lang zu dritt oder zu viert in einem staubigen Loch und machen Messungen. Das schweißt zusammen, und sie erfahren zudem, dass es in der Wissenschaft auf exaktes Vorgehen ankommt. Sie lernen, saubere Ergebnisse zu produzieren und diese dann auch ordentlich darzustellen, schriftlich mit Grafiken, mit Fotos, mit Fußnoten. Das alles sind ganz wichtige Übungen, um methodisch sauber zu arbeiten und als Team zu funktionieren

*Nach Ihren Erfahrungen in der Eifel – was sollte bei den Schülern heute gefördert werden?*
Ganz wichtig ist natürlich, dass die sozialen Kompetenzen gestärkt werden. Etwa durch gemeinsame Projekte, die – auf die jeweilige Altersstufe zugeschnitten – durchaus anspruchsvoll sein können und sollten. Dazu gehört, dass die Schüler ein Erfolgserlebnis haben und merken, dass man selber etwas erreichen kann. Der beste Beweis: Einige von Herrn Fraedrichs Schülern haben bei Wettbewerben wie »Jugend forscht« erfolgreich abgeschnitten.

*Wo sehen Sie Reformbedarf an den Schulen?*
Obwohl ich seit jeher für eine breite Schulausbildung bin – ich selbst war auf einem humanistischen Gymnasium und halte diese Form der Ausbildung auch heute noch für angemessen –, unterstütze ich die Verkürzung der Schulzeit auf zwölf Jahre. Der Übergang ins Berufsleben erfolgt in Deutschland einfach zu spät. Auch das Festhalten am dreigliedrigen Schulsystem ist eine Katastrophe. Aber eine Diskussion der zum Teil fossilen Strukturen unseres Schul- und Universitätssystems ist ein mehr als abendfüllendes Thema.

*Sie sind selbst Hochschullehrer und betreuen viele Studenten – worin liegt Ihrer Meinung nach die Hauptaufgabe eines Lehrers?*
Schüler als Individuen zu stärken, ist meines Erachtens die vornehmste Aufgabe eines Lehrers. Bei meinen Studenten lege ich vor allem Wert darauf, unabhängige, kritische Menschen auszubilden. Menschen, die keinen Widerspruch scheuen, sich aber gleichzeitig mit Spaß für eine Sache engagieren. Herr Fraedrich ist zweifellos ein Vorbild in seiner Art, locker mit seinen Schülern umzugehen. Durch sein enormes Engagement verschafft er sich gleichzeitig Respekt bei den Schülern; ihre Bereitschaft, sich anzustrengen, erhöht sich immens. Man merkt: Es macht ihnen einfach Spaß, bei so einem Lehrer zu lernen.

# *e-truck*

## Schüler, Studenten und Auszubildende konstruieren intelligente Roboter

*Projektvorstellung von Rainer Köker*

Seit 2001 kooperiert das Kurt-Körber-Gymnasium in Hamburg mit Partnern aus Wissenschaft und Industrie im *e-truck*-Projekt. Rainer Köker, seit 2002 Schulleiter, stellt dieses anspruchsvolle Projekt aus Sicht der Schule vor.

## Projektbeschreibung

»Drei Teams, zusammengesetzt aus Studierenden, Auszubildenden und Schülern, treten im kreativen Wettbewerb zum siebten Mal gegeneinander an. Mit einem festen Budget von € 700 ausgestattet, planen und bauen sie in sieben Monaten einen Roboter, der in der Lage sein soll, in einem Haus Geröll und andere Hindernisse zu umgehen, um verletzte Personen zu identifizieren. Dabei müssen alle Räume erkundet werden, die auf unterschiedlichen Etagen lokalisiert sind. Die drei Teams sollen ihr Haus selbst entwerfen und können dabei die Schwierigkeitsgrade frei wählen. Der lebensrettende Roboter muss jedoch völlig autonom sein. Da es um Leben und Tod geht, haben die Roboter nur zehn Minuten Zeit, um die verletzten Opfer zu identifizieren. Die Spielregeln sind von der internationalen RoboCupJunior-Community genau festgelegt worden, und vielleicht sind beim nächsten internationalen Wettbewerb auch Schüler des Kurt-Körber-Gymnasiums unter den Teilnehmern. Mit der Unterstützung von Professoren und Studenten von der HSU und der HAW und den Praktikern von HAUNI und STILL sollte das eigentlich zu schaffen sein. Man muss nur einmal anfangen.«

So lautete die Einladung zur Auftaktveranstaltung des *e-truck*-Projekts im Schuljahr 2007/08. Entstanden ist das Projekt 2001 im Rahmen des

Modellprogramms »Lebenslanges Lernen« der Bund-Länder-Kommission. Die Körber-Stiftung förderte *e-truck* über mehrere Jahre im Rahmen ihres Programms KiWiss – Wissenschaft für Kinder und Jugendliche.

Gestartet sind wir damals mit drei Projektpartnern, inzwischen sind fünf Partner in das *e-truck*-Projekt eingebunden: die STILL AG, die HAUNI AG, die Helmut-Schmidt-Universität (HSU), die Hochschule für Angewandte Wissenschaften (HAW) und unsere Schule, das Kurt-Körber-Gymnasium in Hamburg-Billstedt. Vonseiten der Schule betreuen ein bis zwei Lehrer als Lernbegleiter das Projekt. Auch die teilnehmenden Betriebe und Hochschulen stellen je einen Lernbegleiter. Die Aufgaben und technischen Herausforderungen sind im Laufe der Jahre gewachsen, der Charakter des Projekts jedoch ist gleich geblieben. Kennzeichnend für das *e-truck*-Projekt sind folgende vier Merkmale:

*1) Der Wettbewerbscharakter*
Um das Projekt möglichst realitätsnah anzulegen, bilden die Teilnehmer drei heterogene Teams, die im Wettbewerb um die beste technische Lösung und das überzeugendste Marketingkonzept gegeneinander antreten. Alle Teams erhalten das gleiche knappe Budget, die gleiche Arbeitszeit und das gleiche Beratungs- und Unterstützungsangebot durch die Lernbegleiter aus Schule, Universität und Betrieb. Das beste Team erhält als symbolischen Preis einen Wanderpokal.

*2) Realistische Aufgabenstellung und Produktorientierung*
Die Lernenden in den Teams konstruieren und bauen kleine, autonom gesteuerte Fahrzeuge, sogenannte »e-trucks«, die jedes Jahr andere anspruchsvolle Aufgaben erfüllen sollen. Diese Aufgaben werden von den Lernbegleitern erstellt und sollen einen ernsthaften, realitätsnahen Hintergrund haben. Die e-trucks werden schließlich einer kritischen Öffentlichkeit präsentiert.

*3) Teamarbeit und Kooperation*
Unter den zehn meistgenannten Eigenschaften, die Unternehmen heute von ihren zukünftigen Mitarbeitern erwarten, finden sich »Teamfähig-

keit«, »selbstständiges Arbeiten«, »Verantwortungsbereitschaft«, »Engagement« und »Zuverlässigkeit«. Der Charakter der Aufgaben im *e-truck*-Projekt und die Arbeit in den heterogen zusammengesetzten Teams verlangen von den Schülern genau diese Kompetenzen, helfen aber zugleich, diese zu entwickeln. Dass dabei überraschende Erfahrungen gemacht werden, beschreibt der Schüler Florian Conrath in seinem Projektbericht: »Da jedes Team aus Schülern, Auszubildenden und Studenten besteht, hat jedes Mitglied abweichende Vorkenntnisse und Begabungen. So sind oftmals Schüler diejenigen, die sich der allgemeinen und finanziellen Verwaltung annehmen, während die Studenten ihr im Studium gewonnenes technisches Wissen einbringen und die Auszubildenden ihre handwerklichen Erfahrungen und Fähigkeiten beisteuern und schließlich auch die Fertigung übernehmen. Diese Aufteilung ist Theorie. Wer nach dem Abschluss des Projekts sein persönliches Fazit zieht, wird merken, dass auch die Schüler durchaus stark an der technischen Entwicklung beteiligt und die Studenten ebenso verwaltungsbegabt waren. Ebenso fällt auf, dass die Auszubildenden sich nicht nur auf die bloße Überwachung und Fertigung beschränkten, sondern ebenfalls eigene Überlegungen in neue und bestehende Teillösungen einbrachten. So überschnitten sich die vorher so hübsch ausgedachten Zuständigkeitsbereiche, und beinahe könnte man sagen, dass die Plätze vertauscht wurden und am Ende jeder beteiligt war an einer Stelle, die man ihm oder ihr vorher gar nicht zugedacht hatte.«

*4) Eigenständigkeit des Arbeitsprozesses*
»Der Grund, warum ich an diesem Projekt teilgenommen habe, ist der, dass das Projekt dem Schüler anbietet, selbstständig ohne wirkliche Kontrolle einer Lehrkraft ein technisches Problem zu lösen und dabei praktisch tätig zu sein. Das bedeutet, sich selber zu organisieren und, da es ja ein freiwilliges Projekt ist, auch sich immer wieder zu motivieren. Das Besondere daran ist, dass man das Gelernte sicherlich ein Leben lang behalten wird, denn während der Projektarbeit ist man bezüglich des Lernens auf sich selbst gestellt und will dementsprechend nur das lernen, was man als wichtig und interessant empfindet, anders als in der Schule.« So umreißt die Schülerin Anh Thu Do, warum sie am *e-truck*-Projekt teil-

genommen hat. Das überdurchschnittlich große Engagement für den Projekterfolg wird auch in der hohen Professionalität sichtbar, mit der der eigene Beitrag und die entwickelten Lösungsideen präsentiert werden.

Die Kombination der oben beschriebenen Merkmale macht den Reiz und den Ertrag von *e-truck* aus. Eine Besonderheit liegt aber auch in der Kooperation auf zwei Ebenen: Neben der Zusammenarbeit von Schülern, Studierenden und Azubis auf Teamebene treffen sich die jeweiligen Lernbegleiter aus Schule, Universität und Betrieb bis zu fünf Mal im Jahr, um den Prozess zu steuern und das Setting für das Projekt zu erarbeiten.

## Projektschritte und Meilensteine

Die einzelnen Projektphasen und Meilensteine sind im Laufe der Jahre durch die Impulse der Lernbegleiter ständig weiterentwickelt worden. Derzeit ist das Projekt in vier Phasen gegliedert: Vorlaufphase, Auftaktveranstaltung, Projektphase inkl. der Meilensteine, Abschlusspräsentation.

### Vorlaufphase

Seit 2006 führen wir an der Schule eine Vorlaufphase durch, die in erster Linie dazu dient, interessierten Schülern der Oberstufe einen Einblick in die Projektarbeit zu ermöglichen, die Projektpartner vor Ort kennenzulernen und erste Informationen zu den notwendigen Arbeitsvoraussetzungen zu erhalten. Die Einführung einer solchen Vorlaufphase erwies sich als notwendig, da sich in den Vorjahren einzelne Schüler im Verlauf des Projekts aus ihren Teams zurückgezogen haben. Meist waren unangemessene Erwartungen der Grund. Inzwischen ist die Teilnahme der Schüler an der Vorlaufphase eine Voraussetzung, um sich für das *e-truck*-Projekt zu bewerben. Die Bewerbung richten Interessierte an den betreuenden Lehrer aus unserem Kollegium. Bewerben können sich Schüler der

Jahrgangsstufe 11; Auswahlkriterium ist nicht die schulische Leistung, sondern eine klare Vorstellung über die eigene Rolle im Team, Motivation und Einsatzbereitschaft. Die Studierenden und Azubis bewerben sich bei ihren jeweiligen Lernbegleitern aus Universität bzw. Betrieb.

### Auftaktveranstaltung

Jedes Projekt braucht einen offiziellen Beginn, einen »Startschuss«. Wir planen dafür einen ganzen Tag ein, an dem die Lernbegleiter die Besonderheiten der Teamarbeit hervorheben, die Spielregeln festlegen, die Aufgaben vorstellen und schließlich die Teams bilden. Bei dieser Veranstaltung muss der Funke überspringen, sonst wird die Motivation nicht für die siebenmonatige Projektzeit anhalten. Darum berichten nicht nur die Lernbegleiter, sondern auch ehemalige Projektteilnehmer der neuen *e-truck*-Generation von ihren persönlichen Erfahrungen. Bei der Zusammenstellung der Teams ist der Ansatz der bildungsübergreifenden Zusammenarbeit zentral, sodass in jedem der drei Teams Auszubildende, Schüler und Studierende zahlenmäßig gleich verteilt sind. Optimal ist es, wenn jedes Team aus vier bis sechs Personen besteht. Dabei raten die Lernbegleiter befreundeten Teilnehmern dazu, in unterschiedliche Teams zu gehen. Die Erfahrung hat gezeigt, dass die Teilnehmer ihre Fähigkeiten unabhängig von eingespielten Beziehungsmustern oft besser entfalten und Konfliktfälle sachlicher lösen können. Die Teambildung ist abgeschlossen, wenn alle Teilnehmer mit der Zusammensetzung der Teams einverstanden sind.

### Projektphase inkl. der Meilensteine

Die Projektphase wird von den einzelnen Teams eigenständig geplant und organisiert. Bereits bei der Auftaktveranstaltung beginnen die Teilnehmer mit der Aufgabenverteilung, benennen einen Teamsprecher als Ansprechpartner für die Lernbegleiter und wählen Protokollführer und

Finanzverwalter. Wie in allen offenen Teamprozessen hat sich auch im *e-truck*-Projekt gezeigt, dass dringende Projektaufträge zugunsten von Alltagsaufgaben – wie Klausuren, Prüfungen und Freizeitaktivitäten – aufgeschoben werden bzw. werden müssen. Dieses Problem thematisieren die Lernbegleiter bereits in der Vorlaufphase. Verbindliche Meilensteine sollen verhindern, dass die Teams schwer aufholbare Zeitverluste erleiden. Nach drei und nach sechs Monaten treffen sich daher alle Teams mit den Lernbegleitern zu einer Zwischenpräsentation. Hier stellen die Gruppen ihren bisherigen Arbeitsprozess vor, sodass die Lernbegleiter falls nötig eingreifen und Unterstützung anbieten können.

**Abschlusspräsentation**

Nach sieben Monaten harter Arbeit stellen die drei Teams ihre Fahrzeuge der Öffentlichkeit vor. Diese Präsentation bildet zweifellos den Höhepunkt des Projekts. Vor rund 250 Mitschülern und Auszubildenden sowie einer Jury, die aus Mitgliedern der verschiedenen Kooperationseinrichtungen besteht, präsentiert jedes Team seine Lösungsidee. Im Anschluss an die fünfminütige Präsentation muss das Fahrzeug beweisen, dass es die Aufgabe auch in der Praxis erfüllen kann. Die Jury bewertet die Teilbereiche Technik, Präsentation und Marketing.

Bis zur letzten Sekunde wird an den Fahrzeugen gebastelt und geschraubt. Die Tage vor der Präsentation sind für die Teilnehmer nervenaufreibend, wie ein Auszug aus dem Bericht der Schülerin Maike Paetzel verdeutlicht: »Es war Samstag, der 21. Juni 2008. Noch genau drei volle Tage bis zur *e-truck*-Präsentation. Eigentlich lief alles ganz gut. Schon bei der Teambildung wurden wir als Favoriten bezeichnet und diesen Status konnten wir auch bei der Zwischenpräsentation erfolgreich verteidigen: Während die Roboter der anderen Teams noch nicht einmal fahren konnten, fuhr unser Roboter bereits an der Linie entlang, erkannte Hindernisse und Opfer. Und dann begann ein erbitterter Kampf mit unserem Controllerboard, das uns nicht mehr gehorchen wollte. Drei Tage vor der Präsentation hatten wir den Roboter so weit, dass er sich nur noch im

Kreis drehte. Meine Nerven lagen schon ziemlich blank, am liebsten hätte ich Karl-Gustav, wie wir ihn genannt haben, erschlagen. Stattdessen hing ich ewig am Telefon und führte zum x-ten Mal ein Krisengespräch mit Simon Fischer, dem Azubi von der HAUNI aus meinem Team. Eine halbe Stunde vor Präsentationsbeginn, die ersten Besucher waren bereits in der STILL-Arena eingetroffen, hatte unser Roboter keine Lust mehr, erkannte Hindernisse, wo keine waren, fuhr jedoch gnadenlos gegen das echte Hindernis. Aber wie heißt es so schön: Die Hoffnung stirbt zuletzt. Bei der Präsentation fuhr der Roboter zwar extrem gut an der Linie entlang, erkannte Opfer und Lücken in der Linie, aber leider auch ständig irgendwelche Hindernisse, sodass wir viel zu oft eingreifen mussten. Das echte Hindernis meisterte er dafür wieder ziemlich gut. Wir hatten nach der Präsentation wenig Hoffnung auf eine gute Platzierung und waren ziemlich frustriert. Aber auch die anderen Teams hatten mit ihren Robotern zu kämpfen.

Wenn dieser Bericht den Eindruck vermittelt, dass das *e-truck*-Projekt frustrierend, anstrengend und nervenaufreibend ist, dann kann ich nur sagen: Ja, das stimmt. Aber: *e-truck* ist eine der schönsten Erfahrungen, die ich bisher in meinem Leben gemacht habe. Wenn ich das Projekt Revue passieren lasse, dann wird mir klar, wie viel ich gelernt habe, wie viel Spaß wir als Team zusammen hatten, wie viele neue Freundschaften ich geknüpft habe und wie viel ich aus diesem Projekt mitnehmen kann. Ich bin einfach nur stolz, Teil dieses Projektes gewesen zu sein.«

Dieser Bericht verdeutlicht auch, dass die Teammitglieder enorm viel Zeit investieren. Bisher wird sie in Schule, Betrieb und Hochschule nur in geringem Maße als Ausbildungszeit anerkannt. Auch der zeitliche Aufwand für die Lernbegleiter ist nicht zu unterschätzen: Sie erstellen gemeinsam die Aufgaben, organisieren die Vorlaufphase und die Auftaktveranstaltung, begleiten das Projekt und die Abschlusspräsentation.

## Einbindung in den Schulalltag

Ursprünglich war das *e-truck*-Projekt ein isoliertes Projekt, das das Wahlangebot in der Oberstufe als Wahlpflichtkurs erweitert hat. Der Kurs wurde mit einer Wochenstunde für die Belegauflagen in der 11. Klasse anerkannt; eine Leistungsbeurteilung erfolgte, abgesehen von einem zusätzlichen Zertifikat, nicht.

Schon früh war es jedoch das Ziel, die Projektidee in der Schule auszuweiten. Uns Lernbegleiter hat es in den Anfangsjahren viel Zeit und Mühe gekostet, das Kollegium vom Wert dieses Projekts für den Schulalltag zu überzeugen und Wege für die Ausweitung aufzuzeigen. Ein erster Schritt war dabei die Übertragung des Wettbewerbsgedankens in einen anderen Bereich, die Gestaltung des Schulgeländes im Jahr 2004. Auch hier wetteiferten Teams von Schülern um die besten Ideen zur Umgestaltung unseres Schulgeländes. Inzwischen sind eine Beachvolleyball-Anlage und eine Sitzgelegenheit entstanden, derzeit wird ein Schulgarten geplant. Hinzu kam ein weiteres Projekt, in dem die beteiligten Schüler die Öffentlichkeitsarbeit für die Schule übernommen und sich direkt an der Stadtteilentwicklungsarbeit beteiligt haben. In diesen beiden Fällen sind Teamarbeit, Eigenständigkeit und Kooperation als Grundmerkmale des *e-truck*-Projekts übernommen worden, der Wettbewerbscharakter trat hingegen in den Hintergrund.

In einem zweiten Schritt wurde der Gedanke des forschenden Lernens in den Regelunterricht implementiert: Die Schule hat sich entschlossen, im Jahrgang 5 eine Klasse mit einem besonderen Profil, die »Forscherklasse«, einzurichten. Die Arbeit im Regelunterricht wurde in den Fächern Mathematik, Natur und Technik mit zusätzlichen Angeboten im Ganztagsschulbereich verbunden, sodass die Schüler fächerübergreifend an komplexen Aufgabenstellungen arbeiten können.

In einem dritten Schritt wurde im Rahmen der Reform der Oberstufe in Hamburg ein Oberstufenprofil unter der Überschrift »Informatik und die Welt des Menschen« entworfen, in das das *e-truck*-Projekt als ein fester Bestandteil des unterrichtlichen Lernens eingebunden ist. Dieses Profil wird künftig am Kurt-Körber-Gymnasium in der Mittelstufe in speziellen

Kursen vorbereitet, sodass in den nächsten Jahren ein eigenes, durchgehendes Profil zum forschenden Lernen von Jahrgang 5 bis 12 entsteht.

Wir als Schule haben uns zur Ausweitung des *e-truck*-Projekts entschlossen, weil wir von seinem Ertrag überzeugt sind. Unsere Schüler erwerben durch das Projekt und das Prinzip des forschenden Lernens Kompetenzen, die im herkömmlichen Unterricht nicht oder nur wenig vermittelt werden können. Hierzu zählen vor allem Verantwortung und Eigeninitiative, aber, bedingt durch den fixen Termin der Abschlusspräsentation, auch effizientes und zielorientiertes Arbeiten. Dadurch entwickeln sich die Jugendlichen zu selbstbewussten und kooperationsfähigen Persönlichkeiten, für die Teamarbeit mit gelebter Erfahrung verbunden ist.

*Redaktion: Julia Jaki*


## »Wir brauchen guten Nachwuchs«

Julia Jaki im Gespräch mit Gerald Glaeser, Verantwortlicher Ausbilder für die Mechatroniker bei der Hauni Maschinenbau AG, und Simon Fischer, Auszubildender im Bereich Mechatronik, über die Synergieeffekte zwischen Schule und Ausbildungsbetrieben.

*Herr Glaeser, Sie arbeiten seit 15 Jahren als Ausbilder in der Hauni AG. Aus welchen Gründen ist ein Projekt wie* e-truck *für Sie interessant?*
GLAESER: Die Schüler heute werden zu wenig für Technik begeistert. Wir sind ein Maschinenbauunternehmen und brauchen guten Nachwuchs: Leute, die begeistert sind von der Technik, Ingenieure, Maschinenbauer. Das *e-truck*-Projekt hat den Zweck, Schüler für Technik zu begeistern, und das ist auch mein Ziel.

*Worin liegt für Azubis der Reiz, bei e-truck mitzumachen?*
FISCHER: Ich interessiere mich sehr für Technik, hatte mich davor aber noch nie mit Robotern beschäftigt. Von daher war die Aufgabenstellung etwas ganz Neues für mich, eine Herausforderung.

*Die Schüler des Gymnasiums haben sich bei ihrem Lehrer für das Projekt beworben. Wie wurden die Azubis für das e-truck-Projekt 2007/2008 ausgewählt?*
FISCHER: Es gab nur drei Azubis, die mitmachen wollten, deswegen war das kein Problem. Die anderen fünf Azubis in meinem Lehrjahr waren der Meinung, dass sie zeitlich damit überfordert wären. Es haben schließlich die drei Ältesten von uns mitgemacht.

*Ist die Motivation, sich an so einem Projekt zu beteiligen, nicht so hoch?*
GLAESER: Ich hatte nur einige wenige Azubis angesprochen, denn das Projekt ist nicht für jeden geeignet. Die Sozialkompetenz ist ganz wichtig. Die Azubis müssen fähig sein, ihr technisches Wissen weiterzugeben. Sie sollen den Schülern natürlich nicht die Arbeit abnehmen, aber sie sollten Freude daran haben, ihnen etwas zu erklären, wenn es nötig ist. Als Ausbilder muss ich also genau schauen, wem ich das anbiete.

*Wie lief die Zusammenarbeit mit den Schülern?*
FISCHER: Eigentlich sehr gut. Der Vorteil bei meiner Gruppe war außerdem, dass ein Schüler mit sehr guten Informatikkenntnissen dabei war. Das Problem war nur die Zeit: Wir Azubis wurden teilweise für das Projekt freigestellt, die Schüler konnten jedoch nicht ohne Weiteres vormittags frei bekommen. Wir mussten also Termine am Nachmittag finden, was manchmal nicht so einfach war.

GLAESER: Genau aus diesem Grund wird es ab dem nächsten Projekt, also in den Jahren 2008/2009, eine gravierende Änderung geben. Simon hat es angesprochen: Die Selbstorganisation ist oftmals noch schwierig für die Schüler und Azubis, und es frustriert ungemein, wenn man am Ende nicht fertig wird. Wir wollen natürlich keine frustrierten Teilnehmer. Ich habe deshalb angeregt, dass das Projekt an der Schule fest installiert wird.

*Wie läuft das im Detail ab?*
GLAESER: Während des nächsten Projektzeitraums findet am Kurt-Körber-Gymnasium jede Woche ein Kurs statt, für den die Schüler drei Schulstunden freigestellt werden. Meine Azubis fahren dann zusammen mit den Azubis der Still AG an die Schule und arbeiten dort mit ihrer jeweiligen Gruppe. Dadurch ist eine gewisse Struktur vorgegeben, und es geht am wenigsten Zeit verloren. Es soll das Gefühl entstehen: Wir packen das an und wir schaffen das auch!

*Für die meisten Schüler ist der Bereich Technik und Maschinenbau Neuland. Was können die Schüler von Ihnen lernen?*
GLAESER: Die Schüler kommen beispielsweise an einem Tag zu uns in die Hauni AG und werden hier von den Azubis betreut, die auch am Projekt teilnehmen. Das ist eine Art Technik-Tag, an dem sie einen kleinen Einblick in Steuerungstechnik, Elektrotechnik und Mechanik bekommen, aber auch ein wenig bohren und feilen. Dadurch entwickeln sie schon einmal ein Gefühl dafür, was auf sie zukommt.

FISCHER: Ein paar Schüler und ich haben eine kleine Roboter-AG gegründet und wollen am diesjährigen *e-truck*-Projekt außer Konkurrenz teilnehmen. Daran sieht man, dass es den Schülern auf jeden Fall Freude gemacht hat. Sie haben einen Einblick in unser Unternehmen bekommen und erfahren, dass Technik Spaß bringt – also das hoffe ich!

*Was waren die größten Herausforderungen beim Projekt 2007/2008?*
FISCHER: Neben der zeitlichen Organisation war die größte Herausforderung, dass wir uns alle mit einem gänzlich neuen Thema beschäftigt haben: einen Roboter zu bauen und dann auch noch zu programmieren. Wir haben zwar nicht alles geschafft, was wir wollten, weil wir den Aufwand einfach unterschätzt haben. Aber am Ende haben wir es alleine hinbekommen und waren stolz auf uns.

GLAESER: Die technische und pädagogische Betreuung der einzelnen Gruppen war eine Herausforderung. Da es für mich und die Hauni-Azubis erst die zweite *e-truck*-Teilnahme war, lag für mich der Schwerpunkt ganz klar in der Analyse von Projektinhalten und -strukturen.

*Welche Schlüsse haben Sie aus dieser Analyse gezogen?*
GLAESER: Wir haben angeregt, das *e-truck*-Projekt praxisnäher zu gestalten. Das ganze Projekt ist jetzt nicht mehr nur auf den Roboterbau und die Programmierung fixiert, sondern beinhaltet nun auch die Gestaltung der Abschlusspräsentation, etwa durch technische Showeffekte. So haben die Teilnehmer vielfältigere Möglichkeiten, praktisch mitzuarbeiten und sich mit dem Projekt zu identifizieren.

*Sie begleiten das* e-truck-*Projekt inzwischen im dritten Jahr. Wo sehen Sie als Ausbilder das größte Manko bei den Schülern heute?*
GLAESER: Das Manko liegt nicht bei den Schülern, sondern in der Schulpolitik. Darin, dass der Lehrernachwuchs in den Naturwissenschaften nicht genügend gefördert wird. Das ist ein Teufelskreis. Wenn in der Schule niemand für die Naturwissenschaften begeistert wird, studiert natürlich auch niemand Physik oder Elektrotechnik. Wir müssen sehen, dass wir da gegensteuern. Das liegt mir sehr am Herzen.

*Was nehmen Sie beide für sich aus dem* e-truck-*Projekt mit?*
FISCHER: Was ich vor allem gelernt habe, ist, sich in einer Gruppe zu organisieren; dass man zusammenarbeitet und auch auf Leute hört, die noch nicht so viel Erfahrung haben. Man denkt ja immer, Schüler sind jünger und haben noch nicht so gute Ideen, aber das ist natürlich völlig falsch. Jüngere haben manchmal gerade gute Ideen, weil sie noch nicht so sehr in eine Richtung denken.

GLAESER: Für mich liegt der Gewinn zum einen darin, dass ich sehe, wie motiviert die Schüler heutzutage sind. Zum zweiten, dass ich die Chance habe, an der Aufgabenstellung mitzuwirken und da ein bisschen steuernd einzugreifen. Eine Schülerin vom Kurt-Körber-Gymnasium habe ich bereits eingestellt. Das sind die ersten Früchte dieses Projekts, und ich bin mir sicher, wir werden in Zukunft weitere ernten.

# Die Geschichts-AG

## Schüler auf historischer Spurensuche

*Projektvorstellung von Wolfhart Beck*

Beim Geschichtswettbewerb des Bundespräsidenten werden aus Schülern Forscher; die Lehrer stehen beratend zur Seite. Wolfhart Beck, seit 2004 Geschichtslehrer am Annette-von-Droste-Hülshoff-Gymnasium in Münster, leitete die AG zum Wettbewerb.

## Das Projekt

Schüler erforschen die Regionalgeschichte – das ist das Ziel des Geschichtswettbewerbs des Bundespräsidenten, der seit 1973 alle zwei Jahre von der Körber-Stiftung ausgerichtet wird. Kinder und Jugendliche aller Schul- und Altersstufen sind dazu aufgerufen, ein halbes Jahr lang in ihrem persönlichen oder lokalen Umfeld auf historische Spurensuche zu gehen. Unterstützt werden die jungen Forscher dabei von Tutoren, das sind im schulischen Umfeld meist die Geschichtslehrer.

Das Annette-von-Droste-Hülshoff-Gymnasium in Münster hat bereits im Jahr 2002/03 am Geschichtswettbewerb teilgenommen, der Anstoß ging damals von der Fachschaft Geschichte aus, die die Teilnahme an Wettbewerben fördern will.

In diesem Beitrag schildere ich unsere Erfahrungen mit der Arbeitsgemeinschaft (AG), die ich angeboten habe, um Schüler neben dem regulären Fachunterricht beim Wettbewerb 2006/2007 betreuen zu können. Das Thema für die Nachwuchs-Historiker lautete diesmal »miteinander – gegeneinander? Jung und Alt in der Geschichte«.

Ein Geschichtsstudent und eine Schülerin, die bereits an einem vorangegangenen Wettbewerb teilgenommen hatte, unterstützten mich bei der Durchführung. Für die Schüler war die Teilnahme an den wöchentlichen

AG-Treffen freiwillig – eine wichtige Vorbedingung für das selbst gesteuerte forschende Lernen, dessen Grundprinzip ja die Eigenmotivation ist. Da wir von Lehrerseite keine Auswahl der interessierten Schüler vorgenommen haben, konnten wir ein breites Schülerspektrum mit unterschiedlichem Leistungs- und Begabungsniveau erreichen. Gemeinsamer Nenner der insgesamt zwölf Teilnehmer war also allein das Interesse an und die Neugier auf das historische Forschen.

## Das Lernarrangement

Das Lernarrangement in der Arbeitsgemeinschaft hebt sich deutlich vom Fachunterricht ab, da weder eine Lehrplanbindung besteht noch eine Bewertung bzw. Benotung durch den Lehrer stattfindet. Das Verhältnis von Schülern und Lehrer wandelt sich damit grundlegend. Entscheidungsträger ist der Schüler, und dies in mehrfacher Hinsicht: Er entscheidet zunächst über die Teilnahme, dann über das konkrete Thema seines Forschungsprojekts sowie über die anzuwendenden Methoden.

Diese grundsätzliche Offenheit ermöglicht und erfordert ein hohes Maß an Selbstständigkeit. Je nach Altersstufe und Leistungsstand sind die Schüler dabei auf Hilfe und Unterstützung angewiesen – womit die neue Rolle des Lehrers schon umschrieben ist: Als Tutor gibt er Anregungen und Hilfestellungen, steht als Berater und Lernbegleiter zur Verfügung. Er hat zwar nach wie vor einen Wissensvorsprung, aber keineswegs das letzte Wort. Diese neue Rolle ist um einiges komplexer und unter Umständen auch anspruchsvoller als die gewohnte Rolle des steuernden Wissensvermittlers: Der Lehrer muss sich nicht nur in eines, sondern in mehrere verschiedene Themen parallel einarbeiten, er muss die Schwierigkeiten der einzelnen Projektgruppen rechtzeitig erkennen und die richtige Hilfestellung leisten, sodass die Schüler selbstständig weiterarbeiten können.

Wichtig für ein gelingendes Lernarrangement ist die Schule, die den nötigen Freiraum schafft und institutionelle Unterstützung bietet. Damit sind sowohl die Schulleitung als auch die Kollegen gemeint, die im Laufe des Projekts die beteiligten Schüler von einzelnen Stunden freistellen mussten, die Tutoren entlasteten, materielle wie ideelle Unterstützung leisteten oder auf andere Weise im Schulalltag Rücksicht nahmen. Das forschende Lernen in der Arbeitsgemeinschaft sollte zwar vom Regelunterricht losgelöst sein, musste aber gleichwohl in das System Schule eingebettet bleiben.

Neben den schulischen kommt auch außerschulischen Lernpartnern eine besondere Rolle zu. Im Rahmen ihrer Forschung sollten die Schüler Experten, Zeitzeugen und Archive aufsuchen und zurate ziehen. Das Stadtarchiv Münster mit seiner hervorragenden archivpädagogischen Betreuung war hier, neben weiteren Archiven, die ideale Anlaufstation.

In dem so umrissenen Lernarrangement aus Schülern, Tutoren, schulischen Rahmenbedingungen und außerschulischen Lernorten vollzog sich die konkrete Projektarbeit.

## Der Projektverlauf

Als der Geschichtswettbewerb mit Bekanntgabe des Themas startete, organisierte ich zunächst eine Informationsveranstaltung für alle Schüler. Das Interesse am Wettbewerb war hoch, zur ersten AG-Sitzung erschienen rund 30 Schüler. Als ihnen bewusst wurde, dass sowohl Themenfindung als auch Durchführung des Forschungsprojekts zeitintensiv sind, ließ die Motivation einiger Schüler nach. Zum engen Kreis zählten schließlich zwölf Schüler der Jahrgangsstufen 5 bis 12. Zwei Teilnehmer, die aus Zeitgründen nicht zu den regelmäßigen Treffen erscheinen konnten, wurden außerhalb des AG-Termins betreut. Die Jugendlichen hatten sich entschlossen, entweder allein oder in Partnerarbeit einen Wettbewerbsbeitrag zu erarbeiten.

Gegenstand der gemeinsamen AG-Sitzungen war neben der themenspezifischen Beratung in erster Linie die methodische Schulung. Diese sollte die Schüler dazu befähigen, ihre Forschungen möglichst selbstständig und selbst gesteuert voranzutreiben. Darüber hinaus ermöglichte es die Zusammenkunft den Schülern, sich untereinander auszutauschen, zu beraten und Ideen zu entwickeln.

Die ersten Sitzungen der AG dienten zunächst der *Themenfindung*. Ausgangspunkt hierfür waren Neugier, Ideen und Interessen der Schüler, die sich auch Anregungen bei ihren Eltern oder Lehrern holten. Meine Hauptaufgabe als Tutor war es in dieser Phase, darauf zu achten, dass die Projektvorschläge inhaltlich zu dem ausgeschriebenen Rahmenthema des Wettbewerbs passten, einen lokalen oder familiären Bezug aufwiesen und so gefasst waren, dass die Schüler sie innerhalb von sechs Monaten bearbeiten konnten. Zudem musste sichergestellt werden, dass archivarische Quellen und/oder Zeitzeugen für eine erfolgreiche Spurensuche zur Verfügung standen. Wir Betreuer waren hier nur Berater, die Entscheidung lag immer bei den Schülern, denn es sollte ja ihre Arbeit zu einem Thema werden, das sie besonders interessierte. Wenn sie für eine Frage Feuer gefangen haben, sind sie auch motiviert, ein halbes Jahr lang durchzuhalten und Durststrecken zu überwinden. Das wurde auch von den Teilnehmern bewusst so wahrgenommen. Eine 16-jährige Schülerin, die sich mit der Rolle der Jazzmusik in den 1950er-Jahren als Ausdruck von Jugendkultur befasst hat, kommentiert: »Am meisten motiviert hat mich mein Interesse an Geschichte und die Aussicht, mit der Teilnahme am Wettbewerb mehr über bestimmte einzelne Begebenheiten zu erfahren, die man im Unterricht gar nicht erst behandelt.« Neben dieser Neugier und dem inhaltlichen Interesse waren auch der Wettbewerbsgedanke und der damit verbundene Ehrgeiz Motivationsquelle für die Schüler. Die Themenfindung ist durchaus als eigenständige und wichtige Phase der Projektarbeit zu verstehen, da zu diesem Zeitpunkt weitreichende Entscheidungen getroffen werden.

Nach etwa vier Schul- und zwei Ferienwochen hatten alle Schüler ein Thema gefunden. Die Auswahl war weitgefächert: vom Wandel des Generationenverhältnisses in der eigenen Schule oder Kirchengemeinde über die Kinderkreuzzüge und die Rolle von Musik und Mode bei den Generationenkonflikten in den 1950er-Jahren bis hin zu der Frage nach jugendlicher Anpassung oder Verweigerung im 20. Jahrhundert.

In der nächsten Phase ging es hauptsächlich um die *Arbeitsorganisation*. Alle Schüler arbeiteten das erste Mal über einen langen Zeitraum an einem Thema. Dies erforderte ein hohes Maß an Planung und Selbstorganisation. In einen Projektkalender sollten die Schüler daher alle schulischen und privaten Termine und Zeiträume eintragen, in denen die Projektarbeit in den Hintergrund treten musste (z. B. Klassenarbeiten, Klassenfahrten, Ferien etc.). Die fünf Monate, die für die Forschungsprojekte noch zur Verfügung standen, wurden dann in fünf Arbeitsphasen eingeteilt:

– Vorrecherche und erste Grobgliederung
– Materialrecherche und Zeitzeugeninterviews
– Ordnung und Auswertung des Materials
– Feingliederung und Verschriftlichung
– Überarbeitung und Abschluss.

Diesen Kalender führten die Schüler in der Folge selbstständig weiter.

Bei den weiteren AG-Treffen stand die Aneignung unterschiedlicher *Forschungsmethoden* im Vordergrund: die Recherche in Internet und Bibliothek, die Quellensuche im Archiv, das Vorbereiten, Führen und Auswerten von Zeitzeugeninterviews und Expertenbefragungen, die kritische Auswertung schriftlicher und bildlicher Quellen, die Gliederung der eigenen Arbeit sowie Zitier- und Layouttechniken. Wir Tutoren haben den Schülern die zentralen methodischen Schritte je an einem Beispiel vorgestellt und Methodenblätter ausgeteilt. Diese wurden uns vonseiten des Geschichtswettbewerbs zur Verfügung gestellt und bildeten in ihrer Summe einen kleinen »Werkzeugkoffer«, auf den die Schüler jederzeit zurückgreifen konnten.

Sowohl für das Methodentraining als auch für die inhaltliche Arbeit an den unterschiedlichen Forschungsprojekten spielten die außerschulischen Lernpartner, insbesondere das Stadtarchiv Münster, eine wichtige Rolle. Bei einem ersten gemeinsamen Besuch im Archiv lernten die Schüler den Ort und seine Nutzungsmöglichkeiten kennen. Die Archivpädagogin Roswitha Link hatte für die AG einen kleinen Workshop vorbereitet und ging bei der Erklärung der Recherchemöglichkeiten auf die einzelnen Forschungsthemen der Teilnehmer ein. So lernten die Schüler unter anderem, wie man die Zeitungssammlung auf Mikrofilm benutzt. Derart vorbereitet, konnten sie in den folgenden Wochen selbstständig im Archiv arbeiten, wobei ihnen die Archivpädagogin stets mit Rat und Ideen zur Seite stand.

Neben den methodischen Hilfestellungen erhielten die Schüler so von Tutoren und Archiv immer auch inhaltliche Unterstützung. Generell wurde den Schülern aber ein hohes Maß an Eigeninitiative und Selbstständigkeit ermöglicht und abverlangt. Im Rahmen der AG konnten sie das eigenständige Arbeiten und Forschen schrittweise erlernen und sich dabei Kompetenzen aneignen, die ihnen auch in anderen Lernkontexten, etwa im Schulunterricht, weiterhelfen können. Aber auch andersherum gilt: Die im Fachunterricht oder in anderen Projektarbeiten erworbenen Kompetenzen kamen ihnen für das historische Forschen zugute. Hier zeigt sich, wie wichtig eine vernetzte, Fächer und Schulstunden überschreitende Lernkultur ist.

Wesentliche Voraussetzung für die Selbststeuerung des Lernprozesses beim forschenden Lernen ist die *Selbstreflexion des Schülers*. Beim Geschichtswettbewerb ist sie – neben der eigentlichen Forschungsarbeit – ein zentraler Aspekt und wird in Form eines obligatorischen schriftlichen Arbeitsberichtes dokumentiert. Die jungen Forscher werden so dazu aufgefordert, ihren Weg mit seinen Stolpersteinen, Hindernissen, Umwegen, Höhen und Tiefen zu reflektieren. Und an Schwierigkeiten und Hindernissen mangelte es in den sechs Monaten keineswegs: Mal war es das Thema, das sich als sehr schwierig oder wenig ergiebig erwies, mal ließen sich keine Zeitzeugen oder aussagekräftigen Quellen finden, ein anderes Mal mangelte es an Zeit oder Motivation.

Diese und andere Probleme zu erkennen, sie als Teil des eigenen Forschungsvorhabens auszuhalten und aktiv nach Lösungen zu suchen, ist ein wesentlicher Bestandteil des forschenden Lernens. Hierbei unterscheiden sich die jungen in keiner Weise von den professionellen Forschern. In diesen Krisen war neben Freunden und Verwandten der Tutor als Lernbegleiter und Motivator gefragt. Umso größer war am Ende die Freude, wenn es doch weiterging. Zwar gab eine Schülergruppe auf, fasste aber immerhin nach Gesprächen mit uns Betreuern die Zwischenergebnisse in schriftlicher Form zusammen. Das vermeintliche Scheitern konnte so doch noch in einen kleinen Erfolg verwandelt werden.

## Evaluation – die Erfahrungen

Die Geschichts-AG war für alle Beteiligten mit einem hohen Zeit- und Arbeitsaufwand verbunden, der sich im Nachhinein schwer in konkreten Stundenzahlen angeben lässt, da es ja nicht nur die Gruppensitzungen zu organisieren galt. Wir Betreuer begleiteten die Schüler z.B. auch außerhalb der AG zu Interviews oder ins Archiv. Für die Jugendlichen kam die Umstellung ihrer Schülerrolle hinzu, auf die sie sich durch frühere Erfahrungen mit selbstständigem Lernen, die Hilfe der Tutoren und nicht zuletzt durch die Freude am forschenden Lernen recht gut einstellen konnten.

Am Ende des Wettbewerbs stand gleichwohl die Frage im Raum: Lohnt sich dieser Aufwand überhaupt? Steht er in einem angemessenen Verhältnis zu den Ergebnissen? Die Antwort fiel eindeutig aus: Schon die sichtbaren Erfolge schienen den Einsatz zu rechtfertigen: Alle Schüler erhielten eine persönliche Urkunde für die Teilnahme am Wettbewerb, hinzu kamen Landes- und Förderpreise für zwei Schüler im Wert von 100 bzw. 250 Euro. Das Stadtarchiv organisierte eine Ausstellung aller Wettbewerbsbeiträge aus Münster, die in einem feierlichen Rahmen eröffnet wurde. Für die Schüler bedeutete dies eine öffentliche Anerkennung ihrer Leistung, die sie nun stolz ihren Mitschülern und Lehrern, Eltern und Verwandten präsentieren konnten. Noch wichtiger ist jedoch wohl der dahinter stehende Gewinn, vor allem das sich bereits bei der Abgabe der Arbeit einstellende Gefühl, etwas Besonderes geleistet und geschafft zu haben. Unvergesslich sind die beiden Fünftklässler, die voller Stolz ihre gebundene, mit Titelblatt und ihrem Namen versehene Arbeit den Mitschülern und der Klassenlehrerin präsentierten.

Auf die Frage, was ihr in dem halben Jahr des Projekts am meisten Spaß gemacht habe, antwortet eine Schülerin der 10. Klasse: »Mit jeder neuen Information einen Schritt weiter zur Vollendung seiner Arbeit zu kommen. Und am Ende natürlich das Gefühl, dass man endlich fertig ist und etwas geschafft hat, worauf man stolz sein kann.« Eine Schülerin aus der 9. Klasse fasst das so zusammen: »Die Forscherarbeit hat mir am meisten Spaß gemacht. Während dieser Zeit habe ich viel gelernt über das Auswerten von Quellen und Bildern und Texten.« Hier wie in anderen Beispielen zeigt sich ein nachhaltiger Zuwachs an Selbstbewusstsein und Selbstvertrauen. Hinzu kommen die inhaltlichen und methodischen Kompetenzzuwächse: Alle Schüler haben gelernt, Geschichte und Geschichtsbilder zu hinterfragen, und dabei erfahren, dass Geschichtsschreibung immer ein detektivischer Rekonstruktionsprozess ist. Mit jedem Schritt des forschenden Lernens wuchsen zudem Selbstständigkeit und Mut zur Eigeninitiative. Die erworbenen oder vertieften methodischen Kompetenzen – von der Frageentwicklung über die Arbeitsorganisation und Selbstreflexion bis hin zu Recherche-, Auswertungs- und Präsentationstechniken – sind schließlich weit über die konkrete Geschichtsarbeit hinaus relevant. Gerade hier liegen die Stärken des forschenden Lernens, die im lehrplangebundenen Fachunterricht in dieser Intensität und in diesem Umfang nur schwer auszuschöpfen sind. So leistet das forschende Lernen einen wichtigen Beitrag zur Persönlichkeitsbildung, den weder wir Lehrer noch die Schüler an unserer Schule missen wollen.

*Redaktion: Julia Jaki*

# »Freiräume für leistungsstarke Schüler schaffen«

Julia Jaki im Gespräch mit Arnold Hermans, Schulleiter des
Annette-von-Droste-Hülshoff-Gymnasiums in Münster

*Dr. Hermans, aus welchen Gründen fördern Sie als Schulleiter die Teilnahme an Projekten wie dem Geschichtswettbewerb des Bundespräsidenten?*
Die Teilnahme an so einem Wettbewerb ist meiner Meinung nach ein wichtiger Beitrag zur politischen Bildung von Schülern. Damit verbunden ist eine inhaltliche und methodische Schulung im Rahmen eines Projektes, das in der Regel länger läuft als ein reguläres Unterrichtsprojekt. Und nicht zuletzt sehe ich hierin auch eine Möglichkeit, leistungsstarke Schüler zu fördern.

*Wie wichtig ist Ihnen dabei die Außenwirkung der Schule?*
Die Außenwirkung ist nicht mein erster Gedanke. Aber letztlich setzen wir damit schon ein Signal nach außen, dass die politisch-historische Bildung an der Schule einen hohen Stellenwert hat. Und wenn darüber hinaus Schüler einen Preis oder eine andere Anerkennung bekommen, dann freut mich das natürlich – zunächst einmal für die Schüler, aber auch für die Schule.

*Münster ist eine Stadt, in der viele Schulen an Wettbewerben teilnehmen: Herrscht da Konkurrenzdenken zwischen den Schulen?*
Die Teilnahme an den Wettbewerben wird nicht durch eine Konkurrenzsituation bestimmt. Natürlich freut man sich, wenn die eigene Schule im Ergebnis gut dasteht. Das ist ganz normal, aber eben nicht ausschlaggebend. Ich finde, dass die Teilnahme an Wettbewerben auch zu unserem Bildungsauftrag gehört. Wettbewerbe haben eine ganz wichtige Funktion, weil damit auch Begabungspotenziale gefördert werden. Deshalb ist es gut, die Schüler zur Teilnahme an Wettbewerben anzuregen; ich sehe das eher unter diesem Aspekt.

*Anders gefragt: Muss eine Schule heutzutage an Wettbewerben und ähnlichen Projekten teilnehmen, um sich zu profilieren?*
Die erste Motivation sollte nicht sein, sich profilieren zu wollen. Trotzdem sind Wettbewerbe ein ganz wichtiger Teil der schulischen Arbeit und insofern gehört die Teilnahme zum Profil einer Schule.

*Was ist Ihr Eindruck vom Geschichtswettbewerb am Annette-von-Droste-Hülshoff-Gymnasium?*
Ich halte ihn für sehr gut organisiert; die Schüler wurden sehr umfassend angesprochen. Zudem ist es den Lehrern gut gelungen, Interesse bei den Schülern zu wecken. Außerdem ist es wichtig, dass die Aufgabenstellung zum einen relativ offen ist, die Schüler gleichzeitig aber ausreichend Unterstützung durch die Betreuer finden. Das erfordert hohes Lehrerengagement, daher bin ich dankbar, dass der Kollege Beck das übernommen hat.

*Stichwort Engagement – ist es schwer, das Kollegium für solche Projekte zu motivieren?*
Das Folgende soll sich nicht wie eine Entschuldigung anhören, aber die Belastung für die Kollegien ist im Moment enorm hoch. Der Reformdruck ist sehr groß. Er macht sich etwa durch den zusätzlichen Nachmittagsunterricht bemerkbar, durch die Kernlehrpläne, die ja relativ spät an die Schulen gekommen sind, aber auch durch die erhöhten erzieherischen Anforderungen, denen wir uns an der Schule stellen müssen. Umso wichtiger ist es, in so einer Situation Kollegen zu finden, die über die notwendigen Arbeiten hinaus Engagement zeigen. Das gelingt uns zum Glück, nicht nur in Einzelfällen.

*Welchen Gewinn können die Schüler aus so einem Projekt ziehen?*
Da habe ich eine ganz klare Antwort: die Beschäftigung mit der Sache, mit historischen und politischen Inhalten. Das ist letztlich der Hauptgewinn. Dazu kommt: Die Schüler betreiben systematisch und breit Quellenarbeit, insofern profitieren sie auch auf der methodischen Ebene.

EINBLICKE IN DIE PRAXIS

*Glauben Sie, dass der Wettbewerbsgedanke für die Schüler wichtig ist?*
Soweit ich das beurteilen kann, steht die Beschäftigung mit der jeweiligen Thematik im Vordergrund. Wenn ein Schüler einen Preis gewinnt, wird das natürlich innerhalb der Schule publiziert, aber auch nach außen. In Münster werden die Preisträger ja von der Stadt eingeladen. Das ist dann schon eine besondere Form der Anerkennung, die wichtig für die Schüler ist. Ich glaube aber, dass das nicht die primäre Motivation für eine Teilnahme am Wettbewerb ist.

*Die Schüler, die am Geschichtswettbewerb teilnehmen, finden sich am Annette-von-Droste-Hülshoff-Gymnasium in einer wöchentlichen AG zusammen. Ist das die ideale Form, das Projekt in den Schulalltag zu integrieren?*
Die Teilnahme an so einem Wettbewerb muss meines Erachtens freiwillig sein. Eine Einbindung in den Regelunterricht ist also keine Alternative. Auf der anderen Seite brauchen die Schüler Unterstützung und müssen über einen längeren Zeitraum schulisch-methodisch betreut werden. Daher glaube ich, dass eine auf mehrere Monate angelegte AG die richtige Form ist.

*Die Schulen sind aufgefordert, Profile zu entwickeln und mehr Gestaltungsverantwortung zu übernehmen. Das kann mehr Freiräume für Projekte schaffen. Werden diese Freiräume mit der Einführung des Abiturs nach 12 Jahren wieder beschränkt?*
Durch das Abitur nach 12 Jahren hat sich der Lernplan in der Tat verdichtet. Wir in Nordrhein-Westfalen merken das zunächst einmal in der Sekundarstufe I, also in den Klassen 5 bis 9. Am Ende der 9 sollen die Schüler auf dem Stand der jetzigen 10. Klassen sein. Aus diesem Grund haben sie vermehrt Nachmittagsunterricht, die Stundenzahl ist ja insgesamt für diese Jahrgangsstufen deutlich erhöht worden. Ich stelle schon fest, und das bedaure ich auch, dass diese Entwicklung zulasten der Nachfrage nach AGs führt. Durch die Verdichtung des Unterrichts entsteht schon ein gewisser Druck, der Freiheiten im weitesten Sinne einschränkt, leider.

*Wie kann man Schülern trotz des verdichteten Lehrplans ein zusätzliches Angebot machen?*

Was ich persönlich als Schulleiter wichtig finde: Wir müssen für leistungsstarke Schüler von uns aus weitere Freiräume schaffen, indem sie z.B., im Sinne eines Drehtürmodells, auch an Projekten parallel zum Unterricht teilnehmen können. Das wird man jedoch nicht für alle Schüler anbieten können.

*Ist verstärktes forschendes Lernen im Regelunterricht eine Alternative zu Projekten außerhalb des Unterrichts?*

Der Ansatz des forschenden Lernens findet bei uns natürlich auch im Regelunterricht Anwendung, und da nicht nur in den Gesellschaftswissenschaften. Dennoch macht es einen Unterschied, ob ich so einen Ansatz im normalen Unterricht oder in einem langfristig angelegten Projekt über ein halbes Jahr und an einer ganz bestimmten Thematik durchführe. Da ist einfach eine Vertiefung möglich, die im Regelunterricht so nicht zu erzielen ist.

# Das Projekt »Menschenwürde«

## Schüler forschen über Grenzfragen der Ethik

*Projektvorstellung von Monika Sänger*

Das Bismarck-Gymnasium in Karlsruhe ist eine von insgesamt vier Schulen, die seit 2006 am interdisziplinären Projekt »Menschenwürde« der Universität Heidelberg teilnehmen. Monika Sänger, Lehrerin für Deutsch, Philosophie und Ethik, leitet die Seminarkurse, die den schulischen Rahmen für das Projekt bilden.

## Idee und Einbettung des Projekts

Das Projekt »Menschenwürde« ist ein bundesweit einmaliges Pilotprojekt der Universität Heidelberg und befasst sich mit ethischen Grenzfragen. Das Schulprojekt ist eingebunden in das Gesamtprojekt »Menschenwürde«, das vom Interdisziplinären Forum für Biomedizin und Kulturwissenschaften (IFBK) der Universität Heidelberg koordiniert wird. Beteiligt sind vier baden-württembergische Schulen sowie Wissenschaftler aus den Fächern Theologie, Philosophie, Jura und Medizin; finanziert wird es durch die Robert Bosch Stiftung, die mit dem Programm »Denkwerk – Schüler, Lehrer und Geisteswissenschaftler vernetzen sich« die geisteswissenschaftliche Bildung von Schülern fördern will. Das Thema Menschenwürde eignet sich hervorragend für ein interdisziplinäres Projekt dieser Art: Artikel 1 des Grundgesetzes schreibt die Würde des Menschen als Grundlage unserer Rechtsordnung und des gesellschaftlichen Zusammenlebens fest und definiert so zugleich ein grundlegendes ethisches Thema, das im Erfahrungsbereich der Schüler liegt.

 Zielgruppe des Projekts sind Schüler der gymnasialen Oberstufe, da interdisziplinäres Arbeiten und die Komplexität des Gegenstandes einen gewissen Entwicklungsstand und ein bereits geschultes Reflexionsvermögen voraussetzen. Der Rahmen, in dem das Projekt an den vier teilnehmenden Schulen durchgeführt wird, sind die »Seminarkurse«, eine Besonderheit des Schulsystems in Baden-Württemberg. Seminarkurse können von den Schülern der Jahrgangsstufe 12 zusätzlich zu regulären Oberstufenkursen gewählt werden und diese gegebenenfalls auch ersetzen. Der Seminarkurs wird durch eine schriftliche Dokumentation und eine mündliche Prüfung (Kolloquium) abgeschlossen – Leistungen, die auf das Abitur angerechnet werden können.

Die Teilnahme am Projekt »Menschenwürde« ist somit freiwillig und erfordert keinen besonderen Notenschnitt – ein Aspekt, der die Projektidee aus pädagogischer Sicht besonders fruchtbar macht, da sie den Schülern unabhängig von ihren schulischen Leistungen einen Einblick in geisteswissenschaftliche Fragestellungen und Methoden ermöglicht und selbstständiges Lernen fördert. Zudem verbindet das Projekt die Arbeit in der Schule mit den Instituten der Universität Heidelberg. Diese Vernetzung von Schule und Universität ist für den schulischen Projektleiter und Direktor des Bismarck-Gymnasiums, Dr. Peter Gilbert, ein Durchbruch: »Für die Schule ist es natürlich ein riesiger Vorteil, dass wir eine wirkliche Öffnung der Institutionen erreicht haben. Unsere Kooperation steht nicht nur auf dem Papier, sondern findet durch die persönlichen Kontakte und gefördert von Universitätsspitze und den entsprechenden Ministerien auch tatsächlich statt.«

In den Schuljahren 2006/07 (Projektphase I) und 2007/08 (Projektphase II) beschäftigten sich die Schüler mit der Thematik »Menschenwürde« unter den Gesichtspunkten »Lebensende« und »Lebensanfang«. Teilthemen, die von den Schülern der jeweiligen 12. Jahrgangsstufe bearbeitet wurden, sind beispielsweise das Problem der aktiven Sterbehilfe (Philosophie), die Patientenverfügung (Jura), Embryonenforschung (Medizin) oder Leben mit Behinderung (Theologie). Die Bedeutung von Menschenwürde und der Sinn ihres Schutzes durch das Gesetz werden bei der Beschäftigung mit den Extremsituationen menschlichen Lebens besonders klar erkennbar. Zu diesen Extremsituationen gehören auch traumatische Gewalterfahrungen – eine Thematik, die in der dritten Phase des Projekts 2008/09 erschlossen wird.

## Die Rolle von Lehrern und außerschulischen Projektpartnern

Die Aufgaben der am Projekt beteiligten Wissenschaftler bestehen vor allem in der Erarbeitung grundlegender und aktueller Materialien aus fachwissenschaftlicher Sicht, der Organisation und Durchführung der Praxisphasen an der Universität sowie der Absprache mit den Lehrern und der teilweisen Übernahme der Lehr- und Betreuungsaufgaben. Die Wissenschaftler benennen pro Fachgebiet vier universitäre Mentoren. Diese (studentischen oder graduierten) Mentoren sind das personelle Zentrum des Projekts; sie stehen insbesondere während der Ausarbeitung der Seminararbeiten und der Vorbereitung der Abschlusspräsentation für Fragen der Schüler zur Verfügung. Zu den Aufgaben der Mentoren gehören die Bibliotheksführung, die Einführung in das wissenschaftliche Arbeiten und Recherchieren, die Vermittlung von Formalia zum Abfassen von Seminararbeiten, die Hilfestellung bei Themenfindung, Literatursuche und beim Anfertigen der Seminararbeiten.

Zu den Aufgabenbereichen der Lehrer gehören neben einem Basisunterricht vor allem die organisatorische Einbindung des Projekts in den Schulbetrieb, das Coaching der Schüler, besonders in Bezug auf Einhaltung des Zeitplans, sowie die Organisation und Vorbereitung der Leistungsbewertung durch Abschlusspräsentation und Kolloquium.

Im Vorlauf planen Lehrer zusammen mit Wissenschaftlern und Mentoren im Detail die Projektabschnitte und teilen Aufgaben verbindlich zu. Für den Unterricht und die Fortbildung der beteiligten Lehrer werden gemeinsame Konzepte und Materialien erarbeitet, in denen insbesondere auf projektorientierte Arbeitsformen Wert gelegt wird. Durch Selbstständigkeit und freies Arbeiten sollen wichtige Soft Skills der Schüler wie Kreativität, Team- und Diskursfähigkeit gefördert werden. Aus Konzepten und Materialien der universitären Lehre, aus politischen Kommissionen und Arbeitsgruppen sowie schulischen Projekten und Fortbildungsveranstaltungen werden brauchbare Inhalte entsprechend adaptiert und didaktisch überarbeitet, damit sie dem methodischen Ansatz des forschenden Lernens und dem komplexen Thema »Menschenwürde« entsprechen.

## Die Kooperation von Hochschule und Schule

Jede Projektphase beginnt mit Auftaktveranstaltungen an der Universität Heidelberg für alle beteiligten Schüler, Lehrer, Wissenschaftler und universitären Mentoren. Ziel dieser Veranstaltungen ist es, durch kleine Vorlesungen in das Thema Menschenwürde allgemein, aber auch in die Teilthemen einzuführen. Anhand von Fallbeispielen wird jedes Teilthema von einem Fachwissenschaftler vorgestellt, sodass den Schülern deutlich wird, welche Fragen und Antwortmöglichkeiten eine bestimmte Disziplin im Hinblick auf das Thema Menschenwürde einbringen kann. Daran schließt sich jeweils eine Gruppendiskussion von Schülern einer Schule mit ihrem Mentor an. Nach der schulischen Aufarbeitung der fachwissenschaftlichen Vorträge können sich die Schüler für einen der vier Fachbereiche Jura, Medizin, Philosophie oder Theologie entscheiden. Aus dem Blickwinkel und mit der Methodik des gewählten Faches bearbeiten die Schüler dann in den folgenden Monaten ein selbst definiertes Teilthema. Aufarbeiten können die Schüler die unterschiedlichen Facetten des Themas nicht nur im Unterricht, sondern auch bei regelmäßigen Treffen mit ihren Mentoren.

Zusätzlich zur Auftaktveranstaltung findet ein weiterer Hochschultag an der Universität Heidelberg statt, mit dem Ziel, den Kontakt zwischen Schülern und Wissenschaftlern sowie zwischen den Schülern der vier teilnehmenden Schulen zu intensivieren. Der Hochschultag dient zudem als Rückmeldetermin, an dem die unterrichtenden Lehrer die Wissenschaftler über die bisherige Zusammenarbeit mit den Mentoren informieren.

## Der Unterricht an der Projektschule Bismarck-Gymnasium

Das Projekt wird an den Schulen im Rahmen von Seminarkursen unterrichtet, die fächerübergreifend und projektorientiert angelegt sind. Im Mittelpunkt stehen hochschulnahe, erwachsenengerechte, die Selbstständigkeit fördernde Arbeitsformen, das Arbeiten im Team und die Schulung der Präsentationsfertigkeit. In den Seminarkursen werden die Grundlagen ethischer Urteilsfindung sowie methodisches Handwerkszeug zur Bearbeitung des gewählten Themas vermittelt. Entscheidend für das wissenschaftspropädeutische Arbeiten – d.h. eine zwar angeleitete, aber weitgehend selbstständige Auseinandersetzung mit dem Sachgebiet auf der Grundlage von überwiegend Originaltexten – sind die Materialien, die von den einzelnen Fachwissenschaften ausgewählt wurden. Sie sollen das Interesse der Schüler wecken und sie motivieren, sich mit dem Problem intensiver zu beschäftigen. Unter der Anleitung der Mentoren lernen sie dann – wie in einem kleinen Proseminar – die unterschiedlichen geistes- und naturwissenschaftlichen Zugänge und Arbeitsweisen kennen, z.B. durch die Begriffsbestimmung von »Person« bzw. »Menschenwürde« aus philosophischer, theologischer oder juristischer Sicht im Vergleich zu biologischen Auffassungen.

Ein weiterer Schwerpunkt des Seminarkurses sind außerunterrichtliche Veranstaltungen, die von der Universität Heidelberg organisiert werden, wie etwa eine Diskussion mit Politikern aller Parteien über Sterbehilfe. Für die Schüler war es sehr interessant, die politische Arbeitskultur kennenzulernen und zu erleben, wie unsicher auch politische Fachreferenten beim Thema »Menschenwürde am Lebensende« sind.

Weitere Veranstaltungen und Exkursionen wurden von den Schülern des Bismarck-Gymnasiums mit großem Engagement eigenverantwortlich geplant und durchgeführt, wie der Besuch in einem Hospiz oder die Zusammenarbeit mit pro familia, die in gemeinsamen öffentlichen Veranstaltungen mündete. Die Einladung zum »International Congress on Justice: Wert Urteile – Judging Values« in Karlsruhe bildete einen weiteren Höhepunkt. Hier machten sich die Schüler mit dem internationalen Diskussionsstand vertraut: Wie urteilen die Niederlande über Sterbehilfe? Wie stehen Portugal oder Schweden zum Schwangerschaftsabbruch?

## Dokumentation, Kolloquium und Abschlusspräsentation

Schüler eines Seminarkurses planen ihre Arbeit inhaltlich und methodisch selbstständig und fertigen eine schriftliche Dokumentation an. Entscheidend für den Erfolg dieser Seminararbeit ist es, sich kontinuierlich selbst zu motivieren; es geht darum, ein Ziel zu wählen, ein Werk zu erstellen, neue, prägende Erfahrungen zu suchen, die eigenen Fähigkeiten kennenzulernen, Erkenntnisse zu gewinnen und Thesen zu verteidigen, sich einer Öffentlichkeit zu stellen, sich in eine Gruppe einzubringen und auch von ihr zu profitieren. Schwierig für die Schüler ist dabei häufig das Zeitmanagement bzw. die realistische Einschätzung des Zeitaufwands für die jeweiligen Arbeitsschritte (Recherche, Gliederung, Schreiben, Korrigieren). Am Ende der Jahrgangsstufe 12 geben die Schüler ihre schriftliche Dokumentation ab und schließen den Seminarkurs durch ein Kolloquium ab. Das Kolloquium setzt sich aus einer zehnminütigen Präsentation und einem zehnminütigen Prüfungsgespräch zusammen – beides bezieht sich auf das Thema der Dokumentation.

Das Spektrum der Themen in Projektphase I war breit gefächert: Pia interessierte vor allem die umstrittene Schweizer Sterbehilfeorganisation Dignitas. Maria zeigte in ihrer Arbeit, dass das Hospiz eine gute Alternative zu Sterbehilfeorganisationen sein kann, und Clemens hatte im Rahmen des Projektes auf der Wachkomastation einer Klinik hospitiert und die leitende Ärztin interviewt, beides bildete den Kern seiner Seminararbeit. Aldos und Kajas Arbeiten waren theoretisch orientiert. Aldo hat sich die streitbaren Positionen des australischen Philosophen und Bioethikers Peter Singer vorgenommen; Kaja stellte in ihrer Arbeit die Frage, ob gläubige Menschen weniger Angst vor dem Sterben haben als nicht gläubige.

Das Ende des Seminarkurses und somit der Projektphase läutet die Abschlussveranstaltung in Speyer ein, an der alle beteiligten Schulen, Wissenschaftler und Mentoren teilnehmen und auf der die Seminarkurse der vier Schulen ihre Ergebnisse in einer großen Vielfalt präsentieren: Talkshows, Theaterstücke, Hearings, Debatten – alles ist möglich. Das Bismarck-Gymnasium veranstaltet zusätzlich eine öffentliche Präsentation im Rahmen des Bismarck-Forums, das gemeinsam mit Wissenschaftlern,

Medien und außerschulischen Vertretern – in diesem Fall dem Kinderhospizdienst Mittelbaden – gestaltet wird. Die Schüler der Projektphase II präsentierten hier anhand eines authentischen Fallbeispiels zur Abtreibungsproblematik eine Expertendiskussion zu der Frage »Wer hat ein Recht auf Leben?«.

## Besondere Leistung des Projekts

Bei allen Beteiligten der bisher durchgeführten Projektphasen I und II herrscht große Zufriedenheit mit dem Ablauf des Seminarkurses. Die Planungsphase und die Koordination durch die Projektleiter der Universität Heidelberg waren gelungen, das Konzept klar ausgearbeitet. Die Lehrer waren genauso wie die Wissenschaftler positiv überrascht von der Ernsthaftigkeit und dem Engagement der Schüler. Anfängliche Bedenken, ob es gelingen würde, dieses anspruchsvolle, in ein interdisziplinäres Forschungsprojekt eingebundene Thema auf die Schulebene herunterzubrechen, bestätigten sich nicht. Die Schüler knieten sich in das Thema hinein, arbeiteten intensiv und ernsthaft, wollten die komplexe Materie verstehen. Und scheuten sich nicht, immer wieder nachzufragen – auch direkt bei den Professoren. Das Projekt war für die Schüler auch interessant, weil sie wissenschaftliche Arbeitsweisen kennengelernt haben. Hier wurde ein innerschulisches Gefälle zu anderen Kursen und ihren Arbeitsweisen deutlich, da im Projektkurs – neben der Vermittlung von Basiswissen – vor allem das interdisziplinäre Arbeiten unter natur- und geisteswissenschaftlichen Perspektiven in den Mittelpunkt gestellt wurde. Es ging also nicht nur um fachwissenschaftliche Problemstellungen, sondern auch um methodische Fähigkeiten und Fertigkeiten – sowohl in Hinsicht auf allgemeines wissenschaftliches Arbeiten als auch auf fachspezifische Methoden. Auf diese Weise erhielten die Schüler eine so umfassende Kenntnis der Materie, dass die meisten mit Gewinn an Vorträgen des internationalen Kongresses »Wert Urteile – Judging Values« in Karlsruhe teilnehmen konnten. Daraus entstanden in allen vier Wissenschaftsbereichen Seminararbeiten, die sich teilweise auf sehr hohem Niveau bewegten. Das Kolloquium zeigte ebenfalls, dass die Schüler die von ihnen bearbeitete Thematik oft über Schülerniveau hinausgehend durchdrungen hatten und ihre Ergebnisse ebenso präsentieren konnten.

Die Schüler bestätigen, dass sie aus der Teilnahme an dem Projekt persönlichen Gewinn gezogen haben. So bilanziert Clemens: »Früher hatte ich eine sehr schwammige Position. Jetzt ist es eigentlich schon so, dass ich aktive Sterbehilfe ablehne, aber passive natürlich befürworte. Meine Haltung hat sich in dieser Richtung gefestigt, auch durch Argumente.« Aldo hat für sich selbst Konsequenzen gezogen: »Ich denke darüber nach, was passieren würde, wenn ich ins Wachkoma fallen würde. Würde mir so etwas passieren, was würde ich für mich selber wollen? Und da finde ich so etwas wie eine Patientenverfügung sehr wichtig.«

Eine schriftliche Evaluation, die die Universität Heidelberg unter den teilnehmenden Schülern und Mentoren durchgeführt hat, legt aber auch die Probleme offen, mit denen sich das Projekt in Zukunft auseinandersetzen muss. Diese gab es vor allem bei der Themenfindung und der Anfangsphase des inhaltlichen Arbeitens. Die Zusammenarbeit mit den Mentoren bewerteten die Schüler im Allgemeinen positiv. Da Medizin und Jura keine Schulfächer sind, war die Beratung durch die Mentoren bei einzelnen Themen jedoch oft schwierig. Einige Mentoren überforderte die Zusammenarbeit mit den schwächeren Schülern, was eine stärkere Steuerung seitens der Lehrer notwendig machte. Da die Mentoren überwiegend jung sind und wenig didaktische Erfahrungen haben, bedarf es hier noch einer spezifischen Fortbildung.

Abschließend können wir sagen, dass das Schulprojekt »Menschenwürde« in herausragender Weise geeignet ist, eine Verbindung zwischen Schule und Hochschule herzustellen und jungen Menschen schon während ihrer Schulzeit einen Einblick in universitäres Leben zu geben. Besonders fruchtbar erscheint uns die Möglichkeit, verschiedene Wissenschaftsbereiche zu verbinden und so die Schüler zu interdisziplinärem Arbeiten anzuleiten.

*Redaktion: Julia Jaki*

# »Brückenschlag zwischen Schule und Universität«

Julia Jaki spricht mit Wolfgang U. Eckart, Direktor des Instituts für Geschichte der Medizin an der Universität Heidelberg, und Heidi Nägelin, Mentorin beim Schulprojekt Menschenwürde, über Kooperationen zwischen Schule und Universität.

*Professor Eckart, Sie sind Mitglied des Interdisziplinären Forums für Biomedizin und Kulturwissenschaften (IFBK) und koordinieren das Projekt »Menschenwürde« an der Universität Heidelberg – was wollen Sie von Hochschulseite aus damit erreichen?*
ECKART: Für uns ist das der Versuch eines Brückenschlages zwischen Universität und Schulen. Die Frage der Menschenwürde ist ein zentraler Aspekt in unserer momentanen Debatte. Wir wollen versuchen, diese Frage nicht erst an den Universitäten zu diskutieren, sondern bereits Schüler für dieses Thema zu sensibilisieren.

*Sollen die Schüler auf diese Weise auch für ein Hochschulstudium begeistert werden?*
ECKART: Ja, das spielt auch eine Rolle. Wir wollen nicht unbedingt für unsere Fächer werben, wir wollen den Schülern aber zeigen, dass es möglich ist, bestimmte Themen wissenschaftlich zu vertiefen. Wir möchten, dass sie lernen, noch einmal genauer zu gucken, Literaturrecherchen durchzuführen, um einfach mehr Tiefenschärfe beim Problembereich Menschenwürde zu bekommen und aus dem oft oberflächlichen Bereich der Medienkonfrontation herauszutreten.

*Frau Nägelin, Sie arbeiten als wissenschaftliche Mitarbeiterin am Institut für Geschichte der Medizin und betreuen einige der Schüler als Mentorin. Was sind Ihre Erwartungen an das Projekt?*
NÄGELIN: Ich studiere auf Lehramt und mir macht die Arbeit mit Schülern großen Spaß. Als mich Herr Eckart gefragt hat, ob ich Mentorin werden

will, fand ich das gleich interessant – die Zusammenarbeit zwischen Schulen und Universität im Rahmen dieses Projektes ist toll. Ich erhoffe mir vor allem einen Einblick in das, was man an der Schule alles machen kann, Ideen, die ich später im Berufsleben anwenden kann.

*Wie kommen die Schüler Ihrer Einschätzung nach mit dem Thema zurecht?*
Eckart: Ich habe das Gefühl, dass die Schüler gut damit zurechtkommen. Sie werden ja durch die Mentoren betreut. Das Thema ist zudem an den Schulen mit großer Begeisterung aufgenommen worden. Das zeigt sich an der wachsenden Schülerzahl, die sich in Seminarkursen an das Thema heranwagt: Am Anfang haben rund sechzig Schüler teilgenommen, in der Zwischenzeit sind es um die hundert. Wir mussten sogar zusätzliche Mentoren einstellen, um dem wachsenden Interesse begegnen zu können.

Nägelin: »Meine« Schüler sind gerade dabei, ihre Seminararbeit zu entwerfen, haben also noch nichts geschrieben. Wir stehen in regelmäßigem E-Mail-Kontakt und treffen uns an der Schule; dabei geht es hauptsächlich darum, die Schüler beim selbstständigen Arbeiten zu unterstützen. An der Schule arbeiten sie meist noch angeleitet – selbst einzuschätzen, wie man frei und ohne Anleitung im engeren Sinne arbeitet, das ist oft noch schwierig für die Schüler.

*Für die meisten Schüler ist das Projekt der erste Kontakt mit der Hochschule. Herr Eckart, spüren Sie vonseiten der Schüler Scheu vor der Institution Universität bzw. vor Ihnen als Hochschulprofessor?*
Eckart: Das hätte passieren können und genau aus diesem Grund haben wir die Mentoren dazwischengeschaltet. Wir wollten vermeiden, dass die Schüler neben ihren Lehrerkontakten nur noch Kontakte zu Professoren haben. Durch den Umgang mit den jüngeren Mentoren ist die Hemmschwelle einfach niedriger, sie wissen aber, dass wir im Hintergrund bereitstehen, wenn es etwa um Literaturrecherche oder um die Konstruktion von Seminararbeiten geht. Ich glaube, das ist ein ganz geschicktes Vorgehen.

EINBLICKE IN DIE PRAXIS

*Was können die Schüler aus der Zusammenarbeit mit der Universität mitnehmen?*
NÄGELIN: Sie erfahren, wie es ist, selbstständig zu lernen und zu arbeiten und sich die Zeit einzuteilen. Außer dem Abgabetermin der Seminararbeit gibt es von der Schulseite keine regelmäßige Kontrolle. Außerdem schreiben sie eine sehr umfangreiche Arbeit, für ein späteres Studium können sie davon auf jeden Fall profitieren.

ECKART: Zum einen beschäftigen sie sich sehr intensiv mit einem Thema und lernen Ebenen der wissenschaftlichen Bearbeitung kennen, mit denen sie in der Schule sonst nicht vertraut werden. Das ist, glaube ich, der größte Gewinn für die Schüler, wenn sie sehen: Da ist ja noch mehr, was ich herausholen kann. Der andere Aspekt wird bei den Abschlussveranstaltungen immer sehr deutlich: Die Schüler lernen, ethische Probleme mit ihren konkreten Lebenssituationen zu verbinden, etwa Fragen der Schwangerschaftsverhütung oder Abtreibung. Die Kreativität, mit der die Schüler ihre Themen präsentieren, ihre Begeisterungsfähigkeit – das ist faszinierend zu beobachten.

*Konnten Sie bei dieser Zusammenarbeit auf Erfahrungen mit vergangenen Schulprojekten zurückgreifen?*
ECKART: So einen intensiven Schülerkontakt haben ich und auch die anderen Wissenschaftler zuvor nicht gehabt, das war für uns Neuland. Wir alle sind begeistert von dieser neuen Chance – an den Kontakt zu Schulen hat früher niemand gedacht. Ich halte ihn aber für absolut wichtig, weil wir dadurch eine unglaublich gute Möglichkeit haben, mit den Schülern, die ja später zu uns kommen und ihre Studien beginnen, zu kooperieren und sie auf die Universität einzustimmen. Das ist ein völlig neuer Zugang, der allen sehr viel Spaß macht und sich, wie ich finde, bereits als sehr erfolgreich herausgestellt hat.

*Haben sich bereits Schüler infolge des Projekts für ein Hochschulstudium entschieden?*
ECKART: Es gab vereinzelte Rückmeldungen von Schülern, die gesagt haben: Jetzt weiß ich, was ich studiere. Das sind Schüler, die sich noch unsicher waren und die wir für ein Studium begeistert haben. Das kann man natürlich nicht quantifizieren, aber im Stillen haben wir es geschafft, die Universität an die Schüler heranzubringen und die Studierwilligkeit zu fördern. Das ist für die Universität ein genauso hoher Gewinn wie für die Gesellschaft insgesamt, die solche begeisterungsfähigen Nachwuchskräfte braucht.

*Das Projekt »Menschenwürde« ist ein auf drei Jahre begrenztes Pilotprojekt. Was sind die Perspektiven?*
ECKART: Wir sind jetzt in der dritten und letzten Phase der Finanzierung durch die Robert Bosch Stiftung und überlegen gemeinsam mit den Lehrern, in welcher Weise wir das Projekt fortsetzen können. Wir würden uns wünschen, dass wir die verantwortlichen Ministerien – das Kultusministerium des Landes Baden-Württemberg und das Wissenschaftsministerium – für das Projekt begeistern könnten, um so eine dauerhafte Verbindung zwischen Schule und Universität herzustellen. Das ist eine Aufgabe, die jetzt ansteht und die sicherlich nicht leicht wird.

# Schule verändern:
# Forschen als Grundhaltung

# Die Probe aufs Experiment

## Wie Freies Lernen den Forscherdrang fördert

*Reportage von Heinfried Tacke*

Übersichtlichkeit, Beratung, Anleitung zu selbstständigem Lernen und zur Übernahme von Verantwortung bestimmen das pädagogische Programm der Offenen Schule Waldau in Kassel – bei den Schülern fördert es die Neugier am Lernen und eigenen Forschen.

Die Offene Schule Kassel-Waldau ist eine bemerkenswert stille Schule. Das mag umso mehr verwundern, wenn man sich die Anzahl der Schüler vergegenwärtigt: Es sind über achthundert. Sie verteilen sich auf je sechs Klassen in sechs Jahrgängen. Nach üblicher pädagogischer Erfahrung müsste das einen hohen Lärmpegel nach sich ziehen. Doch man hört nicht einmal eine scheppernde Klingel. Die Schulglocke wurde schon lange abgeschafft. Klassenräume stehen sogar während des Unterrichts offen. Und zur gleichen Zeit gastieren gerade die *Young Americans* an der Schule, eine Theatergruppe, die es eigentlich im Handumdrehen schafft, den Laden auf den Kopf zu stellen – im positiven Sinne. Doch so temperamentvoll diese Truppe auch in ihrer Arbeit mit den Schülern vorgeht, diese Schule bewahrt zu jeder Zeit ihre Fassung.

Ist es hintergründiger Drill? Eine strenge Hand im Sinne des »Lobs der Disziplin«, das Bernhard Bueb unlängst einforderte, sicher nicht. Die Schule ist durch ein umfassendes Konzept geprägt. Wer hier durch die Gänge streift, verliert zu keiner Zeit die Orientierung. Man legt Wert auf Überschaubarkeit. Jeder Jahrgang besitzt sein eigenes Refugium – auf wohnliche Art gestaltet. Und der Verhaltensgrundsatz, den sich die Schule durch gemeinsame Abstimmung gab und auch in der Schulordnung verankerte, lautet: »leise – langsam – friedlich – freundlich«. Da und dort erinnern Wandplakate daran.

## Das Freie Lernen als tragende Säule

Eine weitere tragende Säule im Schulkonzept ist das Fach Freies Lernen. Es beerbt manch bekannten Ansatz aus der Reformpädagogik mit dessen Leitmotiv, die Pädagogik »vom Kinde aus« zu formen. Das ist ein didaktischer Glücksgriff, der zugleich einen festen Platz für das forschende Arbeiten bietet. Bei genauer Betrachtung ist es zudem der Grund dafür, dass an dieser Schule das Lernen seine Ruhe und Konzentration zurückerlangte. Die Schülerinnen und Schüler rücken mit ihren ureigenen Interessen in den Mittelpunkt. Sie erleben ein Lernen, das von der »Verpanzerung der Schulbelehrung« befreit ist, wie es der Erziehungswissenschaftler Horst Rumpf einmal drastisch formulierte. Es wird nicht dominiert vom Druck der bloßen Erledigung, und es geschieht abseits von Konkurrenzdenken und dem Schielen auf die Benotung. Sich Wissen anzueignen, erhält seine Würde zurück – unangetastet von den gewohnten Spielregeln der Schule.

Das Freie Lernen der Kasseler Modellschule wird vom Schuleintritt an gezielt eingeübt. Dahinter steht die Einsicht, dass selbstständiges Lernen sehr wohl des Aufbaus und Trainings bedarf. Von der fünften bis achten Klasse wird es zwei Stunden in der Woche praktiziert. Ab der neunten Klasse erhöht sich der Umfang auf drei Stunden. Anfangs werden die Aufgaben, die in Eigenregie bearbeitet werden, noch gelenkt – durch Rahmenthemen oder erwartete Präsentationsformen. Das Freie Lernen als Schulfach ist eingewoben in einen internen Lehrplan, der eine ganze Reihe von Qualifikationen und Techniken auflistet, die Schritt für Schritt erworben werden sollen. Die Zeitumfänge lassen sich zunächst leicht überschauen. Von ein bis zwei Wochen für die individuellen Vorhaben zu Beginn steigert sich das Pensum mehr und mehr. In den letzten beiden Schuljahren erstreckt es sich über eine ganze Epoche. Ein Lehrer begleitet die Vorhaben und Aufgaben. Er berät die Schüler dabei, ihre persönlichen Stärken und Schwächen herauszufinden, und erstellt kleine Gutachten, die die Entwicklungsschritte der Schüler dokumentieren. Auch Elterngespräche gehören zu seinen Aufgaben. All dies zusammen dient dem Ziel, die Schülerinnen und Schüler in ihrer Eigenständigkeit zu stärken. Die

Schüler lernen, sich selbst zu kontrollieren, indem sie im Wochenplan oder in Tagebüchern ihre Arbeit sowie die Ergebnisse protokollieren. Zudem erhalten sie regelmäßig Feedback von ihren Mitschülern und lernen hierdurch, zuzuhören und Kritik zu ertragen.

Wenn man die Schule besucht, ist die Verankerung dieses Lernprinzips auf Schritt und Tritt zu beobachten. Die Stundentafeln hängen in jeder Klasse groß als Wandzeitung aus. Die Themenblöcke des Freien Lernens sind eigens ausgewiesen. Sowohl praktische als auch musische Fähigkeiten stehen ebenso auf dem Plan; sie reichen vom obligatorischen »Lötdiplom« bis hin zu freien Texten, aus denen schließlich in Gemeinschaftsarbeit ein Buch oder ein Musical entstehen soll. Alle Fächer werden in das Freie Lernen eingebunden, und dabei entstehen immer wieder eindrucksvolle Arbeiten. Sie liegen in den Klassen aus oder hängen an den Wänden der Schulflure. Das Freie Lernen stellt aber keineswegs eine »Insel der Seligkeit« dar, auf der man sich von der Gängelei in der Schule ausruhen kann. Die Schule tritt vielmehr als die Einrichtung auf, die den Schülern wichtige Erfahrungen erst ermöglicht. Sie fördert Selbstständigkeit ebenso, wie sie Qualität fordert.

Ein Rückblick in die Geschichte der Schule macht indessen deutlich, dass erst das Eingeständnis des eigenen Scheiterns das Konzept auf den richtigen Weg brachte. Nach zehn Jahren Modellschule stand man Mitte der 1980er-Jahre vor einem Scherbenhaufen. Die Schule brauchte viele Impulse, viele Anregungen von außen, und man gestand sich ein, in den Naturwissenschaften ganz und gar versagt zu haben. Heute hat sich die Situation komplett gewandelt. Als bundesweit erste Schule führten die Kasseler den Lernbereich Naturwissenschaften ein. Man legte die naturwissenschaftlichen Fächer zusammen und entwickelte insgesamt fünfzehn Themenblöcke, deren Besonderheit es ist, an alltäglichen Phänomenen, die sich fächerübergreifend behandeln lassen, anzusetzen und gleichzeitig alle Themen der Lehrpläne in Biologie, Chemie und Physik zu integrieren. Bis zur achten Klasse unterrichtet die Schule in diesem Themenverbund. Erst ab der neunten Klasse stehen die Fächer wieder einzeln auf dem Plan.

EINBLICKE IN DIE PRAXIS

## Forschende Zugänge im Lernbereich Naturwissenschaften

Ein weiterer Schwerpunkt dieser Veränderung war es, forschendes Experimentieren zu einem eigenen Schwerpunkt auszubilden. Anhand der Beobachtungen, die Schüler aus dem Alltag mitbringen, werden nun regelmäßig eigene Untersuchungen entwickelt. Die Palette dieser Projekte ist schier endlos. Im Themenbereich Sinnesorgane beschäftigen sich die Schülerinnen und Schüler konkret damit, wie ein Hund riecht. Und wenn etwa die Frage nach der Springleistungen von Heuschrecken in Abhängigkeit zu ihrer Größe auftaucht, wird auch am lebenden Objekt geforscht. Oder die Schüler untersuchen die Wirkung von Signalfarben bei veränderten Lichtverhältnissen. Die Ergebnisse übertragen sie auf die Situation von Fahrradfahrern – von direkter Relevanz für ihre eigene Lebenswelt. Manche Projekte erstrecken sich über Jahre und verschiedene Klassen arbeiten gleichzeitig daran – etwa im Fall der Untersuchung des Baches, der direkt vor der Schule entlangfließt. Die Schüler bestimmten die Wasserqualität, entdecken aber auch Forellen, denen der Zugang zum Laichplatz durch eine Staustufe versperrt wurde. Daraufhin engagierten sich die Schüler für seine Renaturierung.

Doch der Forscherdrang stieß im naturkundlichen Unterricht an seine Grenzen. Zu sehr engte der Lehrplan ein, und es fehlten die technischen Mittel in den Räumen. Daher wurde ein offenes Labor eingerichtet, das im Freien Lernen individuelle Forschungsprojekte erlaubt. Abseits von Lehrplanzwängen ermöglicht es den Schülern, eigene Fragen an ihre Lebensumwelt unter naturwissenschaftlichen Gesichtspunkten zu stellen. Ab der siebten Jahrgangsstufe steht ihnen das Labor offen. Ab der neunten Klasse werden diese Projekte zunehmend selbstständig durchgeführt, während in den zwei Jahren zuvor noch ein Betreuer zur Seite steht.

Eva und Benjamin aus der zehnten Jahrgangsstufe interessieren sich z. B. für Arzneimittel und ihre Herstellung. Im Gespräch mit Dr. Burkhard Lutz, dem Leiter des Offenen Labors, entschieden sie sich dafür, sich mit Acetylsalicylsäure, dem Wirkstoff von Aspirin, zu beschäftigen. So begannen sie mit der Recherche: On- und offline lasen sie sich ins Thema ein. Beim nächsten Termin im Offenen Labor stellten sie bereits nach einer

Synthesevorschrift selbst den Wirkstoff her. Das ist ein umfangreicher Prozess, der chemisches Know-how und gleichzeitig Geschick im Umgang mit den Apparaturen verlangte sowie große Sorgfalt in den Abläufen erforderte. Nach und nach untersuchten sie weitere Aspekte und erstellten eine Multimediapräsentation, mit der sie ihre Versuche dokumentierten, und erläuterten ihren Mitschülern am Ende auch die Geschichte des Wirkstoffes und seine Wirkungsweisen im Körper.

## Erfolgreiche naturwissenschaftliche Grundbildung

Das Offene Labor hat sich längst als ein beliebter Ort in der Schule erwiesen. Die Schülerinnen und Schüler schätzen es, sich hier mit ihren eigenen Fragen experimentell befassen zu können. Sie stellen hier Parfüme oder Seifen her und generieren die Duftstoffe dafür sogar selbst. Sie untersuchen Schadstoffbelastungen der Luft, gewinnen aus Rapsöl eigenen Biodiesel, sie produzieren Naturkosmetik oder befassen sich mit Wasserstoff als Energielieferant – in vielen Projekten klingen aktuelle Themen und Debatten einer ökologisch korrekten Lebensführung an. Die Ergebnisse entfalten zumeist auch eine Außenwirkung. Sie werden während eines Werkstattabends der ganzen Schulgemeinde vorgestellt. Zum »Umweltpreis der Stadt Kassel« trägt das Offene Labor regelmäßig Projekte bei.

Doch noch wichtiger ist: Die Offene Schule Kassel-Waldau gehört inzwischen zu den wenigen Schulen im Land, die erfolgreich eine naturwissenschaftliche Grundbildung vermitteln. Sie fördert genauso besonders Begabte, wie sie in großer Breite ihre Schülerschaft wissenschaftspropädeutisch auf die komplexen Fragen der heutigen Zeit vorbereitet. Wenn die Waldauer Schüler auf weiterführende Schulen wechseln, fallen sie in aller Regel durch ihr fundiertes Wissen, ihre Methodenkompetenz und Eigenständigkeit auf. In Ausbildungsbetrieben sind sie ebenfalls beliebt. Dies zeigt, wie grundlegend sich die Lage der Schule in den letzten zwanzig Jahren verbessert hat. Der Deutsche Schulpreis, den die Schule im

Jahr 2006 erhielt, würdigt ausdrücklich die Leistung, mit der Praxis und Wissenschaft miteinander verbunden werden.

Im Zimmer der Schulleiterin Bärbel Buchfeld hängen zwei Zitate. Von Albert Einstein der Satz: »Phantasie ist wichtiger als Wissen.« Darunter findet sich eine chinesische Weisheit: »Jedes Problem hat drei Lösungen: Deine Lösung. Meine Lösung. Und die richtige Lösung.« Im Spannungsbogen dieser beiden Sätze scheint sich etwas Wesentliches der Schule auszudrücken. Die konzentrierte Ruhe, die dieser Schule innewohnt, bleibt eindrucksvoll im Gedächtnis.

## »Wir Lehrer müssen ein Stück Kontrolle aufgeben«

Heinfried Tacke im Gespräch mit Schulleiterin Barbara Buchfeld und Fachleiterin Sandra Friedrich von der Offenen Schule Kassel-Waldau

*Frau Buchfeld, Sie betonen immer wieder, dass der Ansatz zum Freien Lernen in ihrer Schule nicht ohne ihr Gesamtkonzept denkbar wäre. Wie müssen wir das verstehen?*
BUCHFELD: Ich muss dazu an unsere Anfänge erinnern. Nach zehnjähriger Gesamtschularbeit stellte das Kollegium der OSW fest, dass eine Arbeit mit allen Kindern nur dann möglich sein kann, wenn sich die Bedingungen für das Lernen verändern. Die Schule stand vor dem pädagogischen Aus. Als die damalige FDP-SPD-Koalition im Land Hessen »Offene Schulen« einrichten wollten, nutzte unsere Schule diese Möglichkeit zur Neuausrichtung nach Grundsätzen der Reformpädagogik. Wir waren von unseren ursprünglichen Ansätzen zwar überzeugt, mussten aber erkennen: Wir haben Fehler gemacht. Bei Besuchen in anderen Schulen – etwa den Gesamtschulen in Hagen-Haspe, Göttingen-Geismar oder Köln-Hohlwei-

de – haben wir uns auf Schatzsuche begeben. Aber auch durch Erfahrungen aus dem Ausland kamen Impulse. Wir haben dann erkannt: Die Kinder müssen ihr Lernen selbst bestimmen können. Wir wollen ihnen ihre eigene Würde geben – durch Respekt und Anerkennung.

Das aber muss wachsen und braucht viele kleine Schritte. Zum Freien Lernen kamen also noch etliche andere Bausteine hinzu, die wir aus dem Kollegium heraus entwickelt haben. Ich denke an den offenen Anfang, an die Verlässlichkeit und Überschaubarkeit, die wir in der Schule bieten, die Arbeit in Jahrgangsteams, die Rhythmisierung. Für mich ist es immer eindrucksvoll zu sehen, in welcher Verfassung die Schüler in Klasse 5 zu uns kommen und mit welcher Selbstständigkeit sie uns in Klasse 10 verlassen.

*Frau Friedrich, Sie haben als Fachleiterin maßgeblich am Konzept für den naturwissenschaftlichen Unterricht in der Schule mitgearbeitet. In Klasse 5 bis 8 werden diese Fächer übergreifend unterrichtet, danach wieder getrennt. Inzwischen bringen Sie in diesem Gebiet beachtliche Ergebnisse auch im Vergleich mit anderen Schulen hervor. Wie erklären Sie sich das?*

FRIEDRICH: Zunächst: Ich denke, wir haben eine sehr komplexe Herangehensweise. Wir unterrichten mehr Stunden in diesem Bereich als vom Lehrplan vorgesehen. Das ist uns durch eine Umstrukturierung gelungen. Außerdem haben wir in dem von uns neu geschaffenen Bereich Naturwissenschaften ein Konzept entwickelt, das mit zusammenhängenden Themen arbeitet, die aber bei Phänomenen des Alltags ansetzen. Ich nenne nur mal als Beispiel den Themenkomplex Wetter. Hier können die Schülerinnen und Schüler an eigene Erfahrungen anknüpfen, aus denen heraus sie selbst Fragen entwickeln können. Davon ausgehend begleiten wir ihre Überlegungen zu eigenen Experimenten weiter. So lernen sie, in forschender Weise ihr Wissen zu vermehren. Sie müssen sich also auch selbst Informationen besorgen. Diese Art, wissenschaftspropädeutisch zu arbeiten, halte ich in heutiger Zeit für unverzichtbar, um sich bei aktuellen Themen eine eigene Meinung bilden zu können. Außerdem reagieren wir damit auf das Problem, das uns die Pisa-Ergebnisse spiegelten: Die deutschen Schulen hatten zwar Faktenwissen vermittelt, aber die Schüler scheiterten daran, Zusammenhänge herstellen und anwenden zu können.

*Sie betonen, dass der Alltagsbezug so elementar notwendig ist.
Können Sie das konkretisieren?*
FRIEDRICH: Mir fallen viele Beispiele ein. Aber ich möchte zwei hervorheben. Das eine zeigt, wie wir zu Forscherfragen kommen. Beim Thema Insekten schilderte ein Schüler, wie er im Urlaub Heuschrecken beobachtet hatte, und es kam von den Schülern die Frage, welche von den Heuschrecken weiter springen, die größeren mit mehr Muskelmasse oder die kleineren und damit leichteren. Wir mussten dann feststellen, dass darauf auch die Experten, die Entomologen, keine Antwort besaßen. Also haben wir uns mit der klassischen Vorgehensweise eines Naturwissenschaftlers selbst an die Untersuchung gemacht: Wir haben von einem Phänomen ausgehend eine konkrete Forscherfrage formuliert, dazu Vermutungen aufgestellt und dann dazu den passenden Versuchsaufbau bis hin zur Durchführung und Auswertung der Daten entwickelt. Wir konnten zwar kein eindeutiges Ergebnis erzielen, aber die Schüler haben exemplarisch viel gelernt.

Das andere Beispiel betrifft das Thema Sexualerziehung. Es ist doch erschütternd, wie hoch nach wie vor die Zahl der Schwangerschaften bei Minderjährigen ist. Deshalb arbeiten wir nicht nur Wissen anhäufend, sondern wir wollen genauso wichtige Kompetenzen in der Kommunikation fördern. Das heißt: Wir nehmen uns konkrete und konfliktträchtige Gesprächssituationen vor und spielen in verteilten Rollen die unterschiedlichen Handlungsmöglichkeiten durch. Ich denke, das gehört zu einer lebensnahen Selbstständigkeit ebenso dazu wie zu einer naturwissenschaftlichen Grundbildung, die zu vernünftigen Entscheidungen befähigt.

*Eine Frage an Sie beide: Wie verändert Ihr Konzept das Lernen in der Schule?
Wie reagieren die Schüler darauf?*
BUCHFELD: Das alles Entscheidende für mich ist: Lehrer müssen das Freie Lernen zulassen können und wissen, dass sie damit ein Stück Kontrolle zugunsten der Selbstständigkeit aufgeben. Auch die Schule muss es zulassen, nur geht es hier eher darum, die Möglichkeiten der eigenen Entfaltung zu eröffnen. Experimente müssen jederzeit aufgebaut werden

können. Es braucht eine Umgebung, die dazu anregt. Und es braucht Unterstützung. Dafür führen wir immer wieder persönliche Gespräche mit jedem einzelnen Schüler. In jeder Klasse steht ein Rednerpult ab Klasse 5 in den Räumen. Man lernt bereits dort mit persönlichen Themen wie den eigenen Hobbys oder Haustieren das freie Reden und die öffentliche Präsentation. Wir fordern Qualität ein und ermuntern zu Verteidigungsreden. Das stärkt die Persönlichkeit. Schüler lernen außerdem, ihre eigenen Aktivitäten zu planen, weil sie wissen, dass der Plan wichtig genommen wird. Und sie werden immer selbstbewusster und arbeiten zunehmend zielgerichteter. Diese Entwicklung unserer Schüler ist über die Jahre wunderbar zu beobachten.

FRIEDRICH: Für mich ist vor allem die Haltung der Lehrer wichtig. Nicht die Schüler sind für uns da, sondern wir Lehrer für sie. Als Lehrer muss ich mich eigentlich jedes Mal fragen, warum ich jetzt von den Schülern 45 Minuten Aufmerksamkeit will. Das muss doch was mit ihnen zu tun haben. Ganz wichtig ist die Wahlfreiheit der Themen. Wir sind immer wieder überrascht, welche Ressourcen wir bei den Schülern entdecken. Bei uns bekommen sie dafür ein Podium, eine Bühne. Der Effekt dieser Haltung und dieses Ansatzes ist ein vielfacher. Die Schüler können bei uns ihre Zeit nicht einfach nur absitzen. Das merken sie schnell. Dafür gewinnen sie viele Kompetenzen. Sie sind konzentriert, können miteinander kommunizieren, werden selbstbewusster und entwickeln eigene Fähigkeiten, sich zu disziplinieren und ihr Lernen zu ordnen.

*Frau Buchfeld, noch mal nachgefragt: Wie ordnen Sie als Schulleiterin die Erfolge Ihrer Schule ein?*
BUCHFELD: 45 % unserer Schüler haben Migrationshintergrund, in 23 % der Familien wird kein Deutsch gesprochen, und in 25 % sind die Eltern arbeitslos. Heute aber drängen selbst bildungsnahe Schichten aus ganz Kassel auf unsere Schule. Allein schon bei den Vergleichsstudien – etwa in Mathematik – schneiden wir über dem Durchschnitt ab. All das zeigt, dass unsere pädagogischen Ansätze offenbar greifen. Als Schulleiterin kann ich nur sagen: Viel hängt vom Engagement des Kollegiums ab, und

ich freue mich sehr darüber, wie jeder von ihnen eigene Impulse setzt. Zur Kultur unserer Schule gehört, dass wir nicht beim Erreichten stehen bleiben, sondern ständig Bilanz ziehen und uns weiterentwickeln. Das scheint mir wesentlich. Ich wiederhole mich, wenn ich sage: Wenn die Begleitmusik stimmt, sind sie auch gut in der Kür. Deshalb ist das gesamte Konzept unserer Schule so wichtig. Da greift ein Rädchen ins andere. All das ist über viele Jahre aus dem Kollegium heraus gewachsen.

# Lernen im Forschungsinstitut

## Das Projekt HIGHSEA

*Reportage von Heinfried Tacke*

Die Fächergrenzen sind aufgelöst, die Lehrer betreiben Teamteaching, das Forschungsinstitut wird zum zweiten Klassenzimmer. Das Projekt HIGHSEA am Alfred-Wegener-Institut für Polar- und Meeresforschung in Bremerhaven setzt neue Maßstäbe für den naturwissenschaftlichen Unterricht in der gymnasialen Oberstufe.

Die Bildschirme der Laptops flimmern. Vor jedem einzelnen Schüler steht einsatzbereit einer von ihnen. Drum herum sind die Tische voll. Zwischen Notizblöcke und Bücherstapel sind mitgebrachte Trinkflaschen und Brotdosen gestopft. Über den Stühlen türmen sich die Jacken. Der Raum wirkt provisorisch genutzt. Laborregale und Wandzeitungen rahmen die Szenerie ein. Von der Decke hängen noch Dekorationen und Fahnen einer Veranstaltung im Institut. »Land der Ideen« ist darauf zu lesen. Oder: »Station 4 – Kann man Wasser stapeln?« Die versammelten Schülerinnen und Schüler behandeln indes ein anderes Thema: die Evolution des Menschen. Selbstständig und in Gruppen erarbeiteten sie sich die Entwicklungsstufen von den ersten Primaten bis hin zum Homo sapiens. Sie stöberten dazu in Büchern und im Internet. Nun präsentieren sie reihum die Ergebnisse und sammeln sie auf einer Wandzeitung. Die Rolle des Lehrers fällt auf. Er begleitet das Geschehen nur, steuert behutsam den zeitlichen Ablauf. Tauchen Fragen auf und es beginnt eine Diskussion, geben sich die Schüler gegenseitig das Wort weiter. Auffallend eifrig sind sie bei der Sache.

Hier im untersten Stock des Alfred-Wegener-Instituts für Polar- und Meeresforschung (AWI) finden sich schon seit 2001 die Jahrgänge zusammen, die das Projekt HIGHSEA durchlaufen. Es gehört zu einem ganzen Ensemble von Kooperationen, die das weltweit renommierte Forschungs-

EINBLICKE IN DIE PRAXIS

institut mit Schulen betreibt. Daher gibt es im Institutsgebäude ein Schülerlabor, das zu Tagesprojekten für den naturwissenschaftlichen Unterricht genutzt werden kann, und in der Biologischen Anstalt des Instituts auf Helgoland führen Klassen oder Schülergruppen gleich ganze Projektwochen durch. Das Schulprojekt HIGHSEA stellt allerdings das ambitionierteste Vorhaben dar: Jeweils etwa zwanzig Schülerinnen und Schüler aus den Oberstufen der Bremerhavener Schulen werden zu einem Jahrgang zusammengeschlossen. Sie lernen zwei Tage in der Schulwoche im AWI. Den Rest verbringen sie an ihrer regulären Schule. Drei Jahre lang erarbeiten sie sich im AWI – zumeist forschend und experimentell – den Stoff für das Abitur in den Fächern Biologie als Leistungskurs sowie Chemie, Mathematik und Englisch als Grundkurs. Für diesen Unterricht im Forschungsinstitut sind eigens Lehrer vom Schulamt freigestellt.

Doch für die daran interessierten Schülerinnen und Schüler ist es gar nicht so einfach, in dieses Langzeitprojekt hineinzugelangen. Zuvor müssen sie sich mehreren Prüfungen unterziehen. Die Noten aus der Klasse 10 stellen ein Auswahlkriterium dar, hinzu kommt ein schriftlicher Test, der den Leistungsstand der Bewerber abfragt. Die Eindrücke aus dem Gespräch mit der Projektleitung und den zukünftigen Lehrern fließen ebenso in die Bewertung ein. Zusatzpunkte lassen sich durch den Nachweis der Teilnahme an Wettbewerben wie »Jugend forscht« erwerben. Durchschnittlich 37 der ca. 500 für die Oberstufe qualifizierten Schüler aus Bremerhaven durchlaufen jährlich diese Prozedur, um einen der begehrten Plätze zu ergattern.

## Eine andere Lernkultur

Dafür aber erwartet sie eine exklusive Situation. Das Lernen am AWI läuft anders und anspruchsvoller ab als in der Schule. Daran müssen sich die jungen HIGHSEA-Schüler meist erst gewöhnen, wie Dr. Susanne Gatti betont. Zusammen mit Kerstin von Engeln leitet sie das Unterrichtsprojekt des AWI. Frei von den Unterrichtsrahmenplänen des Landes, doch fest gebunden an die vorgegebenen Inhalte für die Abiturprüfung, entwickelten sie vier große Arbeitsgebiete, auf die sie die einzelnen Fächerinhalte verteilten. Es beginnt mit dem Themenblock »Lebensraum vor der Haustür«, der sich rund um die Gefährdung des Ökosystems Wattenmeers rankt. Der zweite Block »Sonne – Energie – Leben« befasst sich mit der Frage, wie das Überleben an polaren Standorten möglich ist. Das Thema »Entwicklung – Kontinuität und Veränderung des Lebens« fokussiert brisante aktuelle Debatten: Welche Chancen und Risiken liegen in molekularbiologischen und gentechnischen Methoden? Die letzte Sequenz beschäftigt sich mit der Frage: »Wie wirklich ist die Wirklichkeit?« Nur in seltenen Fällen mussten die beiden Leiterinnen für die Fächer Mathematik und Chemie sogenannte »Inseln« in den Plan einziehen, da sich der geforderte Stoff nicht den großen Themen fügte. Er wird dann nicht, wie sonst üblich, fächerübergreifend behandelt.

Doch es ist nicht nur dieses Lernen in größeren Zusammenhängen, das im Projekt HIGHSEA eine andere Kultur des Wissenserwerbs begründet. Im Institut ertönt keine Schulglocke. Zum Teil unterrichten die Lehrkräfte gemeinsam. Sie stimmen immer erst einen Tag vor dem Unterricht ihren Stoff miteinander ab, um den aktuellen Stand in der Lerngruppe einzubeziehen. Man lässt den Schülerinnen und Schülern dabei viel Zeit und Raum für ihre Fragen und Ideen, die in der Beschäftigung mit den Themen entstehen. Wenn sie darüber die Zeit vergessen, macht das nichts: Kein Fachlehrer drängt auf den Beginn der nächsten Stunde. Ein anderes Mal wird der vorgesehene Stundenplan einfach umgestellt. Wenn eben möglich, binden die Lehrer überdies die Wissenschaftler des Instituts in das Unterrichtsgeschehen ein. So gehört es zum Projekt, dass die Schülerinnen und Schüler die Expertise dieser Fachleute einholen, deren Know-how für ihre eigene Arbeit nutzen. Sich die Themen selbst zu erarbeiten, ist jedenfalls eine zentrale Aufgabe für die Teilnehmer am Projekt HIGHSEA. Und wenn sie die Grundlagen beherrschen, lernen sie auch, sie in forschungsnahen Situationen anzuwenden.

Die Beschäftigung mit Fragen von aktueller Relevanz schätzen die teilnehmenden Schüler sehr. »Das ist richtig eine Abwechslung zum sonstigen Schulalltag«, findet etwa der 18-jährige Sascha Voß, und er ergänzt:

»Das ist kein sturer Unterricht, der schlicht durchgezogen wird, sondern wir arbeiten viel in Gruppen zusammen. Außerdem merkt man, dass hier jeder, der dabei ist, an den Themen wirklich interessiert ist.« Die spürbar hohe Motivation und Eigenständigkeit ist auch für die 17-jährige Lisa Liedtke ein wichtiger Aspekt: »Wenn etwas nicht klappt, weiß man hier, dass man selbst schuld ist. Das kann man dann nicht einfach auf den Lehrer schieben. Wir müssen viel selbst organisieren, wozu auch gehört, selber Ordnung zu halten«, stellt sie fest und rückt fast demonstrativ ihre Sachen auf dem Platz zurecht. Die 18-jährige Cora Beckmann sieht dabei einen großen Gewinn in der anregenden Umgebung und dem reichen Angebot, das ihnen das Institut eröffnet: etwa die Laptops, die das AWI zur Verfügung stellt, die gut bestückte Bibliothek, die Wissenschaftler vor Ort, die sie fast jederzeit zurate ziehen können, und nicht zuletzt die Lehrer, die sie bei Nachfragen auch per Mail löchern können. Mitschülerin Lisa Sommer bringt es knapp auf den Punkt: »Hier werden uns viel Zeit und viele Möglichkeiten geboten, damit wir wirklich alles verstehen.«

## Experimente, Exkursionen und Fahrten ins Eismeer

»Man bekommt hier eine Ahnung vom wissenschaftlichen Arbeiten«, freut sich indes die quirlige Ann Cathrin Pöhlmann. So gibt es in allen vier Themenblöcken auch Langzeitexperimente. Etwa das »Regentonnenexperiment«, wie es bei den Schülerinnen und Schülern nur kurz genannt wird. Es behandelte und untersuchte die Gefahren, die dem Wattenmeer drohen. In sechs verschiedenen Regentonnen wurden Medien verschiedener Nährsalzkonzentrationen angesetzt. Nach der Zugabe einer kleinen Menge von Algen beobachteten und maßen sie deren Wachstum, die Abnahme der Nährsalzkonzentration sowie verschiedene andere Parameter wie pH-Werte, Temperatur, Sauerstoff- und Ammoniumgehalt über einen Zeitraum von elf Wochen. Jede Arbeitsgruppe betreute ein Fass, erstellte Messtabellen und wertete die Daten aus. Die Ergebnisse und ihre Erkenntnisse präsentierten sie in einer eigens dafür angesetzten öffentlichen Veranstaltung im großen Hörsaal des Instituts. Einer der Schüler nahm diese Arbeit sogar zum Anlass, in seinen Ferien am Neusiedler See eine eigene Forschung über die Kieselalgen in dem Binnengewässer vorzunehmen.

Genauso gehören Exkursionen zum HIGHSEA-Programm. Man besucht gemeinsam etwa den Ideenpark in Stuttgart oder reist zum Institutsableger in Potsdam, wo sich die Wissenschaftler mit den Folgen des Klimawandels befassen. Absolute Highlights für die HIGHSEA-Schüler sind die Fahrten ins polare Eismeer mit einem Forschungsschiff. Zweimal konnten diese Reisen bereits durchgeführt werden. Doch dafür benötigt das HIGHSEA-Team zusätzliche Sponsorengelder. Die fließen allerdings immer spärlicher, sodass bislang nur zwei Jahrgänge in den Genuss dieses Forschungsabenteuers kamen. Für die aktuellen Jahrgänge sind die Reisen vorerst gestrichen.

## Nach links und rechts schauen

Der Motivation der derzeitigen HIGHSEA-Teilnehmer tut dieser Wermutstropfen keinen Abbruch. Sie sind trotzdem voller Begeisterung für das Projekt. »Wir lernen hier, viel Eigenverantwortung zu übernehmen. Man gewinnt eine große Methodenkompetenz. Das wirkt sich spürbar in der Schule aus. In diesen Dingen sind wir den Mitschülern weit voraus«, resümiert etwa Thorge Oehmsen. Die erst 16 Jahre alte Ann Cathrin Pöhlmann fühlt sich durch die Teilnahme an HIGHSEA bestens auf ein naturwissenschaftliches Studium vorbereitet, das sie anstrebt. Und selbst wenn die jungen Oberstufenschüler ein solches Studium nicht anpeilen, lernen sie in dem Projekt, im übertragenen Sinne »mehr nach rechts und links zu schauen«, wie Sascha Voß mit Blick auf die behandelten Themen findet.

Bloß in der Zusammenarbeit mit der Schule hapert es ein wenig. Die HIGHSEA-Schülerinnen und -Schüler fühlen sich, wie von allen bemängelt wird, häufiger benachteiligt. So erhalten sie z.B. während ihrer Abwesenheit nicht alle Informationen. Lehrer und Mitschüler lassen sie zudem immer wieder Vorbehalte und Vorurteile spüren. Ein wenig Neid ist aber wohl auch nachvollziehbar: Wer würde nicht gern unter so anregenden Bedingungen erste eigene Erfahrungen mit der Wissenschaft sammeln?

## »Ein ganz anderer Ernstcharakter«

Heinfried Tacke im Gespräch mit Susanne Gatti und Kerstin von Engeln, den Leiterinnen des Projektes HIGHSEA am Alfred-Wegener-Institut für Polar- und Meeresforschung

*Frau Dr. Gatti, was gab den Anstoß für das Projekt HIGHSEA?*
*Wie ist es zu dieser Kooperation eines Forschungsinstituts mit den Bremerhavener Schulen gekommen?*
GATTI: Der erste Impuls ging im Jahr 2000 von unserem damaligen Bildungssenator Willi Lemke und dem damaligen Verwaltungsdirektor des Alfred-Wegener-Instituts, Dr. Rainer Paulenz, aus. Sie waren sich einig, dass die Zusammenarbeit zwischen Schulen und dem AWI für beide Seiten von großem Vorteil sein würde. Zusammen haben sie dann auch die wichtigste Voraussetzung für unser Projekt – den großen Freiraum – geschaffen, in dem wir das Konzept für HIGHSEA entwickeln konnten. Schon in dieser Phase der Vorbereitung stand für uns die enge Zusammenarbeit zwischen Wissenschaftlerinnen und Wissenschaftlern mit Lehrkräften aus der Schule im Mittelpunkt. Zahlreiche Hürden in der Vorbereitungsphase wie auch später in der ersten Zeit des laufenden Betriebs des Projekts konnten wir nur mit der Unterstützung und der fortwährenden Förderung durch die beiden Initiatoren bewältigen.

## LERNEN IM FORSCHUNGSINSTITUT

*Frau von Engeln, was ist in Ihren Augen das Markante des Projekts HIGHSEA? Worauf haben Sie bei diesem Konzept besonderen Wert gelegt?*
VON ENGELN: Die bei uns praktizierte enge Verzahnung eines Forschungsinstituts mit der Schule ist einzigartig in der Bundesrepublik. Das Neue an unserem Projekt ist, dass Schüler drei Jahre lang für zwei Tage in der Woche ihre Schule verlassen, um sich auf ihr Abitur vorzubereiten. Kern unseres Konzeptes sind große Fragestellungen, in die wir die Anforderungen des Lehrplans von vier Fächern so eingewoben haben, dass wir projektorientiert unterrichten können. Durch die Nähe zu den Wissenschaftlern entsteht ein ganz anderer Ernstcharakter als in der Schule. Für den Fortgang eines Projektes stehen manchmal Themen auf dem Programm, die in der Schule wenig Begeisterung auslösen. Hier sind sie eingebunden in einen als sinnvoll und logisch erlebten Zusammenhang. Damit werden sie von den Schülern als notwendig erkannt. Die Schüler arbeiten intensiv mit Wissenschaftlern zusammen. Wir haben darauf geachtet, dass unsere Themen auch die Themen unserer Wissenschaftler sind. Auch damit entsteht eine besondere Nähe. Und dass die Schülerinnen und Schüler zum Teil Tür an Tür mit weltweit renommierten Experten arbeiten oder sie in der Mensa im Gespräch erleben können, darf als Effekt nicht unterschätzt werden. Hier jedenfalls lernt man nicht, weil der Lehrer zur Tür hereinkommt, sondern weil eine eigene Motivation vorhanden ist. Und die versuchen wir mit unserem Programm zusätzlich zu erhalten und zu fördern.

*Ist es Ihnen tatsächlich gelungen, alle Anforderungen in Ihre Projektthemen einzugliedern? Gab es damit keine Probleme?*
GATTI: Sie dürfen nicht vergessen, dass wir die Schülerinnen und Schüler in vier Fächern auf das Abitur vorbereiten. Da müssen wir alles das abdecken, was durch die EPA, die Einheitlichen Prüfungsanforderungen, gefordert und damit für das Abitur notwendig ist. Dadurch ergibt sich natürlich ein Problem an den Stellen, an denen sich die geforderten Inhalte der einzelnen Fächer nicht nahtlos verknüpfen lassen. Damit stoßen wir an die Grenzen des Projektunterrichts. Wir weichen für solche Themen auf sogenannte »Inseln« aus, wo wir sie separat unterrichten. Hiervon sind

aber glücklicherweise nur einzelne Themengebiete in der Chemie und der Mathematik betroffen, die wir dann – ähnlich dem regulären Unterricht in der Schule – unterrichten, weil sie »dran« sind.

*Hat das Zentralabitur negative Auswirkungen auf Ihre Arbeit?*
GATTI: Das Zentralabitur ist eine große Last, aber auch eine große Chance für uns. Wegen des Zentralabiturs gibt es Vorgaben, welche Inhalte in welchem Halbjahr unterrichtet werden müssen. Durch diese Vorgaben verlieren wir einen Teil unseres zeitlichen Freiraums und stehen vor der großen Herausforderung, in diesem neuen Rahmen unsere Projekte weiter zu organisieren. Offensichtlich ist uns dies bisher gut gelungen, denn bei den letzten Abiturergebnissen haben unsere Schüler hervorragend abgeschnitten. Und damit sind wir dann auch bei der großen Chance, die sich aus dem Zentralabitur für uns ergibt: Die Ergebnisse, die HIGHSEA-Schüler erzielen, sind direkt vergleichbar mit denen, die andere Schüler im Land Bremen erzielen.

Neben dem Zentralabitur haben wir aber ein echtes Problem auf der Tagesordnung. Die Verkürzung der Schulzeit von dreizehn auf zwölf Jahre heißt für uns, dass wir nur noch zwei Jahre für unsere Projektarbeit mit den Schülern zur Verfügung haben. Man muss aber bedenken, dass unsere Schüler meistens ein Jahr brauchen, um sich in die neue Arbeitsweise hineinzufinden, die sie von der Schule nicht gewohnt sind. Das heißt: Hier sind noch eine Menge Fragen zu klären. Etwa die, ob die Schüler dann schon ab der Klasse 10 zu uns kommen. Wir sind tatsächlich gespannt, wie hier die Entscheidungen ausfallen werden.

VON ENGELN: Ich würde gerne daran erinnern, dass es anfangs mit der Einführung des Zentralabiturs Überlegungen in der Verwaltung gab, uns aus dieser Regelung herauszunehmen. Wir haben uns allerdings dagegen entschieden, denn wir wollten uns an den gleichen Anforderungen messen lassen wie die Schulen. Uns war es wichtig, exemplarisch zu zeigen, dass wir auch als außerschulisches Projekt ebenso erfolgreich arbeiten können. Denn uns geht es eben auch um die Übertragbarkeit unserer Arbeit auf die Schule. Gerade diese Übertragbarkeit ist uns ein wichtiges Anliegen.

## LERNEN IM FORSCHUNGSINSTITUT

*Wie schätzen Sie diese Übertragbarkeit auf die Schule ein?*
*Sind Ihre Bedingungen nicht einzigartig?*

GATTI: Wir von unserer Seite aus sind uns sicher, dass sich eine ganze Menge übertragen ließe. Sicherlich haben Schulen nicht die gleichen Bedingungen wie wir, nicht die gleiche Ausstattung. Aber es ließe sich einiges übernehmen. Allerdings erleben wir die Schulen noch als sehr zurückhaltend. Wir haben z. B. Lehrer aus der Mittelstufe eingeladen und sie danach gefragt, was wir denn für sie tun könnten. Ob es Interesse an gemeinsamen Projekten gebe. Die Resonanz war ausgesprochen reserviert. Uns schien, die Lehrer suchten in dieser Veranstaltung einfache Rezepte für ihren Unterricht. Die können wir aber leider nicht liefern. Die Konzepte müssen aus unserer Sicht gemeinsam erarbeitet und dann nach und nach in die einzelnen Schulen eingebracht werden. Bei den zunehmend steigenden Belastungen, denen die Lehrer heute ausgesetzt sind, ist ein solcher geforderter Mehraufwand aber nicht immer leistbar.

VON ENGELN: Unsere Erfahrungen in der Kooperation mit den Schulen hier in Bremerhaven sind eher mühselig. Man sieht in uns mitunter ein zu exklusives Projekt. Das wirkt wie eine Blockade gegen eine engere Zusammenarbeit. Diese Blockaden würden wir gerne auflösen, aber hier liegt noch ein längerer Weg vor uns.

*Dann berichten Sie an dieser Stelle doch auch von Ihren guten Erfahrungen.*
*Wie wirkt Ihre Arbeit auf die Schülerinnen und Schüler – Bilanz ziehend nach*
*inzwischen sechs erfolgreichen Jahrgängen?*

VON ENGELN: Die HIGHSEA-Schülerinnen und -Schüler schneiden in den hier unterrichteten Fächern überdurchschnittlich gut im Abitur ab. Das liegt mit Sicherheit an ihrer kontinuierlichen Motivation. Sie haben vom ersten Tag an Lust, hier zu arbeiten, und das hält sich bis zum allerletzten Tag. Eine externe Evaluation der Universität Duisburg-Essen hat genau dies gezeigt und außerdem festgestellt, dass unsere Schüler und Schülerinnen über vergleichsweise hohe Methodenkenntnisse verfügen und diese gezielt und sicher zur Problemlösung einsetzen. Damit sind sie bestens für ein Studium vorbereitet, welches ihnen im hohen Maße Eigenständigkeit und Eigenverantwortung abverlangt. Das müssen diese Schüler nicht mehr trainieren.

GATTI: Unsere ehemaligen Schülerinnen und Schüler kommen zwischendurch öfter zu Besuch. Einmal jährlich organisieren wir für alle eine kleine Party. Bei diesen Veranstaltungen hören wir immer wieder, wie außerordentlich gut wir sie auf ihr Studium vorbereitet haben. Einige von ihnen haben kein Studium aufgenommen, sondern zuerst eine Berufsausbildung gewählt. Selbst diese Schülerinnen und Schüler berichten, dass sie im Vergleich zu anderen Auszubildenden durch die Vorbereitung im Projekt HIGHSEA große Vorteile hinsichtlich fachlicher Anforderungen, Eingliederung in den Ausbildungsbetrieb sowie Zusammenarbeit mit anderen erfahren. Mittlerweile gibt es auch die ersten »Rückläufer«, die hier im AWI ihre Bachelor-Arbeit schreiben werden.

# Vom Hobbyclub zum Schülerforschungszentrum

## Porträt eines Erfolgsmodells

*Reportage von Heinfried Tacke*

Der PhysikClub Kassel – ein Projekt, das mit Preisen überhäuft wurde. Schülerinnen und Schüler der Klassen 5 bis 13 forschen in Teams und in Eigenregie an realen naturwissenschaftlichen Problemen.

»Eigentlich wirkte das Problem recht einfach. Mich interessierte der dunkle Rand der Sonne. Es geht dabei um Temperaturunterschiede. Ich wollte sie erklären und dem Phänomen stärker auf den Grund gehen. Wenn ich am Anfang geahnt hätte, als wie schwierig sich das Thema dann doch erwies, hätte ich wohl lieber ein einfacheres gewählt. Aber dann steckt man drin in seinen Fragen und will auch nicht mehr aufhören.« Der Schüler Berend Leferink lächelt bei seiner Schilderung, als wollte es sich für seinen Wissensdrang entschuldigen. Sie lässt noch einmal seinen Einstieg in den Kasseler PhysikClub Revue passieren.

So wie ihm ist es schon vielen ergangen, die in den vergangenen sechs Jahren dieses Angebot wahrgenommen haben. Sie kamen, weil die Fragen, die sie bewegten, von ihren Lehrern nicht behandelt oder mit einem Achselzucken abgetan wurden. Im Club stießen sie jedoch auf offene Ohren. Vor allem aber fanden sie hier die Mittel und Wege, ihren Interessen und Neigungen selbstständig nachzugehen. Hinzu kamen viele Gleichaltrige und Gleichgesinnte, mit denen gemeinsam zu forschen mehr Spaß machte.

Inzwischen ist der 16-Jährige in der 11. Klasse des Gymnasiums und gehört längst zu den gestandenen Kräften in diesem Club der Physikenthusiasten, die sich immer freitags ab 13:30 Uhr nach der Schule treffen. Insgesamt sind es an die 150 Schülerinnen und Schüler aus dem nordhessischen Raum. Im Junior-Club finden sich die Schüler aus den 5. bis 8. Klassen zusammen. Der PhysikClub selbst ist den Älteren vorbehalten.

Gearbeitet wird immer im Team. Keiner experimentiert und forscht ganz allein. Ihnen zur Seite stehen Berater – eine Gruppe von Ehemaligen, die nun Studenten, Referendare oder Fachlehrer sind. Und nicht zu vergessen: Klaus-Peter Haupt, Gründervater des Projekts. Sie alle sind Freiwillige, die außerhalb des regulären Unterrichts zusammenkommen, und manchmal brennen die Lichter in den beiden Räumen, in denen sie in der Kasseler Albert-Schweitzer-Schule arbeiten, bis tief in die Nacht.

## Keine Kaderschmiede

Wer hier freitags vorbeischaut, der sieht eine ganze Horde von Jugendlichen werken und arbeiten. Auch die Versuchsanordnungen stehen dicht gedrängt in den beiden Laborräumen. Vieles wurde selbst gebastelt und hergestellt. Es werden nicht nur Messungen durchgeführt und Ergebnisse dokumentiert. Es mussten z.B. licht- oder schalldichte Aufbauten gezimmert werden. Eine ganze Wand voll mit Kästen für Schrauben, Muttern und sonstigen Materialien zeugt vom handwerklichen Einsatz. In den Schränken türmen sich die Geräte – zum Teil eigens angeschafft. Ohne Sponsoring namhafter Firmen, Institute oder Stiftungen ginge hier wenig, obwohl die Schulausstattung mitgenutzt werden kann.

Doch noch eindrucksvoller ist das Arbeitsgeschehen. Auf den ersten Blick scheint es ein Durcheinander, aber dagegen spricht die spürbare Konzentration im Raum. Mit Akribie sitzen die jungen Menschen an ihren Versuchen. Andere werten mit scharfen Blicken die Messtabellen in ihren Computern aus. Denn die Antworten liegen keineswegs direkt parat. Wie auch? Es sind ja keine vorgegebenen Experimente. Hier erlebt jede Gruppe mal, wie es ist, auf dem Holzweg zu sein. Es wird diskutiert, verworfen, und die Phasen, in denen man sich nochmals tief über Fachliteratur beugt, sind nicht selten. Es gibt Gruppengespräche, auch die Berater stehen den Schülern zur Seite. Manchmal müssen Reibereien im Team bewältigt und geklärt werden. Doch das Gute ist: Für all das gibt es ausreichend Zeit. Die Projekte sind immer auf mindestens ein Jahr angelegt. Das erlaubt

Irrwege und gibt die Chance, sich wirklich zu vertiefen und eine eigene Expertise zu entwickeln. Aber bei aller konzentrierten Arbeitsatmosphäre, wie eine Kaderschmiede sieht es hier nicht aus. »Wir gehen hinterher öfter auch noch zusammen in die Disco«, wirft eine Schülerin aus der zehnten Klasse ein und schickt einen vielsagenden Blick zu ihren Kumpeln hinüber. Einer von ihnen wackelt grinsend mit der Hüfte zurück.

Den ruhenden Pol in all dem bildet Klaus-Peter Haupt. Er trägt Alltagskleidung, keinen weißen Kittel. Schlohweiß sind nur seine Haare, die zerzaust nach hinten abstehen. Haupt wird von allen im Club nur »KP« gerufen. Respekt und Sympathie schwingen darin mit. Der Lehrer an der Schule und Fachleiter am Studienseminar dominiert nicht. Im Gegenteil: Er lässt machen, er ermuntert und hört aufmerksam zu. Er ist der Koordinator im Hintergrund, der hilft, Wege aufzutun, um ein Problem zu lösen. Zudem kümmert er sich darum, dass man an fehlende Ausstattung gelangt. In der Sache ist er aber oft ein Gleicher unter Gleichen, der sein Wissen einbringt wie jeder andere auch. Wie aber gelingt es ihm, diese spürbare Begeisterung bei den Jugendlichen zu wecken, die selbst große Phasen von Frustration und Chaos überwinden hilft? Vielleicht, indem er Freiräume gewährt. Er bietet Kontakte zu Experten und hält selbst Vorträge. Doch viel wichtiger ist: Er eröffnet den Jugendlichen das Abenteuer Forschung und schenkt ihnen dafür jede Menge Vertrauen in ihre eigenen Fähigkeiten.

## Gewachsene Forschungsfreiheit

Im Gespräch macht Klaus-Peter Haupt deutlich, dass die Arbeit im Club nicht gleich von Beginn derart frei von Vorgaben ablief. Anfangs war die Sorge sogar groß, ob überhaupt genügend Nachfrage für das Angebot bestand. Immerhin: Man startete im Jahre 2002 mit 20 Schülern. Im ersten Jahr griff Haupt ausschließlich auf Themen aus der Chaostheorie zurück – ein Feld, das ein breites Spektrum an experimentellen Forschungen bietet. Viele der Themen bereitete er damals noch selbst vor. Heute existiert im Club ein umfangreicher Themenkatalog, mit erkennbaren Schwerpunkten in Physik, Astrophysik, Geophysik und Technik. Zu Beginn des Schuljahres, beim ersten Treffen der Angemeldeten, können die Teilnehmer aus dieser Liste ihr Spezialgebiet wählen. Haupt stellt ihnen dazu weitere Literatur und aktuelle Fachartikel zur Verfügung. Danach beginnt oft eine lange, recht chaotische Phase, in denen die Teams beginnen, ihre Forschungsfrage zu konkretisieren. Diese Zeit bedeutet eine echte Durststrecke. Der Mut und die Zuversicht, sie durchstehen zu können, mussten erst wachsen. Heute ist er ganz selbstverständlich vorhanden. Sowohl Haupt wie auch die Ehemaligen und erfahrenen Teilnehmer sind geübt und gestählt darin. Aber auch die Jugendlichen nahmen an dieser Entwicklung einen entscheidenden Anteil: Sie forderten zunehmend ihre eigenen Themen ein.

## Lernen als Konstruktionsprozess

Im Vordergrund der Arbeit im Club steht das Ziel, Wissen eigenständig zu erwerben. Die Teilnehmer sollen jedoch nicht dadurch lernen, dass sie Versuche durchführen, deren Ergebnisse bereits feststehen. So arbeitet man noch – auf größere Zusammenhänge vorbereitend und die Eigenständigkeit schulend – im Junior-Club. Die Älteren dagegen sind gefordert, sich ins offene Feld der Forschung zu wagen. Sie müssen selbst lernen, ihren Arbeitsprozess zu strukturieren – die Berater unterstützen sie, wenn die Jugendlichen das wollen. Jede Gruppe arbeitet an einem anderen Projekt, vertieft sich in ein anderes Thema. So werden sie zu den Experten in der jeweiligen Sache. Bewertungen finden nicht statt – allein das Gelingen der Versuche oder der technischen Bauten entscheidet über Erfolg und Nichterfolg.

Haupt orientiert sich dabei am pädagogischen Prinzip von Maria Montessori: »Hilf mir, es selbst zu tun.« Er vertritt damit eine konstruktivistische Lehr- und Lerntheorie. Wissen zu erwerben setzt demnach eigene Aktivität voraus. Nur durch Handeln und Erfahrungen wächst die Summe des Verstandenen. Dieser Vorgang findet allein im Kopf des Lernenden statt: Dort hat er seinen Ursprung und findet sein Ende. Vom alltagsnahen Verständnis physikalischer Zusammenhänge ausgehend, das die Mitglieder des Clubs mitbringen, lernen sie, sich in die theoretischen Grundlagen einzuarbeiten und daraus eigene Fragen zu entwickeln. Im didaktischen Konzept des Clubs findet sich dazu ein bemerkenswerter Satz: »Emotionale Zuwendung zum Lerninhalt und Lernverfahren ist ein wesentlicher Bestandteil des Konstruktionsprozesses.« Sprich: Ohne Begeisterung für die Art und Weise des Vorgehens und ohne Fragen, die im Inneren gären und wirken, erwachsen keine wirklichen Erkenntnisgewinne.

Die Clubjugendlichen schätzen diese Vorgehensweise. Sie machen zwar keinen Hehl daraus, dass sie immer mit großen Mühen verbunden ist. »Natürlich ist das beschwerlicher, sich selbst das Wissen zu erarbeiten und die Planung selber zu übernehmen«, gibt etwa die 18-jährige Karen Wintersperger zu bedenken. Doch die Freude an der Herausforderung überwiegt bei allen. Sie sehen viel mehr den Lohn der Anstrengungen, als dass sie unter der Selbstdisziplin leiden, die ihnen abverlangt wird. Diese Freude beginnt bereits damit, »dass man hier nicht komisch angeguckt wird, wenn man sich für Physik interessiert«, wie Joshua Kühner, der 17 Jahre alte Schüler eines altsprachlichen Gymnasiums in Kassel, betont. Er genießt die Arbeit im Club und findet, dass man hier »unglaublich kreativ sein kann«. Andere Jugendliche schätzen die Zeit, die ihnen für die Projekte gelassen wird, die Arbeit ohne die engen Grenzen eines Stundenplans. Und von allen kommt die klare Botschaft: Man wird selbstbewusster, gewinnt an Kompetenz und Eigenständigkeit und erfährt jede Menge Kraft und Energie durch die Arbeit und den Zusammenhalt in den Teams und der ganzen Gruppe. Berend Leferink bringt den Lerneffekt auf den Punkt: »Was man selbst herausbekommt, behält man auch besser.« Früher tat er sich, wie er berichtet, schwer mit Autoritäten in der Schule. Jetzt ist für ihn die Wissenschaft zur leitenden und anerkannten Autorität geworden.

## Projekte und Preise

Wer die Liste der Projekte durchgeht, die bereits im PhysikClub realisiert worden sind, entdeckt ein riesiges Spektrum anspruchsvoller Vorhaben. Die Schüler befassten sich mit Sonolumineszenz, mit der Simulation von Galaxienhaufen oder den optischen Eigenschaften von Verbundwerkstoffen, die einen »Tarnkappeneffekt« hervorrufen können. Aktuell arbeitet ein Team an der Erzeugung von Aerogelen. Das sind Gel-Substanzen, die entstehen, indem man ihren Ausgangsprodukten die Flüssigkeit entzieht und durch Luft oder Gase ersetzt. Diese Liste der Beispiele wäre nach sieben Jahren Projektarbeiten beliebig zu verlängern.

Und der Erfolg blieb nicht aus. Regelmäßig stellt der Club Sieger im regionalen und landesweiten Wettbewerb von »Jugend forscht«. Im Jahre 2006 wurde sogar der Bundessieg im Bereich Physik errungen. Bei anderen Wettbewerben wie etwa dem NaT-Working-Preis oder dem MINT Award glänzten die jungen Nachwuchsforscher aus Kassel ebenfalls. 2007 erhielt der Club den renommierten Klaus-von-Klitzing-Preis. Die Helmholtz-Gemeinschaft Deutscher Forschungszentren verlieh dem Projekt ebenfalls eine Auszeichnung. 2008 folgte schließlich der Georg-Kerschensteiner-Preis der Deutschen Physikalischen Gesellschaft.

## Die neue Perspektive: Ein Schülerforschungszentrum

Längst hat sich die Arbeit des Clubs bewährt und weiterentwickelt. Die öffentliche Präsentation der Jahresergebnisse ist ein Magnet für viele Schüler und Interessierte. Die Jugendlichen besuchen gemeinsam Vorträge, organisieren aber auch eigene Veranstaltungen, in denen sie ihre Projekte öffentlich vorstellen. Zusätzliche Workshops, an denen auch Studenten des Fachs Physik teilnehmen, vertiefen zudem die aktuellen Themen. Sie unternehmen sogar Forschungsreisen, und auch erlebnispädagogische Elemente oder Outdoor-Aktivitäten kommen nicht zu kurz. So stieg man etwa in eine Wasserhöhle der schwäbischen Alb ein. Oder die

Teilnehmer übernahmen die Navigation auf einem Drei-Mast-Segelschiff und steuerten es mit dem Ersten Offizier durch die Ostsee.

Der größte Erfolg des Clubs ist jedoch die Aussicht auf ein eigenes Forschungszentrum für die Schüler. Es entsteht an der gleichen Stelle, an der bereits der Club beheimatet ist: ein Neubau, der von der Universität Kassel errichtet wird. Dafür kooperieren das Land Hessen, die Universität und das Schulamt der Stadt Kassel. Das Dach erhält u. a. eine Sternwarte mit drei großen, computergesteuerten Teleskopen. Insgesamt können dann die Schülerinnen und Schüler auf über 750 Quadratmeter Fläche eigenständige Forschungsarbeiten in allen Natur- und Technikwissenschaften durchführen. Bei der Gestaltung der Labore und Räumlichkeiten orientiert man sich übrigens an den Erfahrungen aus dem PhysikClub. Es gibt also auch Platz zum Relaxen und Plauschen.

# »Selbstwirksamkeit statt Fremdbestimmung«

Heinfried Tacke im Gespräch mit Klaus-Peter Haupt,
dem Gründer und Leiter des Kasseler PhysikClubs

*Herr Haupt, Sie leiten seit über sechs Jahren den PhysikClub Kassel. Was gab dafür den Anstoß? Was hat Sie dazu motiviert?*
2002 suchte die neu gegründete Kinder- und Jugendakademie in Kassel ein Angebot für Begabtenförderung in Physik. Da ich vorher viel mit offenen Unterrichtsmethoden und eigenständigem Lernen gearbeitet hatte, wurde ich gefragt, ob ich das Projekt übernehmen wollte. Meine eigene Motivation, den Club aufzubauen, lag darin, Jugendlichen mit großem Interesse an der Physik Raum zu geben, sich selbst zu erfahren und weiterzuentwickeln.

*Ihr Angebot an die Schüler, sich freiwillig und außerhalb des Unterrichts mit physikalischen Aufgaben zu beschäftigen – und das auch noch am Freitagnachmittag, wo viele schon ans Wochenende denken –, das muss doch recht verwegen gewesen sein. Wie waren Ihre ersten Erfahrungen?*
Wir waren selbst überrascht. Es kamen sofort 20 Schüler, teilweise nur neugierig, teilweise weil sie ihre besondere Begabung ausleben wollten. Mich hat von Anfang an beeindruckt, dass es für sie anscheinend keine Grenzen der Leistungsfähigkeit oder Einsatzbereitschaft gab. Sie waren hoch motiviert und brachten eine ganze Menge eigener Fragen mit, auf die ich erst einmal antworten musste. Das Einzige, was noch nicht so gut klappte, war die Organisation und Strukturierung der eigenen Arbeit. Da sind wir inzwischen um vieles weiter.

*Der Erfolg hat sich ja sehr schnell eingestellt. Wie erklären Sie sich das?*
Wichtig war offensichtlich, dass die Teilnehmer ohne Druck und Bewertung arbeiten und lernen konnten. Sie befassen sich mit authentischen Problemen. Das war für viele Schüler neu. Es wurde dann schnell als

»cool« angesehen, im PhysikClub dabei zu sein, was schließlich eine eigene Sogwirkung auslöste.

*Sie unterscheiden das Vorgehen im PhysikClub bewusst vom forschenden Lernen. Warum diese Unterscheidung?*
Forschendes Lernen bieten wir für die Jüngsten an. Die älteren Schüler arbeiten an authentischen Forschungsprojekten. Da geht es nicht ums Lernen, sondern um die wissenschaftliche Vorgehensweise. Mit anderen Worten: das Austüfteln, Verstehen, Konkretisieren und Lösen von eigenen Fragen. Natürlich wird dabei auch ganz viel gelernt, aber das ist sekundär. Beim forschenden Lernen kennt dagegen der Lehrer Ergebnisse, Ziele und Lösungsaspekte. Bei den Arbeiten im Club sind die Lösungen auch den Beratern unbekannt – übrigens nicht selten auch »echten« Wissenschaftlern.

*Herr Haupt, Sie berufen sich auf eine konstruktivistische Lehr- und Lerntheorie. Darin stehen die Lernenden im Mittelpunkt. Wie ist das gemeint?*
Wissen kann nicht übernommen, es muss selbst konstruiert werden und für den Lernenden eine persönliche emotionale Bedeutung besitzen. Im herkömmlichen Unterricht steht der Lehrer im Zentrum. Er weiß die Antworten auf seine Fragen. Er kontrolliert und steuert das Vorgehen der Schüler. Im konstruktivistischen Unterricht findet im Grunde eine kopernikanische Wende statt: Nicht der Lehrer, sondern der Schüler rückt ins Zentrum. Der Lehrer wird so zum Lernberater, der Schüler sucht Antworten auf eigene Fragen. Zu jedem unserer PhysikClub-Projekte müssen sich die Teams ihr eigenes Wissen selbst erarbeiten und damit konstruieren. So gesehen gehen wir konstruktivistisch vor.

*Sie haben diese Methodik auch schon vor vielen Jahren in Ihrem eigenen Unterricht angewandt. Können Sie dazu ein Beispiel schildern?*
Im Fach Mathematik habe ich über Jahre hinweg in den 9. und 10. Klassen nach einem kurzen Training in Lernteams den gesamten Lernstoff eigenständig erarbeiten lassen – bis hin zu den Vorbereitungen für die Vergleichsprüfungen. Ich habe sie bei diesem Prozess nur beraten. Über

viele Monate fand so kein traditioneller Unterricht statt. Alle haben gute Klausuren geschrieben und waren hoch motiviert, sich mit Mathematik zu beschäftigen. Diese Methode fördert stark Eigenverantwortung. Die Schüler haben sich selbst Hausaufgaben gegeben und dann gegenseitig kontrolliert. Und auch heute noch unterrichte ich und baue Arbeitsaufträge so in den Unterricht ein, dass sich die Klassen eigenständig Wissen erarbeiten. Mit Zielvorgaben und Selbstdiagnosebögen können die Schüler sich überprüfen. Auch ein Unterrichtsgespräch kann man so gestalten, dass der Lehrer als Moderator den Wissenserwerb der Klasse nur betreut.

*In diesem Ansatz ändert sich die Rolle des Lehrers grundlegend. Worin bestehen die entscheidenden Unterschiede? Und wie reagieren die Schülerinnen und Schüler darauf?*
Wir Lehrer geben es auf, den Wissenserwerb von unserer Seite her zu steuern. Wir stehen dafür beratend beim Lern- und Arbeitsprozess zur Seite. Die Schülerreaktionen darauf sind oft höchst beeindruckend. Nach dem ersten Halbjahr eigenständiger Teamarbeit in Mathematik kam unlängst ein Mädchen aus der 9. Klasse zu mir, das vorher in Mathe immer auf 5 stand und jetzt zum ersten Mal eine 4 im Zeugnis hatte und sagte: »Mathe ist cool, machen wir so weiter?«

*Mit sieben Jahren Erfahrung im Rücken lassen sich sicher erste Bilanzen ziehen. Was sind die wichtigsten Kompetenzen, die von den Jugendlichen im Club erworben werden?*
Sie lernen, ihre eigene Arbeit zu strukturieren und sich immer wieder, auch bei Schwierigkeiten, zu motivieren. Sie lernen, sich und ihre Fähigkeiten selbst einzuschätzen und ihre Arbeit zu reflektieren. Sie entwickeln Kompetenzen in kooperativen Arbeitsformen, lernen, sich mit Fachleuten auseinanderzusetzen und ihre Thesen zu vertreten. Sie lernen Arbeitsmethoden kennen und können über diese reflektieren. Und ganz nebenbei entsteht noch ein beachtliches Fachwissen, das in vielen Fällen weit über das Schulniveau hinausgeht.

*Sie sprechen gerne von der Selbstwirksamkeit, wenn Sie Ihren Ansatz beschreiben, und man fühlt sich an den Begriff der Selbsttätigkeit in J. F. Herbarts Bildungstheorie erinnert. Was verstehen Sie unter Selbstwirksamkeit?*

Ich denke, sie geht über das, was wir oft unter Selbstbestimmung verstehen, weit hinaus. In der Schule führt man doch als Schüler seinen Lernerfolg selten auf sich selbst zurück. Zu sehr ist man eingebunden in ein fremdbestimmtes Vermittlungssystem. Im PhysikClub erfahren die Schüler die Erfolge als ihre eigenen Erfolge, als Resultate ihrer eigenen Anstrengung. Das gibt nicht nur Selbstvertrauen, sondern auch das Wissen wird viel intensiver aufgenommen. Das meine ich, wenn ich von Selbstwirksamkeit spreche.

*Sie betonen, dass der PhysikClub keineswegs nur fachspezifisch ausbildet. Trotzdem legen Sie Wert darauf, dass Ihre Arbeit eben auch naturwissenschaftlichen Nachwuchs fördert. Wie passt das zusammen?*

Ich sehe da überhaupt keinen Widerspruch. Man braucht viele Kompetenzen für eine anspruchsvolle fachspezifische Arbeit. Das Forschen an eigenen Fragestellungen macht Spaß, bedarf der Kommunikation mit Gleichgesinnten und liefert das wertvolle Gefühl, dass man anfangs als schwierig und komplex angesehene Themenbereiche durch eigene Anstrengung durchschaut, hinterfragt und einen eigenen Beitrag zu ihrem Verständnis geleistet hat. Ich denke, besser kann man niemanden motivieren, nach der Schule die Naturwissenschaft zu seinem Arbeitsfeld zu machen.

# Service

# Schule und Wissenschaft: Wer bietet was?

Kinder und Jugendliche schon früh an wissenschaftliche Fragen, Themen und Methoden heranzuführen: ein Thema, das seit Jahren boomt und in ganz unterschiedlicher Weise von Stiftungen, Unternehmen, Hochschulen, Forschungsinstitutionen und Kommunen aufgegriffen und umgesetzt wird. Im Folgenden stellen wir eine kleine Auswahl von Möglichkeiten, Institutionen, Programmen und Handlungsfeldern vor. Die Vielfalt ist beeindruckend und in Buchform kaum darstellbar: So zählt allein die Datenbank »MoMoTech« der Deutschen Akademie der Technikwissenschaften über 1000 Initiativen in Deutschland, die versuchen, Kindern und Jugendlichen einen Zugang zu naturwissenschaftlich-technischen Berufen und Fächern zu vermitteln.

## Bundesweite Förderinitiativen, Stiftungen, Preise und Netzwerke

**Ada-Lovelace-Projekt**
Das Ada-Lovelace-Projekt ist ein Mentorinnen-Netzwerk zur Gewinnung von Mädchen und Frauen für Naturwissenschaft und Technik und ist bisher an 11 Hochschulstandorten in Rheinland-Pfalz vertreten. Mentorinnen bieten neben Workshops, Arbeitsgemeinschaften, Ferienkursen oder Forscherinnen-Werkstätten auch individuelle Berufsberatungen für Schülerinnen an. Das Projekt erweiterte sein Engagement 2005 durch die Gründung eines bundesweit tätigen Fördervereins, der die Ziele und die Arbeit des Projektes unterstützt.
www.ada-lovelace.com

SERVICE

**Bayer Science and Education Foundation**
Die Bayer Science and Education Foundation unterstützt gezielt Schulen im Umfeld der Bayer-Unternehmensstandorte, die durch zusätzliche Bildungsangebote den naturwissenschaftlich-technischen Unterricht besser, innovativer und attraktiver machen wollen. Die geförderten Projekte sollen den regulären Unterricht ergänzen und bei den Schülern Spaß und Interesse an Naturwissenschaft und Technik wecken.
www.bayer-stiftungen.de

**DenkWerk**
Das Programm »DenkWerk – Schüler, Lehrer und Geisteswissenschaftler vernetzen sich« der Robert Bosch Stiftung richtet sich an Geistes- und Sozialwissenschaftler aller Fachrichtungen an Universitäten und anderen Forschungseinrichtungen sowie an Lehrer und Schüler ab der 5. Klasse an Gymnasien, Gesamt- und Realschulen. Gefördert werden Partnerschaften zwischen Wissenschaftlern, Lehrern und Schülern, die gemeinsame Projekte in einer Region durchführen möchten. Die Stiftung unterstützt Projekte finanziell für bis zu drei Jahre.
www.bosch-stiftung.de

**Haus der kleinen Forscher**
Die Stiftung fördert bundesweit frühkindliche Bildung in den Bereichen Naturwissenschaften und Technik. Ihr Ziel ist es, bereits bei Drei- bis Sechsjährigen die Neugier auf Naturphänomene zu fördern und ihnen die Möglichkeit zu geben, beim Experimentieren selbst Antworten auf alltägliche naturwissenschaftliche Phänomene zu finden. Geboten werden Workshops für Erzieherinnen, Arbeits- und Lehrmaterialien, jährliche Aktionstage und umfangreiche Hintergrundinformationen und Experimente im Internet.
www.haus-der-kleinen-forscher.de

### Klaus-von-Klitzing-Preis

Der Preis ist ein Förderpreis für engagierte Lehrerinnen und Lehrer naturwissenschaftlicher Fächer. Er zeichnet Persönlichkeiten aus, die sich in besonderer Weise um die Anregung von Schülern zu wissenschaftlichem Arbeiten und Denken verdient gemacht haben. Der Preis wird von der Carl von Ossietzky Universität Oldenburg sowie der EWE Stiftung jährlich vergeben und ist mit € 15.000 dotiert, wobei € 10.000 für ein schulisches Projekt zu verwenden sind. Eine direkte Bewerbung um den Preis ist nicht möglich, die Lehrer werden von Förderern und Initiativen im Bildungsbereich vorgeschlagen und dann von einer Jury ausgewählt.

www.klaus-von-klitzing-preis.de


### MINT Zukunft

Der Verein ist Träger der Gemeinschaftsinitiative »MINT – Zukunft schaffen« der deutschen Wirtschaft, um für mehr Nachwuchs in den MINT-Fächern (Mathematik, Informatik, Naturwissenschaften und Technik) zu werben. Lernenden und Lehrenden in Schulen und Hochschulen sowie Eltern und Unternehmen sollen die vielfältigen Entwicklungsperspektiven, Zukunftsoptionen und Praxisbezüge der MINT-Bildung nahegebracht werden. Der Verein hat sich zum Ziel gesetzt, alle Initiativen im Bereich MINT zu bündeln und zu vernetzen.

www.mintzukunft.de


### MINToring – Studierende begleiten Schülerinnen und Schüler

MINT + Mentoring = MINToring. Die Stiftung der Deutschen Wirtschaft möchte mit ihrem Förderprogramm mehr angehende Abiturienten für ein MINT-Studium begeistern. Besonderheit des Projekts ist zum einen die dreijährige Förderung der Jugendlichen: Sie beginnt zwei Jahre vor dem Abitur und setzt sich bis zum Ende des ersten Studienjahres fort. Zum anderen werden die Schüler von sogenannten MINToren intensiv beraten und unterstützt. Projektschulen gibt es derzeit an den Standorten Dresden, Karlsruhe, Kiel, Oldenburg, Saarbrücken, Siegen und Stuttgart.

www.sdw.org

SERVICE

## MoMoTech – Monitoring von Motivationskonzepten für den Techniknachwuchs
MoMoTech ist eine sehr sorgfältig und breit recherchierte Internetdatenbank der Deutschen Akademie der Technikwissenschaften – acatech zu Projekten, Initiativen und Programmen, die einen altersgerechten, anschaulichen und motivierenden Zugang zur Welt der MINT-Berufe vermitteln wollen. Zusammengetragen und nach Themen, Zielgruppen und Veranstaltungsort aufbereitet wurden über 1000 Angebote.

www.motivation-technik-entdecken.de


## NaT-Working und Schule trifft Wissenschaft
Mit dem Förderprogramm »NaT-Working – Naturwissenschaften und Technik: Schüler, Lehrer und Wissenschaftler vernetzen sich« hat die Robert Bosch Stiftung zwischen 2000 und 2008 rund 130 Initiativen, bei denen Wissenschaftler und Lehrer langfristig miteinander kooperieren, mit einem Fördervolumen von etwa € 7,2 Mio. unterstützt. Der Förderpreis »Schule trifft Wissenschaft« ist das Nachfolgeprojekt. Vergeben werden ein mit € 50 000 dotierter Hauptpreis und zwei weitere Preise mit je € 20 000. Teilnehmen können alle Kooperationsprojekte zwischen Forschungseinrichtungen und weiterführenden Schulen, die folgende Kriterien erfüllen: a) Das Projekt befasst sich mit Naturwissenschaften (einschließlich Medizin), Technik, Mathematik oder Informatik. b) Lehrer und Wissenschaftler engagieren sich gemeinsam. Beteiligt sind mindestens eine Forschungseinrichtung und mindestens 2 Schulen. c) Die Initiative ist seit mindestens 6 Monaten aktiv und kann bereits erste Erfolge vorweisen.

www.bosch-stiftung.de


## Physik für Schülerinnen und Schüler
Mit dem Förderprogramm wollen die Deutsche Physikalische Gesellschaft und die Wilhelm und Else Heraeus-Stiftung innovative Schulprojekte in den Naturwissenschaften stärken. Unterstützt werden Veranstaltungen von Physik-Fachbereichen für Schüler und Physiklehrer sowie vorbildliche Projekte an Schulen, die den mathematisch-naturwissenschaftlichen Unterricht weiterentwickeln, das Interesse an diesen Fächern stärken und die Möglichkeiten moderner Informationstechnik überzeugend für den Unterricht nutzbar machen.

www.dpg-physik.de/dpg/schule

### Roberta – Mädchen erobern Roboter

Roberta nutzt die Faszination von Robotern, um Schülerinnen Naturwissenschaften, Technik und Informatik spannend und praxisnah zu vermitteln. Die Roboterkurse des Fraunhofer-Instituts für Intelligente Analyse- und Informationssysteme sind so konzipiert, dass sie Mädchen ansprechen. Mithilfe des didaktisch und technisch besonders geeigneten Roboters »Roberta« werden Grundkenntnisse der Konstruktion von Robotern bis hin zu deren Programmierung vermittelt. Zukünftige Kursleiterinnen können sich gezielt fortbilden, auf erfahrene Kolleginnen im Netzwerk und ausgereifte Lehr- und Lernmaterialien zurückgreifen.

www.roberta-home.de

### RÜTGERS Stiftung

Die RÜTGERS Stiftung fördert naturwissenschaftliche Projekte an allgemein- und berufsbildenden Schulen. Um eine Förderung bewerben können sich Schulklassen und Gruppen von Schülern, die von einem Lehrer oder einer qualifizierten Fachkraft betreut werden. Die Unterstützung seitens der Stiftung besteht in Sach-, Beratungs- oder Geldleistungen. Konkret heißt das: Ein Projekt wird mit maximal € 10 000 gefördert. Die Förderung ist auf ein (Schul-)Jahr angelegt.

www.ruetgers-stiftung.de

### Schüler-Universitäten

Mit den Schüler-Universitäten fördert die Deutsche Telekom Stiftung ein Modell, das Schülerinnen und Schülern ein Frühstudium in mathematisch-naturwissenschaftlich-technischen Fächern ermöglicht. Dabei haben die Jugendlichen schon während ihrer Schulzeit die Möglichkeit, reguläre Lehrveranstaltungen wie Vorlesungen und Seminare zu besuchen und an Prüfungen teilzunehmen. Die so erworbenen Scheine können auf ein späteres Studium angerechnet werden. Inzwischen stellt die Deutsche Telekom Stiftung bereits rund 50 deutschen Universitäten Mittel zur Verfügung.

www.schueler-uni.de

SERVICE

### Stadt der jungen Forscher
Die Ausschreibung der Körber-Stiftung, der Robert Bosch Stiftung und der Deutsche Telekom Stiftung prämiert und fördert Städte, die sich bereits durch Kooperationen von Schulen und wissenschaftlichen Einrichtungen hervortun und ihr Engagement intensivieren möchten. Die jährlich ausgezeichnete Siegerstadt darf sich über ein Preisgeld von € 50 000 freuen, das für ein öffentliches »Festival der jungen Forscher« und für neu erdachte Projekte und Kooperationen für Schüler ab der 8. Klasse gedacht ist. Parallel zum Festival organisieren die Stiftungen eine bundesweite Fachtagung zum Thema Schule und Wissenschaft.

www.stadt-der-jungen-forscher.de

### Tecnopedia
Tecnopedia – Technik macht Schule ist eine Mitmachplattform der IHKs für Unternehmer, Schüler, Lehrer, Eltern, Hochschulen und Forschungseinrichtungen. Das Internetportal bündelt in einer Datenbank Experimente für den naturwissenschaftlichen und technischen Unterricht sowie Veranstaltungen und Projekte der IHKs und ihrer Mitgliedsunternehmen zur Förderung von Naturwissenschaft und Technik im Unterricht.

www.tecnopedia.de

### Theoprax
Theorie + Praxis = TheoPrax. TheoPrax ist eine Lehr-Lern-Methodik, die die Lernmotivation von Schülern und Studenten in Naturwissenschaft, Technik, Sozial- und Geisteswissenschaft steigern will. Unternehmerisches Handeln soll gefördert, selbstständiges Lernen unterstützt, überfachliche Kompetenzen sollen gestärkt werden. Die Projektthemen mit »Ernstcharakter« kommen aus Industrie, Forschung, Wirtschaft oder Kommunen, die gegenüber den Schülern als Auftraggeber auftreten.

www.theo-prax.de

## Verein mathematisch-naturwissenschaftlicher Excellence-Center an Schulen

Der Verein ist eine Initiative der Arbeitgeber. Ziel ist es, mehr Nachwuchs für Mathematik, Informatik, Naturwissenschaften und Technik zu begeistern. Veranstaltet werden regelmäßig bundesweit mehrtägige Camps für Schüler und Fortbildungen für Lehrer und Schulleiter. In einem bundesweiten Auswahlverfahren können Schulen mit Sekundarstufe II, die mathematisch-naturwissenschaftlich ausgerichtet sind, in das Netzwerk, das von Unternehmen, Forschungseinrichtungen, Hochschulen und Verbänden unterstützt wird, aufgenommen werden. Netzwerk-Schulen mit einem besonders überzeugenden Gesamtkonzept werden jährlich mit dem Siemens Award ausgezeichnet.

www.mint-ec.de

## Wissenschaft in die Schulen!

WiS! ist eine Initiative des Wissenschaftsmagazins Spektrum der Wissenschaft in Zusammenarbeit mit der Landesakademie für Lehrerfortbildung, Donaueschingen. Die Initiative bietet Oberstufenklassen in den mathematisch-naturwissenschaftlichen Fächern zur Ergänzung des Lernstoffs kostenlose aktuelle wissenschaftliche Publikationen mit darauf abgestimmten ebenfalls kostenlosen didaktischen Unterrichtsmaterialien. Anmelden können sich Fachlehrer mit ihren Kursen ab Klassenstufe 10.

www.wissenschaft-schulen.de

# Erlebnisorte des Wissens und Forschens

## Dynamikum Pirmasens

Das Dynamikum ist ein interaktives Mitmachmuseum, das Phänomene aus Natur und Technik für Jung und Alt im wahrsten Sinne des Wortes be-greifbar macht, wobei sich das Angebot insbesondere an Kinder und Jugendliche richtet. Leitthema für das Science Center ist die »Bewegung«. Besucher experimentieren auf eigene Faust an den in acht Themenbereiche untergliederten Versuchsstationen.

www.dynamikum.de

SERVICE

### ExploHeidelberg
Im ExploHeidelberg können Kinder, Erwachsene, Lehrer und Wissenschaftler die Grundphänomene der Naturwissenschaften in gemeinsamen Experimenten und Projekten spielerisch auf neue Weise erleben. Das ExploHeidelberg hat drei Aktionsfelder: die interaktive Ausstellung mit neuem Lehr- und Lernangebot, das Medienlabor mit Webcast-Studio und das Lernlabor.

www.explo-heidelberg.de

### Exploratorium Potsdam
Das Exploratorium ist eine wissenschaftliche Mitmach-Welt für Kinder mit über 100 interaktiven Exponaten. Kinder zwischen fünf und zwölf Jahren werden hier spielerisch an naturwissenschaftliche Grundlagen herangeführt. Es wird ein Dauerprogramm von Themen angeboten sowie vierteljährlich wechselnde Themenschwerpunkte und Experimentierkurse.

www.exploratorium-potsdam.de

### Inspirata Leipzig
Mathematische und naturwissenschaftliche Themen veranschaulichen, mit den Händen begreifen, durch eigene Experimente neue Erkenntnisse gewinnen, über Phänomene staunen, wissen, wie Mathematik und Naturwissenschaften ihre Anwendungen finden. Kernstück der Inspirata ist eine Ausstellung mit über 35 interaktiven Exponaten. Außerdem werden Sonderausstellungen und diverse Veranstaltungen angeboten.

www.inspirata.de

### Klimahaus Bremerhaven
Das Konzept des Klimahauses ist eine Mischung aus interaktivem Science Center, Museum und Aquarium. Von Raum zu Raum durchwandern die Besucher auf 5000 Quadratmetern neun verschiedene Klimazonen und treffen dort Menschen, deren Alltag stark durch das jeweils vorherrschende Klima bestimmt wird. Interaktive Exponate helfen den Besuchern, auch komplexe Zusammenhänge im Klimageschehen der Erde buchstäblich zu begreifen.

www.klimahaus-bremerhaven.de

### Mathematikum in Gießen

Mathematik zum Anfassen: Dabei arbeitet das Mathematikum ohne Gleichungen, Formeln und Textaufgaben. Stattdessen können die Besucher Mathematik selbst anfassen und im wahrsten Sinne des Wortes »begreifen«. Besucher jeden Alters und jeder Vorbildung können hier experimentieren. Über 120 Exponate öffnen neue Türen zur Mathematik. Für vier- bis achtjährige Kinder gibt es einen speziellen Bereich, das Minimathematikum.

www.mathematikum.de

### Odysseum Köln

In diesem Abenteuer-Wissenspark mit 200 Erlebnisstationen für unterschiedliche Altersstufen verschmelzen Wissen und Erlebnis. Bei der Expedition durch das Odysseum geht es auf eine interaktive und vor allem spannende Forschungsreise von der Entstehung des Lebens über faszinierende Technik bis zu komplexen Phänomenen wie Globalisierung und Klimawandel. Das interaktive Abenteuer steht dabei immer im Mittelpunkt: Anfassen, Erleben, Selbstgestalten und Mitmachen sind ausdrücklich erwünscht!

www.odysseum.de

### Phæno Wolfsburg

Auch bei der Experimentierlandschaft phæno in Wolfsburg ist Anfassen erlaubt, ja sogar erforderlich! Kinder und Erwachsene, Technikspezialisten und Laien können hier tasten, bauen und basteln. 250 interaktive Experimentierstationen aus der spannenden Welt von Naturwissenschaften und Technik bieten auf 9000 qm einen spielerischen Zugang zu rätselhaften, verblüffenden, aber auch alltäglichen Phänomenen. Und wenn einmal Hilfe benötigt wird, stehen »phænowomen« und »phænomen« zur Seite.

www.phaeno.de

SERVICE

### Phänomenta
»Anfassen erwünscht!« Die Phänomenta bietet interaktive Ausstellungen zum Mitmachen und Ausprobieren in Flensburg, Bremerhaven, Peenemünde und Lüdenscheid. Thematisch dreht sich alles um Physik und Technik. An etwa 150 Experimentierstationen aus den Bereichen Akustik, Elektrizitätslehre, Mechanik und Optik können Kinder und Erwachsene physikalische Effekte hautnah erleben und begreifen. Die Miniphaenomenta geht noch einen Schritt weiter und bietet Schulen eine wissenschaftlich fundierte Anleitung zum Bau eigener interaktiver Experimentierstationen.

www.phaenomenta.de und www.miniphaenomenta.de

### Science Center Spectrum Berlin
Rund 250 interaktive Experimentierstationen auf vier Etagen machen Naturwissenschaft und Technik hier zu einem besonderen Erlebnis für Kinder und Erwachsene. Neben Versuchen zur Mechanik, Akustik, Elektrizität, Optik und zu optischen Täuschungen gibt es grundlegende Experimente zur Wärmetechnik und Messtechnik, zur technischen Musik und Radioaktivität und mehr.

www.sdtb.de

### Science House Rust
Das Science House in Rust will junge Menschen früh an Naturwissenschaft und Technik heranführen. In den drei Teilbereichen »Erfinden und Entdecken«, »Natur« und »Mensch« können vor allem Schüler an über 80 Hands-On-Exponaten aus den Bereichen Biologie, Physik, Chemie, Nanotechnologie und Geologie forschen und Neues entdecken. Abgerundet wird das Angebot durch Scienceshows, ein umfassendes Ferienprogramm und Fortbildungen für Lehrer.

www.science-house.de

### Universum Science Center Bremen

Das Universum besteht aus drei Komponenten: Im Science Center gibt es rund 250 Mitmach-Exponate zu den Themen Mensch, Erde, Kosmos. Der neue Entdecker-Park bietet 25 Stationen zum Thema Bewegung sowie einen 27 Meter hohen Turm der Lüfte mit Experimenten zu Wind und Wetter. In der neuen SchauBox werden jährlich wechselnde Sonderausstellungen gezeigt. Für jede Altersgruppe finden sich fesselnde Experimente. Für kleine Kinder von drei bis acht Jahren gibt es im Erdgeschoss einen kreativen Kinderbereich.

www.universum-bremen.de

## Bundesweite Schülerwettbewerbe

### Bundesweiter Wettbewerb Physik

Ziel des Wettbewerbs ist es, frühzeitig das Interesse von Schülerinnen und Schülern für physikalische Sachverhalte zu wecken. In der Juniorstufe beteiligen sich die Klassenstufen 5 bis 8, die Stufe für Fortgeschrittene spricht die gesamte Sekundarstufe I, aber mit einem höheren Anspruchsniveau, an. Erstpreisträger sind direkt für die zweite Runde der Internationalen Physik-Olympiade qualifiziert.

www.mnu.de

### Bundeswettbewerb Informatik

Der Bundeswettbewerb Informatik und seine Aufgaben sind Herausforderung für Schüler und Auszubildende bis zu 21 Jahren, die Computer nicht bedienen, sondern beherrschen wollen. Start ist jedes Jahr im September. Der Wettbewerb dauert etwa ein Jahr und besteht aus drei Runden. Die Bundessieger werden in die Studienstiftung des Deutschen Volkes aufgenommen.

www.bwinf.de

SERVICE

### Bundeswettbewerb Mathematik
Der Bundeswettbewerb Mathematik ist ein mathematischer Schülerwettbewerb für alle an Mathematik Interessierten. Er besteht aus zwei Hausaufgabenrunden und einer abschließenden Gesprächsrunde. Der Wettbewerb richtet sich an Schülerinnen und Schüler, die eine zur allgemeinen Hochschulreife führende Schule besuchen. In seinen inhaltlichen Anforderungen orientiert sich der Wettbewerb jedoch an den Klassen 10 bis 13. In der zweiten Runde winken Geldpreise, in der Endrunde sogar die Aufnahme in die Förderung der Studienstiftung des Deutschen Volkes.

www.bundeswettbewerb-mathematik.de


### First Lego League
Die FLL ist ein weltweit ausgetragener Roboterwettbewerb für Kinder und Jugendliche zwischen 9 und 16 Jahren. Die teilnehmenden Teams (5–10 Personen) müssen einen Roboter aus Legosteinen entwerfen, der die gestellten Aufgaben autonom lösen kann, und eine wissenschaftliche Forschungsaufgabe bewältigen. Der Wettbewerb findet auf verschiedenen Ebenen statt. Jedes Team beginnt in einem Regionalwettbewerb und kann es bis zur Open European Championship oder sogar Weltmeisterschaft schaffen.

www.hands-on-technology.de


### Geschichtswettbewerb des Bundespräsidenten
Der Geschichtswettbewerb des Bundespräsidenten, der von der Körber-Stiftung ausgerichtet wird, möchte bei allen unter 21 Jahren das Interesse für die eigene Geschichte wecken, ihre Selbstständigkeit fördern und ihr Verantwortungsbewusstsein stärken. Alle zwei Jahre sind Kinder und Jugendliche aufgerufen, in einem halbjährigen Projekt Geschichte vor Ort zu erforschen und ihre Ergebnisse zu präsentieren. Preise im Gesamtwert von € 250 000 stehen zur Verfügung. Neben Geldpreisen winke auch attraktive und internationale Jugendforen zu historischen und gesellschaftlich relevanten Themen.

www.geschichtswettbewerb.de

## Jugend forscht

Jugend forscht ist Deutschlands bekanntester Nachwuchswettbewerb für Naturwissenschaften, Mathematik und Technik. Ziel des Gemeinschaftswerks von Bundesregierung, der Zeitschrift »stern«, Wirtschaft und Schulen ist es, Jugendliche langfristig für natur- und ingenieurwissenschaftliche Themen zu begeistern, besondere Talente zu fördern und in ihrer Studien- und Berufswahl zu unterstützen. Teilnehmen können alle jungen Menschen bis zu 21 Jahren, die in Deutschland wohnen, zur Schule gehen oder eine Ausbildung absolvieren. Den Gewinnern winken hochwertige Geld- und Sachpreise sowie Reisen und Studienaufenthalte.

www.jugend-forscht.de


## Mathematik-Olympiaden in Deutschland

Die Mathematik-Olympiade ist ein bundesweiter mathematischer Wettbewerb für Schülerinnen und Schüler ab Klasse 3 und wird jährlich in acht Altersstufen ausgeschrieben. Er erfordert logisches Denken, Kombinationsfähigkeit und kreativen Umgang mit mathematischen Methoden. Der Wettbewerb ist als Stufenwettbewerb konzipiert: Die Leistungsstärksten einer Stufe qualifizieren sich für die nächstfolgende bis hin zur Bundesrunde.

www.mathematik-olympiaden.de


## RoboCup Junior

Roboter spielen Fußball. Die RoboCup-Weltmeisterschaften werden jährlich an wechselnden Orten ausgetragen. Rund 2000 Wissenschaftler und Studenten treffen sich aus der ganzen Welt, um ihre Teams gegeneinander antreten zu lassen. Während der Wettkämpfe findet parallel ein Kongress zu neuen wissenschaftlichen Erkenntnissen aus dem Bereich Künstliche Intelligenz und Robotik statt. Im Nachwuchswettbewerb RoboCup Junior können auch Schüler bis zu 15 bzw. bis zu 20 Jahren teilnehmen.

www.robocup.de

### Siemens Schülerwettbewerb

Der Siemens Schülerwettbewerb will Schülerinnen und Schüler ab Jahrgangsstufe 11, die Spaß am Experimentieren und Forschen haben, fördern und motivieren, sich mit gesellschaftlich relevanten Themen wissenschaftlich auseinanderzusetzen – und zwar aus dem Blickwinkel der Mathematik, der Naturwissenschaften und der Technik. Teilnehmern wie auch Lehrkräften winken Preisgelder von über € 100 000.

www.siemens-stiftung.org

## Schülerlabore und Schülerforschungszentren

### Lernort Labor

Außerhalb der Schule Naturwissenschaften an authentischen Orten erleben – für viele Kinder und Jugendliche liegt hier ein ganz besonderer Reiz. Seit Ende der 90er-Jahre haben zahlreiche Schülerlabore in Deutschland jenseits der Schulen an über 200 Universitäten, Forschungseinrichtungen, Science Centern, Museen und in der Industrie ihre Pforten geöffnet. Lernort Labor versteht sich als Zentrum für Beratung und Qualitätsentwicklung und damit als Dachorganisation dieser Schülerlabore, betreibt selber aber keinen Lernort. Im Internet findet man eine detaillierte Übersicht aller außerschulischen Schülerlabore in Deutschland. Im Folgenden wird eine Auswahl besonders ambitionierter Schülerforschungszentren vorgestellt, die in eigenen Gebäuden Schülerinnen und Schülern fächerübergreifend wissenschaftspropädeutisches Arbeiten ermöglichen.

www.lernort-labor.de

### Phaenovum – Schülerforschungszentrum Lörrach-Dreiländereck

Im Phaenovum arbeiten Schüler aus Deutschland, Frankreich und der Schweiz in naturwissenschaftlichen und technischen Experimenten zusammen. Sie können wöchentlich stattfindende Exzellenzkurse, Blockwochenenden oder einwöchige Ferienkurse belegen. Besonderen Wert legen die Macher auf den praktischen Bezug von Lehre und Forschung und auf das regionale Netzwerk von Schulen, Schulträgern, Berufsakademien, Hochschulen und Wirtschaft. Die Unternehmen beispielsweise übernehmen Schülerpatenschaften und stellen Praktikumsplätze zur Verfügung.

www.phaenovum.de

## PhysikClub Kassel und Schülerforschungszentrum Nordhessen

Physik begreifen durch aktives Forschen! Jugendliche gehen auf Entdeckungsreise in die Welt der Physik, Astrophysik, Geophysik, Chemie und Technik, aber auch Informatik und Mathematik und werden von einem Team aus Fachberatern und Wissenschaftlern unterstützt. Teilnehmen können Schülerinnen und Schüler nordhessischer Schulen ab Klasse 5. 2009 wird das Konzept auf alle naturwissenschaftlichen und technischen Disziplinen erweitert und zum Schülerforschungszentrum Nordhessen. Der vierstöckige Neubau an der Albert-Schweitzer-Schule wird zahlreiche Labore, Vortragsräume und eine Sternwarte auf dem Dach erhalten.

www.physikclub.de

## Schüler-Forschungs-Zentrum Osnabrück

Am Schüler-Forschungs-Zentrum Osnabrück können Schülerinnen und Schüler von der 3. bis zur 13. Klasse in ihrer Freizeit forschen, entdecken, experimentieren und zugleich an vielen Wettbewerben teilnehmen. Alle Kurse sind kostenlos. Ziele des Trägervereins sind die Förderung von Wissenschaft, Forschung und Bildung junger Menschen im Bereich der Naturwissenschaften und der Brückenschlag zwischen Wissenschaft, Wirtschaft und Schule.

www.sfz-os.de

## Schülerforschungszentrum Südwürttemberg

Das Schülerforschungszentrum ist ein Leistungszentrum für die Schulen der Region Südwürttemberg und fördert den mathematisch-naturwissenschaftlich-technischen Nachwuchs von der Grundschule an. Begabte und selbstständig engagierte Schüler können hier ihrem Forschungsdrang freien Lauf lassen. Unterstützt von Fachleuten, können sie eigene Projekte anbieten oder sich einer bereits existierenden Gruppe anschließen und an Wettbewerben teilnehmen.

www.sfz-bw.de

### XLAB – Göttinger Experimentallabor für junge Leute
Das Göttinger Experimentallabor für junge Leute XLAB möchte eine Brücke zwischen Schule und Hochschule schlagen und Schülerinnen und Schüler für ein naturwissenschaftliches Studium begeistern. Das Forschungszentrum richtet sich bundesweit an SchülerInnen, LehrerInnen und an Studierende in den ersten Semestern, bietet ganzjährig Experimentalkurse in allen Naturwissenschaften an und organisiert Projektwochen und Science Camps auf nationaler und internationaler Ebene. Im Winter lädt das XLAB für zwei Tage zu einem Science-Festival mit Vorträgen von hochkarätigen Wissenschaftlern ein.

www.xlab-goettingen.de


## Außeruniversitäre Akademien, Seminare und Kursangebote

### Deutsche JuniorAkademien
Mit den Deutschen JuniorAkademien hat sich seit 2003 ein außerschulisches Programm zur Förderung besonders begabter und leistungsbereiter Schülerinnen und Schüler der Sekundarstufe I in Deutschland etabliert. Die JuniorAkademien werden in zehn Bundesländern in den jeweiligen Sommerferien angeboten und von regionalen Trägern veranstaltet. In der Regel dauern die Akademien durchgängig 10 bis 16 Tage. Die Teilnahmevoraussetzungen, das Bewerbungsverfahren, die Kosten, die Möglichkeiten zu Kostenermäßigung bzw. -erlass etc. sind unterschiedlich. Zugangskriterien sind nachgewiesene Leistungen im schulischen oder außerschulischen Bereich, meist gutachtliche Empfehlungen von Schulen oder Erfolge in ausgewählten Schülerwettbewerben.

www.deutsche-juniorakademien.de

## Deutsche SchülerAkademie

Die Deutsche SchülerAkademie bietet ein außerschulisches Programm zur Förderung begabter Schülerinnen und Schüler. Die Akademien finden zu jährlich wechselnden Terminen in den Sommerferien statt und dauern jeweils 17 Tage. Sie bestehen aus je sechs Kursen mit unterschiedlichen Themen aus verschiedenen Disziplinen der Natur- und Geisteswissenschaften und des musischen Bereichs. Teilnehmen können Schülerinnen und Schüler der letzten beiden Jahrgangsstufen der Sekundarstufe II. Von den Teilnehmenden wird eine Eigenbeteiligung von € 550 erwartet. Derzeit gibt es SchülerAkademien in Niedersachsen, Nordrhein-Westfalen, Mecklenburg-Vorpommern, Baden-Württemberg und Sachsen-Anhalt.

www.deutsche-schuelerakademie.de

## Junior Uni – Forscherplattform Bergisches Land

Die Junior Uni für Wuppertal und das Bergische Land ist eine privat betriebene Bildungseinrichtung und ganzjährig geöffnet. Unter dem Motto »Kein Talent darf verloren gehen« sollen ausdrücklich auch Kinder und Jugendliche aus anregungsarmem Umfeld interessiert werden. Mit ihrem Seminarprogramm will die Junior Uni Kinder ab vier Jahren und Jugendliche bis zum Abitur durch spannende Seminare und Experimente für Naturwissenschaften, Mathematik und Technik begeistern. Ein Seminar mit vier bis sechs Veranstaltungstagen kostet zwischen € 5 und 10.

www.junioruni-wuppertal.de

## Kepler-Seminar für Naturwissenschaften

Das Kepler-Seminar für Naturwissenschaften der Heidehof-Stiftung fördert mathematisch und naturwissenschaftlich-technisch besonders interessierte Oberstufenschülerinnen und -schüler aus Stuttgart und Umgebung. Außerhalb der Schulzeit werden Vorträge mit Diskussionen, Besuche von naturwissenschaftlichen Forschungsinstituten, Arbeitsgemeinschaften sowie in den Ferien mehrtägige Kurse und Praktikumsversuche angeboten. Die Teilnehmerinnen und Teilnehmer sollten bereit sein, zwei Jahre lang regelmäßig und aktiv mitzuarbeiten. Teilnahmegebühren werden nicht erhoben.

www.kepler-seminar.heidehof-stiftung.de

SERVICE

### Kinder- und Jugendakademie Kassel
Die Angebote der Akademie richten sich an alle Schülerinnen und Schüler mit besonderen Interessen und Begabungen in der Stadt und im Landkreis Kassel von der Grundschule bis zur Sekundarstufe II. Abgedeckt werden die Bereiche Naturwissenschaften, Mathematik, Sprachen, Literatur, Kunst, Spiel, Schach, Museums- und Medienpädagogik sowie Geschichte. Die Lerngruppen sind klein und die Angebote finden nachmittags, an Wochenenden oder in den Ferien statt.

www.kinder-jugendakademie-kassel.de

### LüttIng. – Schüler-Technik-Akademien in Schleswig-Holstein
Mit den Schüler-Technik-Akademien will die Innovationsstiftung Schleswig-Holstein junge Menschen im nördlichsten Bundesland für den Ingenieurberuf begeistern. Schülerinnen und Schüler, die »lütten Ingenieure«, nehmen im Anschluss an ihren normalen Unterricht an einem technisch ausgerichteten Programm teil, das von Schulen und Hochschulen mit Unterstützung von Wirtschaftspartnern erarbeitet worden ist. Die Akademien richten sich vorrangig an Schülerinnen und Schüler der Mittel- und Oberstufe aus allgemein- und berufsbildenden Schulen.

www.luetting.de

### Schüler-Ingenieur-Akademie
Die Schüler-Ingenieur-Akademie will Schülerinnen und Schüler mit Ingenieurberufen vertraut machen. Die Inhalte sind als Module strukturiert, gehen über den regulären Lehrplan der Gymnasien hinaus und dauern zwischen 2 und 4 Semester. Die Teilnehmerzahl ist jeweils begrenzt auf 10 bis 20 Schüler. Das Angebot der Schüler-Ingenieur-Akademie war bisher auf den Südwesten der Bundesrepublik begrenzt. Die Deutsche Telekom Stiftung ist derzeit dabei, das Angebot bundesweit auszubauen.

www.telekom-stiftung.de

### Science-Lab

Science-Lab ist eine unabhängige Bildungsinitiative für Kinder, Erzieher und Lehrer. Im Science-Lab werden Kinder zwischen 4 und 10 Jahren spielerisch und wissenschaftlich an verschiedene Disziplinen der Naturwissenschaften (Chemie, Physik, Biologie, Geologie, Astronomie, Mathematik) herangeführt. In Halbjahreskursen (Kursgebühr ca. € 150) können sie in kleinen Gruppen einmal wöchentlich eine wechselnde Fragestellung oft sprichwörtlich unter die Lupe nehmen. Die Science-Lab-Forscherkurse werden an über 70 Standorten in Deutschland und darüber hinaus angeboten. Neben den Kursen bietet Science-Lab auch Ferienprogramme an.

www.science-lab.de

## Schnupperstudium, Semesterakademien und Sommer-Universitäten

Mittlerweile bietet nahezu jede Hochschule in Deutschland Veranstaltungen für Kinder, Jugendliche und Studieninteressierte an. Die im Folgenden vorgestellten Projekte sollen exemplarisch die Vielfalt der Angebote deutlich machen. Die örtlichen Universitäten informieren über Details und konkrete Angebote.

### BrISaNT für Schülerinnen und Schüler

Die Brandenburger Initiative Schule und Hochschule auf dem Weg zu Naturwissenschaft und Technik (BrISaNT) möchte Brandenburger Schülerinnen und Schülern den Übergang von der Schule zur Hochschule erleichtern. Der Schwerpunkt des Projektes liegt dabei auf den MINT-Fächern.

Im Modul »GirlsProject« können Mädchen ab Klasse 10 eine Woche lang an allen sechs beteiligten Hochschulen Studentinnen auf Probe sein (Kursgebühr € 50). Bei den MINT-Projekttagen können Schülerinnen und Schüler ab Klasse 7 die Hochschule einen Tag oder mehr live erleben (kostenlos). In der Semesterakademie werden leistungsstarke Schülerinnen und Schüler als Frühstudierende gefördert (kostenlos).

www.brisant.uni-potsdam.de

SERVICE

### Faszination Fliegen – Technik für Jugend
Der Luftfahrtstandort Hamburg will Kinder und Jugendliche für Technik rund ums Fliegen begeistern. Jeden Monat werden Veranstaltungen für Schülerinnen und Schüler im Alter von 13 bis 16 Jahren angeboten. Die Jugendlichen lernen verschiedene Unternehmen kennen und experimentieren in Laboren. Um an den Angeboten teilzunehmen, muss man Mitglied im »Faszination Fliegen Klub« werden. Die Mitgliedschaft ist kostenlos, die Teilnahme an Veranstaltungen kostet im Schnitt € 5. Daneben gibt es auch Ferienangebote für 14- bis 16-Jährige in den Sommerferien.

www.technik-fuer-jugend.de

### Forscherreporter an der Universität Würzburg
Als Forscher in einem richtigen Labor experimentieren und als Reporter auf Recherchetour zu den Wissenschaftlern ins Labor gehen, um dann einen sendefähigen Radiobeitrag zu einem aktuellen wissenschaftlichen Thema zu schreiben: Das kann jeder, der in der Nähe von Würzburg in der Oberstufe ist und Lust am Experimentieren hat (Medizin, Pharmazie, Chemie, Biophysik). ForscherReporter ist ein Projekt des Rudolf-Virchow-Zentrums, des DFG-Forschungszentrums für Experimentelle Biomedizin der Universität Würzburg. Es gibt pro Monat 6–8 Plätze zu vergeben. Die Teilnahme am Projekt ist kostenlos.

www.forscherreporter.de

### Ilmenauer Physiksommer
Die Projektwoche an der Technischen Universität Ilmenau wendet sich an Schülerinnen und Schüler der gymnasialen Oberstufe, insbesondere an die Teilnehmer von Physik-Leistungskursen. Das Sommerkolleg mit jährlich wechselndem Thema besteht aus Projektarbeiten, Vorlesungen und Praktikumsversuchen. Abendliche Rahmenveranstaltungen runden das Programm ab. Die Jugendlichen bewerben sich mit einem ca. einseitigen wissenschaftlichen Essay zum jeweiligen Thema. Aufgrund der Seminar- und Praktikumsarbeit ist die Teilnehmerzahl auf 65 beschränkt. Wer nicht aus der Umgebung kommt, kann untergebracht werden. Der Kostenbeitrag für die Woche liegt bei ca. € 15.

www.tu-ilmenau.de/physiksommer

## Initiative Jugend und Wissenschaft in der Metropolregion Rhein-Neckar
Die Initiative Jugend und Wissenschaft fördert junge Forschertalente aller Altersstufen im Bereich Naturwissenschaft und Technik. Sie initiiert im Raum Heidelberg-Mannheim die Zusammenarbeit von Forschungseinrichtungen, Hochschulen, Industrie und Schulen. In einer Datenbank kann man die Angebotsarten, die Themenbereiche und die Aktivitäten abfragen, die die Partner in diesem Netzwerk anbieten.

www.ju-wi.net

## Initiative NaT
Mit der Initiative Naturwissenschaft & Technik will die Körber-Stiftung in Hamburg gemeinsam mit namhaften Hamburger Unternehmen und einem breiten Hochschulbündnis mehr Schülerinnen und Schüler für naturwissenschaftliche Fächer begeistern und zeigen, welche Anwendungsvielfalt und attraktiven Arbeitsfelder Mathematik, Chemie, Physik und Informatik bieten. Die Initiative unterstützt die Schulen bei der Entwicklung eines praxisbezogenen Unterrichts, in dem Technik aus der Praxis direkt in die Schulen gebracht wird.

www.initiative-nat.de

## Jugenduni Halle
Erst probieren, dann studieren! Die Jugenduni Halle (Saale) bietet interessierten Schülern in den Herbstferien die Möglichkeit, an der Martin-Luther-Universität Halle-Wittenberg verschiedene Studiengänge kennenzulernen. Das Angebot ist kostenlos und für Jugendliche aller Schulformen ab 16 Jahren geeignet. Im Anschluss an die Vorlesungswoche finden im Zwei-Wochen-Rhythmus von Studierenden betreute Tutorien statt.

www.jugenduni.de

### Kick me to Science an der Universität Rostock
Dieses Projekt soll Schülerinnen und Schüler in die spannende Welt der Elektrotechnik und Informatik einführen. Es wird eine Vielzahl von aufregenden Projekten zum Mitmachen und Anfassen angeboten. Einige der Angebote können nur an der Uni in einem speziell eingerichteten Schülerlabor durchgeführt werden, z.B. Sommerschule, Winter-Uni, Schülerlabor (alle kostenlos). Die meisten Aktivitäten können aber genauso gut an der Schule im Rahmen einer Unterrichtsstunde bis hin zu einer Projektwoche durchgeführt werden.

www.kickmetoscience.uni-rostock.de

### Kölner Schülerexperimentiertage Chemie
Das Institut für Chemie und ihre Didaktik der Universität zu Köln bietet Schulklassen, Schülergruppen und Kursen der Sekundarstufen I und II aller Schulformen die Möglichkeit, für einen Vor- oder Nachmittag die Hochschule zu besuchen und experimentelle Einheiten zu einem ausgewählten Themenbereich der Chemie durchzuführen. Der Schwerpunkt der Schülerexperimentiertage liegt auf dem selbstständigen Experimentieren zu alltagsorientierten Themen. Die Durchführung findet jeweils in den Semesterferien zu ausgewählten Themenbereichen statt und ist kostenlos.

www.sets.uni-koeln.de

### Schülerakademie der Universität zu Lübeck
Das Ziel der Schülerakademie ist es, bei Schülerinnen und Schülern das Interesse für Naturwissenschaften und Technik zu wecken und besonders interessierte bzw. begabte Schülerinnen und Schüler nachhaltig zu fördern. Gegenwärtig umfasst die Schülerakademie folgende Initiativen mit Angeboten für allgemeinbildende Schulen folgender Jahrgänge: Kids in Media and Motion, Jahrgänge 1 bis 13, Lübecker Informatik an Schulen, Jahrgänge 5 bis 13, Lübecker Initiative Mathematik, Jahrgänge 3 bis 13, Lübecker offenes Labor, Jahrgänge 8 bis 13.

http://schuelerakademie.uni-luebeck.de

### Schüleruniversität an der TU Bergakademie Freiberg

In den Winter-, Sommer- und Herbstferien haben studieninteressierte Schülerinnen und Schüler Gelegenheit, sich in mehrtägigen Projekten gezielt mit einem Studienfach zu beschäftigen und das Studium, den Studienalltag und den Campus der TU Bergakademie Freiberg kennenzulernen. Die verschiedenen Studienfächer werden durch Vorlesungen und Praktika vorgestellt. Die Schüleruniversität richtet sich an mathematisch, naturwissenschaftlich und technisch interessierte Schüler ab Klassenstufe 10, aber auch Abiturienten oder diejenigen, die das Abitur bereits in der Tasche haben, sind willkommen. Der Teilnehmerbeitrag beträgt € 25.

http://tu-freiberg.de/schueler/schueleruni

### SommerUni der Universität Wuppertal

Die SommerUni richtet sich ausschließlich an Schülerinnen und Abiturientinnen, denn hier stellen sich speziell die naturwissenschaftlichen und technischen Studiengebiete vor, die angeblich nichts für Frauen sind, aber Zukunft haben. Traditionell findet die SommerUni in der letzten Schulwoche vor den Sommerferien statt, da zu dieser Zeit auch der Vorlesungsbetrieb an der Uni noch läuft und so die Möglichkeit besteht, einen Einblick in »echtes« Unileben zu erhalten. Da es sich um einen wichtigen Baustein im Berufswahlprozess handelt, geben die Schulleitungen in der Regel schulfrei. Kosten: € 25 für die Woche.

www.sommer.uni-wuppertal.de

### Sommeruniversität an der FU Berlin

Die Freie Universität Berlin lädt Schülerinnen und Schüler der 10. bis 13. Klasse zu spannenden Veranstaltungen naturwissenschaftlicher Disziplinen ein (Mathematik & Informatik, Physik, Biologie, Chemie & Pharmazie, Geografie). Während der zweiwöchigen Sommeruni werden am Vormittag kostenpflichtige Kurse (€ 5 pro Tag und Kurs) an den Fachbereichen und am Nachmittag eine Vorlesungsreihe angeboten. Die täglich stattfindenden Vorlesungen sind kostenfrei. Für Schülerinnen und Schüler, die während der Sommeruniversität in Berlin übernachten möchten, gibt es eine Unterkunftsmöglichkeit im nahe gelegenen Studentenwohnheim.

http://sommeruni.mi.fu-berlin.de

SERVICE

### Sommeruniversität der Technischen Universität Dresden
Die Sommeruniversität ermöglicht es Schülerinnen und Schülern der 10. bis 13. Klasse eine Woche lang, die Studienbedingungen an der TU Dresden zu testen. Sie erhalten unter anderem Zutritt zu Hörsälen, Seminarräumen, Labors und Forschungseinrichtungen und blicken in Vorträgen, Präsentationen und Demonstrationen in naturwissenschaftliche, technische und mathematische Studiengänge und ihre Tätigkeitsfelder. Die Teilnahmegebühr beträgt € 35 für eine Projektwoche. Da das Angebot geschlechtsspezifisch ausgerichtet ist, gibt es getrennte Gruppen für Schülerinnen und Schüler.

http://tu-dresden.de/studium/angebot/sommeruni

### Sommeruniversität für Schüler in Rinteln
Das Campusprojekt richtet sich an Schülerinnen und Schüler ab 16 Jahren vor allem aus dem Landkreis Nienburg/Weser. Während der Sommerferien bieten Professoren und Dozenten von sechs Hochschulen rund 90 Vorlesungen und Seminare aus den gängigen 20 Studienbereichen an. Ein vielfältiges Kulturprogramm und Mensaessen vertiefen den Eindruck vom tatsächlichen Studentendasein. Die Teilnahmegebühr liegt zwischen € 75 und 100. Die Übernachtung im »Campus-Hotel« ist kostenfrei und Vollverpflegung kostet € 74.

www.sommeruni-rinteln.de

### S.U.N.I. SommerUniversität für Frauen in den Natur- und Ingenieurwissenschaften
Ziel der bundesweiten Sommeruni an der Universität Duisburg-Essen ist es, Mädchen und junge Frauen ab 16 Jahren für Natur- und Technikwissenschaften zu begeistern und sie bei der Wahl des Studiums und der Berufsfindung zu unterstützen. Die Teilnahme an der einwöchigen S.U.N.I. kostet € 55 und beinhaltet ein tägliches Mittagessen in der Mensa. Teilnehmerinnen, die nicht in der Nähe wohnen, können in einer Jugendherberge übernachten.

www.uni-due.de/abz/suni

**Thüringer Koordinationsstelle Naturwissenschaft und Technik**
Ziel der Koordinierungsstelle ist es, das Interesse junger Frauen und Mädchen für ein Studium der Natur- oder Ingenieurwissenschaften zu stärken, ihnen verschiedene Hilfestellungen auf dem Weg dorthin anzubieten (Schnupperstudium im Sommer für Schülerinnen der Klasse 10 bis 13, Studienberatung, Schülerinnen-Mentoring) und sie für den Umgang mit Naturwissenschaft und Technik zu begeistern. Sie arbeitet mit allen Hochschulen Thüringens zusammen, die natur- und ingenieurwissenschaftliche Studiengänge einschließlich der Lehramtsstudiengänge anbieten.
www.thueko.de


**Try it! Junge Frauen erobern die Technik!**
Femtec ist ein Hochschulkarrierezentrum für Frauen in den Ingenieur- und Naturwissenschaften mit Sitz an der Technischen Universität Berlin. Der 4-tägige Try-it!-Workshop der Femtec richtet sich an Schülerinnen und Abiturientinnen aus dem gesamten Bundesgebiet. Er gibt einen umfassenden Einblick in das Studium der Ingenieur- und Naturwissenschaften und vermittelt eine Vorstellung von den vielfältigen beruflichen Möglichkeiten. Der Workshop wird im Frühjahr und im Herbst jeden Jahres an der TU Berlin veranstaltet. Teilnahme und Unterbringung sind kostenfrei!
www.femtec.org


# Kinderunis

Wie findet man aus einem Labyrinth? Wie nass ist es im Regenwald? Wie sprechen Tiere miteinander? In vielen Hochschulen in Deutschland, Österreich und der Schweiz gibt es Extra-Vorlesungen für Kinder im Alter von acht bis zwölf Jahren. Einen Überblick zu Kinderunis in Deutschland bietet die folgende Internetseite:

www.die-kinder-uni.de

# Autorinnen und Autoren

**Udo Backhaus**
ist Physiker und Gymnasiallehrer für Physik und Mathematik. Er promovierte und habilitierte sich in Didaktik der Physik an der Universität Osnabrück, lehrte dann Physik an der Universität Koblenz. Seit 2001 ist er Professor für Didaktik der Physik an der Universität Duisburg-Essen. Er ist Autor eines Schulbuchs über Astronomie (»Astronomie plus«) und Koautor vieler Physikschulbücher (»Physik plus«, »Fokus Physik«). Forschungsgebiete u. a.: Elementarisierung physikalischer Grundlagen und Aufbereitung moderner Gebiete der Physik. Einen besonderen Arbeitsschwerpunkt bilden die Astronomie und ihr Potenzial, Jugendliche für Naturwissenschaften zu begeistern. Er hat mehrere internationale Beobachtungsprojekte koordiniert (Mondentfernung, Größe und Gestalt der Erde, Kleinplanetenparallaxe, Venustransit).

**Moritz Behrendt**
geb. 1977 in Göttingen, ist freier Journalist und Historiker. Er studierte Geschichtswissenschaft und Journalistik in Hamburg und Dakar und volontierte beim Deutschlandradio. Behrendt lebt in Berlin und arbeitet für das Deutschlandradio Kultur, den Deutschlandfunk und ist Mitherausgeber des Orientmagazins zenith. Für das Buch »Islam im Klassenzimmer« (Hrsg. Sanem Kleff; edition Körber-Stiftung) war er als Redakteur und Autor mehrerer Kapitel tätig.

**Albrecht Beutelspacher**
geb. 1950. Studierte Mathematik, Physik und Philosophie in Tübingen. Bis 1982 als wissenschaftlicher Mitarbeiter an der Johannes Gutenberg-Universität Mainz tätig, wo er promovierte. Von 1982 bis 1985 hatte er eine Professur auf Zeit in Mainz inne, danach war er zwei Jahre in der Forschungsabteilung der Siemens AG. Seit 1988 ist er Professor für Geometrie und Diskrete Mathematik am Mathematischen Institut der Universität Gießen.
Seit 2002 ist er zudem Direktor des – von ihm gegründeten – Mathematikums in Gießen. Er veröffentlichte zahlreiche wissenschaftliche Arbeiten, aber auch populärere Bücher über mathematische Themen.

# AUTORINNEN UND AUTOREN

**Wolfhart Beck**

geb. 1970 in Hamburg, studierte Geschichte, Philosophie und Erziehungswissenschaft an der Westfälischen Wilhelms-Universität Münster und promovierte über ein Thema der westfälischen Regionalgeschichte. Seit 2004 Lehrer für Geschichte und Philosophie am Annette-von-Droste-Hülshoff-Gymnasium in Münster, seit 2006 zudem teilweise freigestellt als Archivpädagoge am Landesarchiv Nordrhein-Westfalen – Abteilung Westfalen in Münster, Arbeitsschwerpunkte Lokal- und Regionalgeschichte, regionale und internationale Schülerprojekte zum historischen Forschen.

**Thomas Braun**

ist promovierter Physiker und war in der Zeit von 2004 bis 2009 als wissenschaftlicher Mitarbeiter im Bereich Didaktik der Physik an der Universität Duisburg-Essen beschäftigt. Seine Forschungsschwerpunkte lagen in der Analyse interessanter physikalischer Phänomene und deren Einsatz in offenen Experimentiersituationen. Aktuell ist er als Physiklehrer am Albertus-Magnus-Gymnasium in Beckum tätig.

**Wolfgang Fraedrich**

geb. 1952 in Salzgitter, ist Oberstudienrat am Gymnasium Heidberg in Hamburg-Langenhorn. Er unterrichtet zurzeit die Fächer Geographie, Geologie und Informatik und ist an der Schule Fachleiter für Geographie und Geologie, Referent für Öffentlichkeitsarbeit, Webmaster und zudem engagiert als Betreuungslehrer für »Schüler experimentieren« und »Jugend forscht«. Zurzeit arbeitet er im Auftrag der Behörde für Schule und Berufsbildung (Hamburg) auch an der Weiterentwicklung des Bildungsplans Geographie (Gy8) für die Sek. I (Kl. 7 – 10) mit.
Seit 1980 ist Wolfgang Fraedrich Autor und Koautor von Sachbüchern, Exkursionsführern und Schulbüchern sowie Herausgeber von Fachzeitschriften über Geographie.

**Inken Heldt**

studierte an den Universitäten von Marburg und Waterloo (Kanada) Politikwissenschaft, Germanistik und Erziehungswissenschaft. Abschluss mit dem Ersten Staatsexamen, danach Lehrassistentin an der Philipps-Universität Marburg. Seit 2009 Wissenschaftliche Mitarbeiterin am Lehrstuhl für die Didaktik der Politischen Bildung der Carl von Ossietzky Universität Oldenburg. Inken Heldt ist Gründungsmitglied und Vorstand von »Europa macht Schule e.V.«, einer Initiative zur Förderung von Begegnungen junger Europäer unter der Schirmherrschaft von Bundespräsident Horst Köhler.

## Julia Jaki

geb. 1979, studierte Politik- und Islamwissenschaften in Tübingen, Hamburg und Damaskus. Seit 2003 redaktionelle und journalistische Tätigkeit u.a. für »zenith-Zeitschrift für den Orient« und *Spiegel Online*. Nach einem redaktionellen Volontariat bei Cinecentrum Deutsche Gesellschaft für Film- und Fernsehproduktion in Hamburg arbeitet sie seit 2008 als Fernsehredakteurin in München.

## Rainer Köker

geb. 1963 in Gütersloh, ist Schulleiter des Kurt-Körber-Gymnasiums in Hamburg-Billstedt. Er ist Mitbegründer des sozialräumlichen Netzwerkes KAIROS Billstedt. Seit 2008 ist er zusätzlich in der Behörde für Schule und Berufsbildung in Hamburg tätig und verantwortete den Prozess der Regionalen Schulentwicklungskonferenzen in Hamburg-Rahlstedt.

## Dirk Lange

studierte Politikwissenschaft auf Diplom und Lehramt an der Freien Universität Berlin. Er unterrichtete an einer Berliner Grundschule und promovierte zur historisch-politischen Didaktik. 2002 erhielt er einen Ruf als Juniorprofessor für Politikdidaktik und Politische Bildung an die Universität Oldenburg, seit 2005 ist er Professor für die Didaktik der Politischen Bildung an der Universität Oldenburg. Dirk Lange ist seit 2006 Bundesvorsitzender der Deutschen Vereinigung für Politische Bildung (DVPB). Er ist Gründer und Herausgeber der Zeitschrift /Praxis Politik/.

## Rudolf Messner

geboren 1941, Dr. phil., studierte Erziehungswissenschaft, Psychologie, Philosophie und Germanistik an der Universität Innsbruck. Seit 1972 Professor für Erziehungswissenschaft mit Schwerpunkt Schulpädagogik und Bildungsforschung an der Universität Kassel. Seit 2003 Sprecher der Kasseler DFG-Forschergruppe Bildungsforschung. Zahlreiche Projekte zum selbstständigen Lernen im Fachunterricht, zur Evaluation der vier hessischen Versuchsschulen und zur Leseförderung. 2007 gab er zusammen mit Peter Fauser in der edition Körber-Stiftung den Band »Fordern & Fördern. Was Schülerwettbewerbe leisten« heraus.

## Joachim Milberg

geb. 1943. Studierte nach einer Ausbildung zum Maschinenschlosser Fertigungstechnik in Bielefeld und Berlin; Abschluss mit der Promotion. Von 1972 bis 1981 in leitender Funktionen bei einer Werkzeugmaschinenfabrik, dann Ordinarius für Werkzeugmaschinen und Betriebswissenschaften an die TU München. Dort leitete er das Forschungsinstitut für Werkzeugmaschinen und Betriebswissenschaften sowie das produktionstechnische Anwenderzentrum in Augsburg. Von 1991 bis 1993 Dekan der Fakultät für Maschinenwesen. Rückkehr in die Industrie als Mitglied des Vorstands der BMW AG in München, von 1999 bis 2002 als Vorsitzender des Vorstands. Seit 2002 ist er Mitglied des Aufsichtsrats der BMW AG, seit 2004 dessen Vorsitzender. Leibnizpreisträger und Verleihung mehrerer Ehrendoktorwürden.
Bis Juni 2009 stand Milberg der acatech – Deutsche Akademie der Technikwissenschaften als Präsident vor.

## Andreas Müller

hat nach einigen Jahren Lehrtätigkeit an einer Handelsschule und einem Studium in Angewandter Psychologie (Berufsberatung) eine journalistische Laufbahn eingeschlagen. Er kehrte in den Bildungsbereich zurück und erwarb das Institut Beatenberg, das er zusammen mit seinem Team zu einer der innovativsten Modellschulen aufbaute. Eine Tagesschule in Zollikerberg kam hinzu, aber auch an vielen öffentlichen Schulen in Europa findet das »Modell Beatenberg« Verbreitung. Andreas Müller publiziert zu Fragen des Lernens in einer sich rasant verändernden Gesellschaft und ist Leiter der Learning Factory, einer Organisation zur Unterstützung von Kompetenz- und Qualitätsentwicklungsprozessen in Bildungsinstitutionen.

## Ilka Parchmann

geb. 1969, Studium der Chemie und Biologie für das Lehramt an Gymnasien. Sie promovierte in Didaktik der Chemie, danach Forschungsaufenthalt an der University of York. Sie habilitierte am Leibniz-Institut für die Pädagogik der Naturwissenschaften an der Universität Kiel und war von 2004 bis Oktober 2009 Professorin für Chemie-Didaktik an der Universität Oldenburg. Im Herbst 2009 übernimmt sie die Abteilungsleitung in der Didaktik der Chemie am IPN. Außerdem ist sie seit 2005 die verantwortliche Redakteurin und Herausgeberin der Zeitschrift *CHEMKON* und seit 2006 Mitherausgeberin der Zeitschrift *Naturwissenschaften im Unterricht Chemie*.

## Martina Röbbecke

studierte Germanistik, Politikwissenschaft und Soziologie an der Universität Heidelberg und an der Freien Universität Berlin (Magister Artium). Sie promovierte zu Rechts- und Organisationsfragen der außeruniversitären Forschung am Otto-Suhr-Institut für Politikwissenschaft an der Freien Universität Berlin. Nach mehrjähriger Tätigkeit am Wissenschaftszentrum Berlin für Sozialforschung, in der Evaluationsagentur Baden-Württemberg (Mannheim) und beim Wissenschaftsrat (Köln) ist sie seit Juli 2007 Referentin des Präsidiums von acatech, der Deutschen Akademie der Technikwissenschaften.

## Gerhard Roth

geb. 1942 in Marburg. Von 1963 bis 1969 studierte er Philosophie, Germanistik und Musikwissenschaften an den Universitäten Münster und Rom und promovierte 1969 in Münster im Fach Philosophie. Anschließend nahm er ein Biologie-Studium an den Universitäten Münster und Berkeley/Kalifornien auf und promovierte 1974 in Zoologie. Seit 1976 ist er Professor für Verhaltensphysiologie und Entwicklungsneurobiologie an der Universität Bremen und Direktor am dortigen Institut für Hirnforschung im Fachbereich Biologie/Chemie. Gerhard Roth ist Gründungsrektor des Hanse-Wissenschaftskollegs in Delmenhorst und Mitglied im Kuratorium des Deutschen Studienpreises der Körber-Stiftung.

## Monika Sänger

studierte Philosophie, Germanistik und Politikwissenschaft an der Universität Bonn. 1. und 2. Staatsexamen Lehramt Gymnasium. Promotion in Philosophie an der Universität Bonn über Immanuel Kant. Wissenschaftliche Lehraufträge für Philosophie an den Universitäten Karlsruhe und Heidelberg mit den Schwerpunkten: Praktische Philosophie sowie Didaktik der Philosophie und Ethik. Sie ist Studiendirektorin am Bismarck-Gymnasium Karlsruhe, Fachberaterin Ethik am Regierungspräsidium Karlsruhe, Mitglied der Standardkommission Ethik Gymnasium am Kultusministerium Baden-Württemberg. Zahlreiche Veröffentlichungen in der Fachdidaktik Philosophie/Ethik; Schulbuchautorin und Mitherausgeberin der *Zeitschrift für Didaktik der Philosophie und Ethik*.

## Heinfried Tacke

geb. 1962, Diplom-Pädagoge und Fachjournalist. Nach dem Studium der Philosophie, Soziologie, Pädagogik und Sozialpädagogik in Münster und Tübingen wissenschaftlicher Mitarbeiter in der Projektgruppe »Praktisches Lernen« sowie beim Förderprogramm »Demokratisch Handeln«. 1995 übernahm er den Aufbau einer Sozialen Gruppenarbeit für die Martin-Bonhoeffer-Häuser in Tübingen. Zugleich Beginn der journalistischen Tätigkeit. Seit 2005 arbeitet Heinfried Tacke als freier Journalist und Texter in Berlin, vor allem zu den Themen Bildung und Genuss. Zudem leitet er Workshops in den Bereichen Musik/Theater und Texte.

## Volker Ulm

geb. 1971, Studium der Mathematik und Physik an der Ludwig-Maximilians-Universität München. Von 1997 bis 2002 unterrichtete er als Studienrat an Gymnasien; parallel dazu Promotion im Jahre 2000. Nach Stationen an der Universität Bayreuth und der PH Heidelberg wurde Ulm auf eine Professur für Mathematik und ihre Didaktik an der PH Karlsruhe berufen. Seit 2007 hat er den Lehrstuhl für Didaktik der Mathematik an der Universität Augsburg inne. Er ist Geschäftsführender Direktor des Instituts für Mathematik der Universität Augsburg und Vorsitzender der Mathematikdidaktiken in Bayern.

## Was Schülerwettbewerbe leisten

Schülerwettbewerbe bieten Kindern und Jugendlichen wertvolle Chancen, sich auszuprobieren und ihre Talente und Begabungen zu entdecken. Lehrer erhalten Impulse für innovativen Unterricht. Und Schulen eröffnen sie die Möglichkeit, eigene Profile zu entwickeln und die Anerkennungskultur zu stärken. Aber welche Wettbewerbe sind pädagogisch geeignet? In den letzten Jahrzehnten hat sich ein fast unüberschaubares Feld von Schülerwettbewerben und Initiativen herausgebildet, deren Angebote von der simplen Rätselfrage bis zum anspruchsvollen Forschungsprogramm reichen.

»Fordern & Fördern« bietet Orientierung für Schulleiter und Lehrer, für Erziehungswissenschaftler, Bildungspolitiker und Wettbewerbsorganisatoren. Der Band zeigt, wie Schülerwettbewerbe Impulse geben: zur Werteerziehung, zum handlungsorientierten oder wissenschaftspropädeutischen Arbeiten, zur ästhetischen Bildung und zur Persönlichkeitsentwicklung von Kindern und Jugendlichen. Praktische Beispiele, Porträts von engagierten Schülern und Schulen und eine Übersicht bundesweiter Schülerwettbewerbe runden den Band ab.

Peter Fauser / Rudolf Messner (Hrsg.)
**Fordern & Fördern**
Was Schülerwettbewerbe leisten
248 Seiten
Softcover | 17 x 24 cm
ISBN 978-3-89684-334-0
14,– Euro (D)

www.edition-koerber-stiftung.de

## Geschichtsbewusstsein im Wandel

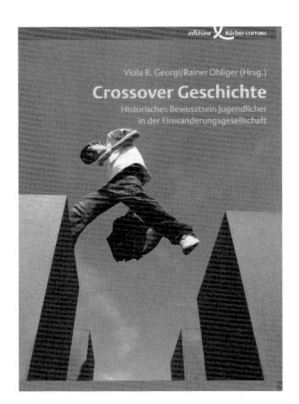

Vielfalt bestimmt in der Einwanderungsgesellschaft unser Zusammenleben und übt auf unseren Umgang mit Geschichte zunehmenden Einfluss aus. Wir teilen nicht die eine, nationale Erinnerung, sondern – je nach Herkunft – unterschiedliche Geschichtsbilder, die miteinander in Beziehung treten, sich verändern und neue Verbindungen eingehen können.

Wie verändert Migration die Ausprägung des historischen Bewusstseins von Jugendlichen? Welche Einflüsse hat die Pluralität von Geschichtsbildern auf die Identitätsfindung und Selbstverortung junger Menschen in Deutschland? Wie lässt sich Geschichte an Jugendliche unterschiedlicher Herkunft vermitteln?

»Crossover Geschichte« bietet Befunde und Analysen zur Geschichtsarbeit in der Einwanderungsgesellschaft, stellt praktische Erfahrungen aus der Gedenkstätten- und Museumspädagogik vor und lässt junge Menschen mit Migrationshintergrund zu Wort kommen, die aus ihrer Perspektive der Bedeutung von Geschichte und historischer Erinnerung nachgehen.

Viola B. Georgi / Rainer Ohliger (Hrsg.)
**Crossover Geschichte**
Historisches Bewusstsein Jugendlicher in der Einwanderungsgesellschaft

256 Seiten
Softcover | 17 x 24 cm
ISBN 978-3-89684-336-4
Euro 16,– (D)

www.edition-koerber-stiftung.de

## Wissenschaft zwischen Nutzen und Erkenntnis

Angestoßen durch die aktuellen Hochschulreformen diskutieren Forscher, Politiker und Feuilletonisten eine Grundsatzfrage: Welchen Nutzen hat Wissenschaft für die Gesellschaft?

Eine Debatte, bei der es um weit mehr als die viel zitierten knappen Kassen geht, aus denen Spitzenforschung angeblich nicht mehr zu bezahlen ist. Es geht dabei auch um die Definition gesellschaftlichen Fortschritts, um die Deutungshoheit von sozialen Prozessen. Forschung muss gesellschaftliche Relevanz besitzen, darüber herrscht weitgehend Einigkeit – nur: Wer definiert, was relevant ist?

In »Keine Wissenschaft für sich« beleuchten Forscher, Wissenschaftspolitiker, Vertreter von Förderinstitutionen und Journalisten das komplexe Verhältnis von Wissenschaft und Gesellschaft. Sie fragen nach den Ansprüchen und Erwartungen, die Wissenschaft und Gesellschaft aneinander stellen, diskutieren die Möglichkeit, Kriterien zur Überprüfung gesellschaftlicher Relevanz zu finden, und beleuchten das Zusammenspiel von Forschung und medialer Vermittlung.

Annette Schavan (Hrsg.)
**Keine Wissenschaft für sich**
Essays zur gesellschaftlichen Relevanz
von Forschung

208 Seiten
Softcover | 17 x 24 cm
ISBN 978-3-89684-124-7
Euro 16,– (D)

www.edition-koerber-stiftung.de

# Körber-STIFTUNG
## Forum für Impulse

edition Körber-STIFTUNG

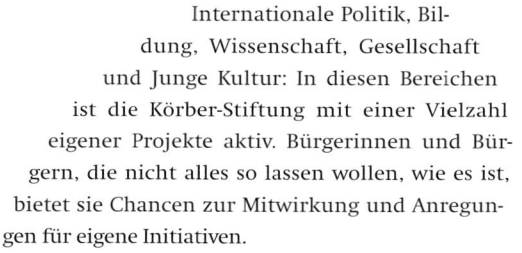

**KörberForum Kehrwieder 12**

BegegnungsCentrum **HAUS im Park**

**BERGEDORFER GESPRÄCHSKREIS**

**Körber-Netzwerk Außenpolitik**

Internationale Politik, Bildung, Wissenschaft, Gesellschaft und Junge Kultur: In diesen Bereichen ist die Körber-Stiftung mit einer Vielzahl eigener Projekte aktiv. Bürgerinnen und Bürgern, die nicht alles so lassen wollen, wie es ist, bietet sie Chancen zur Mitwirkung und Anregungen für eigene Initiativen.

1959 vom Unternehmer und Anstifter Kurt A. Körber ins Leben gerufen, ist die Stiftung heute mit eigenen Projekten und Veranstaltungen von ihren Standorten Hamburg und Berlin aus national und international aktiv.

**Boy Gobert Preis**

**JUNGE REGIE STUDIO KÖRBER**

**USABLE TRANSATLANTISCHER IDEENWETTBEWERB**

**KÖRBER FotoAward**

**HAMBURGER TULPE** interkulturellen Gemeinsinn

**Deutscher Studienpreis** Der Wettbewerb für junge Forschung

**KÖRBER-PREIS FÜR DIE EUROPÄISCHE WISSENSCHAFT**

**Eustory** History Network for Young Europeans

**Geschichtswettbewerb des Bundespräsidenten** *Jugendliche forschen vor Ort*

**KiWiss** Wissenschaft für Kinder und Jugendliche

**Schultheater der Länder**